예수가 나의 주인이시다

예수가 나의 주인이시다

저자 김원태

초판 1쇄 발행 2018. 12. 18.
초판 6쇄 발행 2022. 1. 13.

발행처 도서출판 브니엘
발행인 권혁선

등록번호 서울 제2006-50호
등록일자 2006. 9. 11.

서울특별시 송파구 백제고분로28길 25 B101호 (05590)
마케팅부 02)421-3436
편집부 02)421-3487
팩시밀리 02)421-3438

ISBN 979-11-86092-83-5 03230

독자의견 02)421-3487
이메일 editorkhs@empal.com

북카페 주소 cafe.naver.com/penielpub.cafe
인스타그램 @peniel_books

도서출판 브니엘은 독자들의 원고를 설레는 마음으로 기다리고 있습니다.
위의 이메일로 간단한 기획 내용 및 원고, 연락처 등을 보내주십시오.

도서출판 브니엘은 갓구운 빵처럼 항상 신선한 책만을 고집합니다.

예수가 나의 주인이시다

김원태 | 지음

예수님을 주인으로 모시면 그 안에 답이 있다

브니엘

예수를 믿는 사람들은 누구나 예수님을 믿는다. 그런데 예수를 어떻게 믿느냐에 따라 신앙의 질은 달라진다. 예수를 믿는다고 말은 하는데 막상 그들의 삶을 정직하게 열어보면 교회를 다니는 것 외에는 불신자와 거의 차이가 없는 이들이 많다. 그들은 자신이 예수를 믿었지만 아무런 변화가 없다는 것을 자신도 알고 주위에 있는 사람들도 다 안다.

많은 사람들이 예수를 구세주로 믿기만 하면 구원을 받고 천국에 간다고 알고 있다. 그러나 성경은 예수를 구세주로만 소개하지 않고 동시에 예수님을 주인으로 모셔야 함을 말씀하고 있다. 예수를 정말 믿는다면 예수님을 구세주로만 믿을 뿐만 아니라 반드시 예수님을 주인으로 모셔야한다. "네가 만일 네 입으로 예수를 주로 시인하며 또 하나님께서 그를 죽은 자 가운데서 살리신 것을 네 마음에 믿으면 구원을 받으리라"(롬 10:9).

예수를 진짜 믿는 성도는 예수님을 주인으로 시인할 뿐만 아니라 예수를 주인으로 모시고 그분과 함께 살아야 한다. 예수를 믿는다고 말은 하지만 실상은 자신의 실력을 믿고 돈을 믿고 사는 자가 많다. 정말 예수를 믿는 성도는 자기 자신은 온데간데없고 예수님을 주인으로 모시고 예수님께 모든 것을 다 맡기고 그분만 의지하며 산다.

사도 바울이 말하는 예수를 주로 시인하는 것은 그냥 우리가 생각하는 것처럼 입으로만 주인으로 시인하는 것은 아니다. 그 당시에 이런 고백은 바로 목숨을 거는 믿음의 고백이었다. 바울 당시 초대교회 교인들이 신앙생활을 할 때는 유대인들이 정치적으로 로마 황제의 지배를 받고 있었다. 특히 로마의 열 명의 황제들은 악랄하게 기독교인들을 핍박하였다.

로마시대에는 수많은 종교들이 있었다. 로마 정치인들은 '팍스 로마'를 앞세우며 수많은 다른 민족들의 종교를 다 수용하였다. 그런데 로마 황제들이 유독 기독교인들을 핍박한 이유가 무엇인가? 그들이 기독교인들을 핍박한 가장 큰 이유는 황제를 "주"(큐리오스)라고 부르지 않고, 예수를 "주"(큐리오스)라고 불렀기 때문이다.

로마인들은 서로 만나면 "큐리오스 카이사르"라는 말로 황제에게 충성을 다한다는 인사를 하였다. 그런데 기독교인들은 만나면 "큐리오스 예수스"를 외쳤기에 금방 체포될 수 있었고, 결국 그 고백 때문에 순교하게 되었다.

폴리캅은 사도 요한의 제자였고 서머나교회 감독이었는데, 그는 예수를 믿는다는 이유로 체포되어 로마 총독에게 불려갔다. 총독은 폴리캅에게 "큐리오스 카이사르"라고 말하라는 요구를 하였다. 그때 폴리캅은 유명한 말을 남긴다.

"나는 86년간 나의 주 예수 그리스도를 섬겼습니다. 하지만 그분은 나를 한 번이라도 부인하지 않으셨습니다. 내가 어떻게 모든 사악한 것에서 나를 보존하시고 나를 구원하실 나의 왕을 부인할 수 있겠습니까? 큐리오스 예수스(예수가 나의 주인이시다)!"

결국 폴리캅은 그 고백 때문에 화형으로 죽게 되었다.

예수님의 제자들도 모두 "큐리오스 예수스"(예수가 나의 주인이시다)라는 말로 인해 모두 다 순교하였다. 참 믿음은 아무리 큰 희생이 따른다 하여도 삶의 모든 영역에서 예수님을 주님으로 인정하고 그분에게 충성하는 것이다.

현대의 그리스도인들은 입으로는 예수님을 주님으로 고백하지만 일상에서는 내가 주인이 되어 살아가고 있다. 그것은 진짜 그리스도인이 아니다. 우리는 예수님을 입술로만 주로 시인하면 구원받는 줄로 생각한다. 이것은 바울이 말한 시대적인 상황을 전혀 고려하지 않은 오해이다. 그때는 예수님을 주인으로 시인하다 체포되면 다 죽었다. 초대교회 교인들은 예수님을 믿는 것과 예수님의 말씀대로 사는 것을 구분하지 않았다.

현대 그리스도인 중에는 예수님을 믿는 것과 예수님의 말씀대로 사는 것이 구별되어 있는 사람들이 많다. 이것은 심각한 문제이다. 성숙한 성도가 되려면 이 문제가 해결되어야 한다.

그러면 어떻게 하면 예수님의 말씀대로 살 수 있는가? 예수님을 구세주로만 믿지 말고 예수님을 주인으로 모시고 살면 된다. 현대인들은 예수님을 주인으로 모시기보다 예수님을 이용해서 현재의 삶에 유익만 가지려고 한다. 그러나 그것은 잘못된 생각이다. 예수님이 우리를 이용하셔야 한다. 내가 예수님을 이용한다는 것은 예수님이 내 종이 되는 것이다. 오히려 예수님이 우리를 이용하셔야 한다. 그래야 예수님이 우리의 주인이 되신다.

초대교회 교인들은 예수님을 주인으로 모셨다. "그러므로 너희가 그리스도 예수를 주로 받았으니 그 안에서 행하되 그 안에 뿌리를 박으며 세움을 받아 교훈을 받은 대로 믿음에 굳게 서서 감사함을 넘치게 하라"(골 2:6-7).

초대교회 교인들은 아무도 가볍게 입술로만 예수님을 주로 믿지 않았다. 그들은 예수님을 주로 시인하는 데 목숨을 걸었고, 매 순간 예수님을 주인으로 모시고 살았다. 그리고 그들은 전도할 때 예수님을 주인으로 소개하였다. "우리는 우리를 전파하는 것이 아니라 오직 그리스도 예수의 주 되신 것과 또 예수를 위하여 우리가 너희의 종 된 것을 전파함이라"(고후 4:5).

나는 이 책을 읽는 모든 분이 가벼운 입술의 고백으로만 예수를 믿는 수준에서 벗어나 매일 예수님을 주인으로 모시고 사는 성숙된 그리스도인이 되길 바란다. 교회 안에는 아무리 교회를 다녀도 삶의 아무런 변화가 없는 교인들이 많다. 그 사람들은 예수를 믿어도 아무런 감격도 없고 흥분도 없이 그저 주일날 의무적으로 교회만 갈 뿐이라는 사실을 자기 자신이 더 잘 알고 있다. 그 사람들은 예수님을 입술로만 주인으로 믿는 자이다.

예수님을 지식적으로 구세주로 아는 것과 그분을 주인으로 모시고 그분께 삶의 주도권을 드리는 것은 완전히 다른 것이다. 만약 당신이 매 순간 예수님을 주인으로 모시고 살게 된다면 삶에 놀라운 변화가 올 것이다.

나는 아침에 일어나자마자 "예수님은 나의 주인이십니다"라는 고백으로 하루를 출발한다. 그분이 내 주인이 되자 모든 염려, 근심, 걱정, 두려움 등이 태양이 떠오르면 안개가 사라지듯 사라지고 오히려 큰 기대가 생겼다. 예수를 믿어도 내가 주인이 되어 살면 늘 걱정이 앞선다. 그러나 예수님을 주인으로 모시고 살면 모든 것이 기대로 바뀌게 된다.

물론 예수님을 주인으로 모신다고 해서 매사에 승리하는 삶을 사는 것은 아니다. 예수님을 주인으로 모셨다고 해도 또 넘어지는 것이 연약한 인간이다. 그래서 예수님은 우리에게 승리의 삶을 살 수 있도록 성령님을 보내주셨다. 예수님을 주인으로 모시는 삶은 내 노력이 아닌 성령과 동행할 때 가능해진다.

당신이 예수님을 믿은 뒤에도 믿기 전과 별 차이가 없고 여전히 고통의 삶을 살고 있는가? 그렇다면 예수님을 잘못 믿고 있는 것이다. 이 책을 읽는 모든 독자가 날마다 '부활하셔서 지금 살아계신 하나님의 아들 예수님'을 주인으로 모시고 살아서 삶 전체가 모두 축제가 되길 바란다.

교회는 오래 다녔지만 여전히 내가 주인이 되어 살고 있는가? 이제 이 책을 통해 예수님을 주인으로 모시고, 매 순간 우리 삶의 주인이신 예수님과 교제하며 살기 바란다. 그것이 하나님이 원하시는 뜻이다. "너희를 불러 그의 아들 예수 그리스도 우리 주와 더불어 교제하게 하시는 하나님은 미쁘시도다"(고전 1:9).

오늘날 현대 한국 기독교인들은 너무 가볍게 구원을 받아들였다.

이제 우리 한국이 기독교를 받아들인 지 100년이 넘었다. 그냥 입으로만 예수를 믿는 가벼운 신앙에서 벗어나 삶의 모든 영역에 예수님을 주인으로 모시고 사는 성숙된 그리스도인이 되길 바란다. 만약 당신이 매일 예수님을 주인으로 모시고 산다면, 결단코 무능한 그리스도인이 아니라 날마다 승리하는 그리스도인이 될 것이다.

예수의 종

김원태

예수 없이
구원 없다

01

죄의 뿌리는
바로 '나'이다

> **"** 죄의 삯은 사망이요 하나님의 은사는 그리스도 예수 우리 주
안에 있는 영생이니라. 로마서 6:23

우리 인생을 정말 바꾸어주는 것은 내 노력이나 결심이 아니라 주
인을 바꾸는 것이다. 시골에 사는 처녀가 왕자를 만나 결혼을 하게 되
면 순식간에 모든 것이 다 바뀌고 만다. 그녀는 왕이 가진 모든 것을
다 갖게 된다. 그 이유는 주인이 바뀌었기 때문이다. 우리도 어제까지
내가 주인으로 살다가 예수님이 주인 되시면 인생에 획기적인 변화가
온다. 예수님께서 가지신 모든 것을 나도 가지게 된다.

교회를 아무리 오래 다녀도 내가 주인이 되어 사는 사람들은 특별
한 변화가 없다. 그 이유는 예수님을 믿는다고 말만하였지 여전히 자

신이 주인이기 때문이다. 내가 주인인 사람은 모든 것이 자기중심이
다. 그래서 자신이 주인이고 자신이 왕이고 자신이 신이다. 오직 자신
이 사는 이유는 자기 성공이며 자기를 즐겁게 하는 것이다.

죄가 무엇인가?

고향의 선배가 머리가 아파 병원에 가서 종합검진을 하
였다. 그런데 아무런 병도 발견되지 않았다. 그냥 가벼운 감기증세라
며 약을 지어주었다. 그리고 6개월 뒤에 소화가 잘되지 않아 큰 병원
으로 가서 검사를 하였는데 위장암 말기로 판명 받았다. 깜짝 놀랐다.
6개월 전에 감기라며 약을 지어주었던 그 병원에 대해 화가 나서 고
소를 하였다. 정말 어처구니없는 일이지만 우리 주위에 이런 일들이
흔히 발생한다.

우리가 인생을 마치면 하나님 앞에 서서 심판을 받고 천국과 지옥
을 가게 된다. 이 일은 아무도 예외가 없다. 교회만 다닌 어떤 사람은
죽어 천국에 가는 줄 알고 하나님의 심판대 앞에 섰는데, 하나님께서
지옥으로 가라고 한다면 얼마나 억울하겠는가? 그때는 누구에게도
하소연을 할 수가 없다. 그래서 예수를 바로 믿어야 한다.

우리 인생의 최고 목표는 천국이다. 그 천국에 들어가려면 죄가
없어야 한다. 천국은 거룩하신 하나님이 계신 곳이기에 죄가 없어야
한다. 죄가 있는 사람은 지옥을 가고 예수를 믿어 죄가 없어진 사람은
천국에 갈 수 있다. 그래서 죄가 무엇인지 아는 것은 중요하다. 그러

면 죄는 무엇인가?

사람마다 죄에 대한 기준이 다 다르다. 한국 사람이 생각하는 죄와 미국 사람들이 생각하는 죄가 다를 수 있다. 각 나라의 환경마다, 각 나라의 문화마다 죄에 대한 기준이 다를 수 있기 때문이다. 그래서 성경이 말하는 죄가 무엇인지 분명히 알아야 한다.

구약성경을 기록한 히브리어에서 죄를 뜻하는 말 중에 제일 많이 쓰는 단어는 '핫타스'라는 단어인데, 이는 '올바른 길에서 벗어나다' '실패하다'는 뜻을 가지고 있다. 이것은 죄의 형식적인 면을 말해준다. 두 번째는 '아원'이라는 단어인데, 이는 '의도적인 악을 행하는 것'을 말한다. 세 번째는 '페샤'인데, 이는 '거역'과 '반역'을 말한다. 이렇게 죄를 말하는 단어들은 모두 하나님과 교제를 끊고 하나님을 거역하고 자기 마음대로 행동하는 것을 말하고 있다.

신약성경을 기록한 헬라어에서 죄를 뜻하는 말 중에 가장 많이 쓰는 단어는 '하마르티아'인데, 이는 '표적에서 벗나간 것' '과녁에서 벗어난 것'을 의미한다. 이 '하마르티아'는 구약의 핫타스, 아원, 페샤를 다 포함하고 있는 말이다. 두 번째는 '아디키아'라는 말인데, 이는 '침입' 혹은 '침해'로, 즉 '일정한 한계를 넘는 것'을 말한다. 세 번째는 '아노미아'라는 단어인데, 이는 '무법', 즉 '일정한 법을 무시하거나 어기는 것'을 말한다.

이렇게 구약이나 신약이나 동일하게 죄라는 단어는 내가 하나님으로부터 독립하여 내 마음대로 사는 것을 말한다. 죄의 본질은 내가 내 인생의 주인이 되어 나를 만드신 하나님을 거역하는 것이고 하나님의 말씀을 불순종하는 것이다.

죄에 대한 창세기 그림

인류 최초의 죄는 에덴동산에서 시작되었다. 하나님은 6일 동안 천지를 창조하시면서 사람만 다른 동물과는 다르게 하나님의 형상을 닮은 자로 만드셨다. 이렇게 하신 것은 하나님께서 사람과 친밀한 교제를 나누시겠다는 뜻이었다. "하나님이 이르시되 우리의 형상을 따라 우리의 모양대로 우리가 사람을 만들고 그들로 바다의 물고기와 하늘의 새와 가축과 온 땅과 땅에 기는 모든 것을 다스리게 하자 하시고"(창 1:26).

하나님은 아름다운 지구를 만드시고 사람에게 온갖 먹을 것을 풍성하게 주셔서 다 먹게 하셨다. "여호와 하나님이 그 사람에게 명하여 이르시되 동산 각종 나무의 열매는 네가 임의로 먹되"(창 2:16).

하나님은 우리가 부족함이 없는 삶을 누리길 원하셨다. 그러면서 한 가지, 선악과만 먹지 말라는 금지조항을 만드시고, 그것을 먹는 날에는 반드시 죽을 것이라고 말씀하셨다. "선악을 알게 하는 나무의 열매는 먹지 말라. 네가 먹는 날에는 반드시 죽으리라 하시니라"(창 2:17). 이런 약속은 하나님께서 창조주이시고 아담이 피조물이라는 사실을 알게 하는 것이다. 이것은 단지 하나님을 향한 신뢰를 묻고 있는 문제이다.

혹자는 이런 질문을 한다. "하나님이 왜 선악과를 만들어 사람을 테스트 하셨는가? 선악과가 없었다면 죄를 지을 필요도 없고 에덴동산에서 쫓겨나지도 않았고 행복하게 살았을 텐데…."

하나님은 사람을 사랑하신다. 하나님은 사람에게 필요한 것을 다 풍족하게 주셨다. 조금도 부족함이 없는 삶을 살게 해주셨다. "모든 것을 먹지 말라"고 하신 것이 아니다. 딱 한 가지로 아담에게 하나님을 진짜 하나님으로 모시고 사는지 물어보신 것이다. 하나님께서 아담에게 "선악과를 먹으면 죽는다"고 하셨을 때 그는 죽음이 무엇인지도 몰랐다. 그는 한 번도 죽음을 본 일이 없고 죽음을 생각해보지도 않았다.

하나님께서 아담에게 "선악과를 먹지 말라"고 하신 것은 그리 어려운 문제도 아니다. 그냥 하나님의 말씀을 신뢰하고 지키면 된다. 약속은 불편한 것 같지만 약속을 지키면 더 좋은 관계를 만들 수 있는 기회가 된다. 만약 아담이 이 약속을 지켰다면 아담은 하나님과 더 깊은 친밀감을 유지했을 것이고, 에덴동산에서 큰 축복을 누리며 생명나무를 먹고 영원히 살았을 것이다.

그런데 불행하게도 그런 일은 일어나지 않았다. 어느 날 사탄은 하와에게 다가와 이 선악과를 먹으면 하나님같이 된다고 거짓말을 하였다. "너희가 그것을 먹는 날에는 너희 눈이 밝아져 하나님과 같이 되어"(창 3:5). 하와는 피조물임에도 불구하고 자신이 창조주 하나님처럼 된다는 말에 유혹되어 선악과를 먹고 난 뒤 아담도 먹게 하였다. 이것이 인류 최초의 죄다. 피조물인 인간이 창조주이신 하나님의 말씀을 거역하고 자기가 창조주인 양 자기 마음대로 행동하는 것이 죄다. 즉 내가 내 인생의 주인이 되어 내 마음대로 사는 것이 죄다.

아담과 하와는 하나님과의 친밀감보다 자신이 하나님처럼 높아지는 것을 원하였다. 그들은 하나님으로부터 독립을 선택하였고, 그 결과로 죽음이 왔다. 아담이 선악과를 먹자 그에게 세 가지 죽음이 왔다. 첫 번째로 그가 선악과를 먹는 순간 하나님과 분리되는 영적인 죽음이 왔다. 두 번째로 그 결과로 시간이 흘러 결국 육체의 죽음을 갖게 되었다. 세 번째로 그 후 하나님의 심판대 앞에서 심판을 받아 영원한 지옥에 들어가는 영원한 죽음을 갖게 되었다.

이 세 가지 중에 먼저 첫 번째인 영적인 죽음을 살펴보자. 영적인 죽음은 하나님과 분리되는 것이다. 하나님께서 아담에게 선악과를 먹으면 죽으리라 말씀하셨지만 우리가 아는 대로 아담은 선악과를 먹은 뒤 즉각적으로 죽지 않았다. 아담은 선악과를 먹은 이후에도 계속 살았고, 나중에 세월이 흘러 930세에 죽었다. 그러면 하나님께서 거짓말을 하셨는가?

성경에 죽음이라는 단어는 창세기 2장에서 처음으로 등장한다. 아담은 하나님께서 그에게 선악과를 먹으면 반드시 죽는다고 말씀하셨을 때 그는 죽음이라는 단어를 몰랐다. 그때까지 죽은 자가 한 명도 없었기 때문이다.

성경에서 최초로 사용되는 죽음이라는 단어는 피조물인 사람이 창조주 하나님과 분리되는 것을 말한다. 사람은 피조물로서 창조주이신 하나님과 분리될 수 없는 존재인데 선악과를 먹는 순간 하나님과 분리되는 영적인 죽음이 온 것이다. 그 결과 아담은 영원한 외로움, 영원한 열등감, 영원한 두려움, 영원한 자원고갈, 영원한 애정결핍이 생겼다. 피조물인 아담이 창조주 하나님과 분리가 되자 어제까지 그토록 하나님과 가까웠던 하나님과의 친밀감은 사라지고 두려움이 생겼고 하나님을 피하였다.

아담이 창조주 하나님과 함께할 때에는 하루에도 수천만 가지의 동물과 식물의 이름을 다 짓는 엄청난 지혜가 있었지만, 그분과의 관계가 깨어지자 그 후 아무리 많은 것을 알고 깨달아도 늘 부족하다는 열등감이 생겼다. 원래 하나님이 아담에게 주셨던 모든 것을 다스리는 자존감은 사라지고 열등감이 밀려 온 것이다. 아담이 하나님과 분리되는 순간 자원결핍이 생겨 무엇을 해도 부족하고 아무리 많은 것을 쌓아도 내일에 대한 막연한 두려움이 생겼다.

아담이 하나님과 함께할 때에는 하와를 보고 "내 뼈 중의 뼈요 살 중의 살이라"고 말하는 사랑의 노래를 불렀던, 사랑이 넘치는 사람이 었는데 하나님과 분리가 되자 "이 여자 때문이라"고 하며 공격적인 사람이 되었다. 하나님과 분리된 사람은 누구를 만나도 이기심으로 인해 갈등을 일으키고 인간관계의 아픔을 가지게 된다. 왜냐하면 사랑은 내 안에 있는 것이 아니라 사랑의 근원이신 하나님에게서 나오기 때문이다.

이렇게 인간이 하나님과 분리됨으로써 인간존재의 본질의 문제를 가지게 되었다. 이 인간존재의 본질의 문제는 하나님과 연합되지 않고는 절대로 해결할 수 없다. 왜냐하면 사람은 하나님의 생기를 불어넣어 창조된 특별한 존재이기 때문이다. "여호와 하나님이 땅의 흙으로 사람을 지으시고 생기를 그 코에 불어넣으시니 사람이 생령이 되니라"(창 2:7). '생기'라는 단어는 '호흡'을 말한다. 하나님은 사람에게만 하나님의 호흡을 불어넣으셨다. 그러니 사람이 하나님의 호흡을 떠나면 죽게 되어 있다. 우리는 그분의 도움 없이는 단 일 초도 살 수 없는 존재이다. 사람은 신이 아니며 창조주가 아니라는 사실을 기억해야 한다. 사람은 하나님을 주인으로 모시고 하나님의 말씀에 순종하며 살아야 하는 하나님이 만드신 피조물이다.

첫 번째 아담은 하나님의 말씀을 거역하고 자신이 주인 되어 자기 마음대로 사는 죄를 지어 사망이 이르렀지만, 두 번째 아담으로 오신 예수님은 하나님의 말씀에 순종하여 첫 번째 아담으로 인해 하나님과 깨어진 관계를 회복하여 예수님을 믿는 자들을 모두 영생에 이르게 하셨다. "그런즉 한 범죄로 많은 사람이 정죄에 이른 것같이 한 의로운 행위로 말미암아 많은 사람이 의롭다 하심을 받아 생명에 이르렀느니라"(롬 5:18).

아담과 하와는 에덴동산에서 먹을 것이 풍부하였다. 그런데도 그들은 하나님의 말씀을 거역하고 사탄의 말을 듣고 선악과를 먹는 죄를 지었다. 그 결과 하나님과의 관계는 끊어지고 영적인 죽음을 가져왔다.

두 번째 아담으로 오신 예수님은 공생애를 시작하실 때 광야로 가셔서 40일 동안 금식하신 후 사탄이 나타나 예수님에게 돌을 떡으로 만들어 먹으라는 시험을 하였다. 그러나 예수님은 "사람이 떡으로만 살 것이 아니요 하나님의 입으로부터 나오는 모든 말씀으로 살 것이라"고 하시며 사탄의 음성을 거절하셨다.

유혹으로만 본다면 먹을 것이 풍족한 아담에게 선악과를 먹지 말라는 유혹은 별로 큰 유혹이 아니었다. 그러나 예수님은 40일 금식 후 돌을 떡으로 만들어 먹으라는 유혹은 거절하기 힘든 유혹이었다. 그럼에도 불구하고 예수님은 육체의 욕구보다 사탄의 음성 자체를 거절하셨다.

예수님은 하나님을 떠나서는 아무것도 하지 않는다는 철저한 의

존성을 나타내셨다. "아들이 아버지께서 하시는 일을 보지 않고는 아무것도 스스로 할 수 없나니"(요 5:19). 예수님은 아버지 하나님의 말씀에 절대적으로 순종하셨다. "나는 항상 그가 기뻐하시는 일을 행하므로"(요 8:29). 예수님은 언제나 하나님과 하나셨다. "나와 아버지는 하나이니라"(요 10:30).

첫 번째 아담과 두 번째 아담인 예수님과의 삶은 정반대였다. 첫 번째 아담은 하나님으로부터 독립하여 자신이 주인 되어 마음대로 살아 하나님과 분리되는 죽음을 가져왔고, 이것은 모든 인류에게 물려주었다. "그러므로 한 사람으로 말미암아 죄가 세상에 들어오고 죄로 말미암아 사망이 들어왔나니 이와 같이 모든 사람이 죄를 지었으므로 사망이 모든 사람에게 이르렀느니라"(롬 5:12).

죄는 한 사람 아담으로부터 온 세상에 들어왔다. 그리고 아담의 피를 물려받은 모든 인류는 모두 사망에 이르게 되었다. 만약 당신도 아무리 교회를 오래 다녔다 하여도 하나님으로부터 독립하여 내가 주인 되어 내 마음대로 산다면, 그 죄 값으로 하나님과 분리되고, 결국 영원한 지옥 불에 들어가게 될 것이다.

구약의 선지자들은 하나님을 떠난 것에 대해 책망하고 다시 돌아오라고 말씀하신다. "너는 가서 북을 향하여 이 말을 선포하여 이르라. 여호와께서 이르시되 배역한 이스라엘아 돌아오라. 나의 노한 얼굴을 너희에게로 향하지 아니하리라. 나는 긍휼이 있는 자라. 노를 한 없이 품지 아니하느니라. 여호와의 말씀이니라"(렘 3:12). "그러므로 너는 그들에게 말하기를 만군의 여호와께서 이처럼 이르시되 너희는 내게로 돌아오라. 만군의 여호와의 말이니라. 그리하면 내가 너희에게로 돌아가리라. 만군의 여호와의 말이니라"(슥 1:3). "내 백성이 끝끝내 내게서 물러가나니 비록 그들을 불러 위에 계신 이에게로 돌아오라 할지라도 일어나는 자가 하나도 없도다"(호 11:7).

하나님은 성경 전체를 통해 하나님과 분리되어 사는 삶을 버리고 하나님께로 돌아오라고 말씀하신다. 우리는 내가 주인이 되어 사는 삶을 버리고 하나님께로 돌아가야 하고 하나님을 사랑하며 살아야 한다.

이스라엘 백성들에게 가장 중요한 성경 말씀이 무엇이냐고 물으면 그들은 '쉐마'라고 불리우는 신명기 6장 4~5절 말씀을 말한다. "이스라엘아 들으라. 우리 하나님 여호와는 오직 유일한 여호와이시니 너는 마음을 다하고 뜻을 다하고 힘을 다하여 네 하나님 여호와를 사랑하라"(신 6:4-5). 이 말씀은 하나님을 사랑하는 것이 인생에서 가장 중요하다는 뜻이다.

그리고 하나님을 사랑하는 것이 가장 중요하다는 사실을 자자손손 계속 가르치라고 권면하였다. "네 자녀에게 부지런히 가르치며 집에 앉았을 때에든지 길을 갈 때에든지 누워 있을 때에든지 일어날 때에든지 이 말씀을 강론할 것이며"(신 6:7). 모든 유대인은 인생에서 가장 중요한 것이 하나님을 사랑하는 것이라는 사실을 알고 있다. 만약 우리가 하나님을 사랑하지 않는다면 그 자체가 바로 죄다.

어느 날 한 율법학자가 예수님에게 무슨 계명이 가장 크냐고 물었을 때 예수님은 이렇게 대답하셨다. "첫째는 이것이니 이스라엘아 들으라. 주 곧 우리 하나님은 유일한 주시라. 네 마음을 다하고 목숨을 다하고 뜻을 다하고 힘을 다하여 주 너의 하나님을 사랑하라 하신 것이요"(막 12:29-30). 예수님도 하나님을 사랑하는 것이 가장 중요한 첫 번째 계명이라고 하셨다. 이 첫 번째 계명을 지키지 않는다면 죄를 범하는 것이다.

구약이나 신약이나 하나님을 사랑하지 않고 하나님을 떠나 내 마음대로 사는 것이 죄라 말하고 있다. 창조주 하나님께서 만드신 피조물인 인간이 하나님으로부터 독립하여 자기가 신이 되어 자기가 창조주인 것처럼 자기 마음대로 사는 것이 죄다.

사도 야고보는 육체대로 내 마음대로 세상과 짝하여 살면 하나님과 원수가 된다고 말한다. "간음한 여인들아 세상과 벗된 것이 하나님과 원수 됨을 알지 못하느냐. 그런즉 누구든지 세상과 벗이 되고자 하는 자는 스스로 하나님과 원수 되는 것이니라"(약 4:4).

사도 바울은 죄는 마음에 하나님 두기를 싫어하는 것이라고 말한다. "또한 그들이 마음에 하나님 두기를 싫어하매 하나님께서 그들을 그 상실한 마음대로 내버려 두사 합당하지 못한 일을 하게 하셨으니"(롬 1:28).

사람은 원래 하나님 없이 살 수 없는 존재이다. 왜냐하면 이 온 우주 만물은 다 하나님께서 주신 것이기 때문이다. "태초에 하나님이 천지를 창조하시니라"(창 1:1). 조금만 생각해보면 모든 것이 다 하나님께서 주신 것이라는 사실을 알 수 있다.

태초 이래로 지금까지 지구는 하루에 한 번 시속 1,670km로 돌고 있고(자전), 일 년에 한 번 시속 107,100km로 태양을 돌고 있다(공전). 이것은 아무도 부인하지 않는다. 그런데 누가 이 지구를 돌리는지는 아무도 모른다. 지구에서 1억 5천만km 떨어진 지점에 표면의 온도가

6천 도가 되고 내부는 1만 5천 도나 되는 뜨거운 태양이 있다. 아무도 그 태양에 가스를 주입하거나 석유를 넣거나 하는 연료를 공급하지 않아도 인류가 시작된 이래로 오늘까지 계속 6천 도를 유지하고 있다. 누가 태양의 온도를 유지시키는가? 태양계를 돌고 있는 수성, 금성, 지구, 화성, 목성, 토성, 천왕성, 해왕성, 명왕성 등 행성들이 정확한 자기만의 주기를 가지고 태양을 돌고 있다. 누가 이런 행성들의 주기를 정했는가?

다 하나님께서 만드셨다. "하늘과 모든 하늘의 하늘과 땅과 그 위의 만물은 본래 네 하나님 여호와께 속한 것이로되"(신 10:14). 우주와 지구뿐만 아니라 사람도 사람 스스로 존재하게 된 것이 아니라 하나님께서 직접 만드신 피조물이다. "하나님이 자기 형상 곧 하나님의 형상대로 사람을 창조하시되 남자와 여자를 창조하시고"(창 1:27).

어린아기가 태어나는 것을 보면 신비다. 우리가 알 수 없는 것을 신비라고 표현한다. 아버지나 어머니가 아기를 만든 것이 아니다. 어린아기의 손과 발, 눈, 코, 귀, 입 다 하나님께서 만드시는 것이다. 어린아이의 심장은 하루에 10만 번이나 박동한다. 누가 어린아이의 심장을 하루에 10만 번이나 박동하게 하였는가? 누가 아기에게 생명을 주었는가? 성경은 우연히 그렇게 된 것이 아니라 하나님께서 직접 창조하셨다고 말씀하신다. "창세로부터 그의 보이지 아니하는 것들 곧 그의 영원하신 능력과 신성이 그가 만드신 만물에 분명히 보여 알려졌나니 그러므로 그들이 핑계하지 못할지니라"(롬 1:20).

모든 만물에 하나님의 능력과 신성이 분명이 드러난다. 나무 한 그루를 보아도, 꽃 한 송이를 보아도, 수천 킬로미터 떨어진 바다에 살다가 자기 고향으로 돌아오는 연어 한 마리를 보아도 하나님의 손길을 느낄 수 있다. 그래서 사람은 누구나 다 하나님을 의지해야 하고 하나님께 영광을 돌려야 한다.

웨스트민스터 요리문답 1번에 "사람의 제일 되는 목적은 하나님을 영화롭게 하고 영원토록 그분을 즐거워하는 것이다"라고 되어 있는데, 사람이 하나님으로부터 독립하여 내 마음대로 살면 하나님을 영화롭게 할 수도 없고, 하나님을 즐거워할 수도 없다. 사람은 하나님으로부터 떨어져 독립하면 그 자체가 죄의 시작이다. 그 사람은 아무리 착하게 살아도 하나님을 떠났기에 죄인으로 살게 된다.

성경은 하나님을 떠나 하나님으로부터 독립하였던 아담의 피를 물려받은 모든 사람은 다 죄인이라고 선언한다. "모든 사람이 죄를 범하였으매 하나님의 영광에 이르지 못하더니"(롬 3:23). 모든 사람이라는 것은 단 한사람도 예외가 없다는 뜻이다. 아무리 착하게 살아도, 아무리 고행을 하며 욕망을 누르고 살아도 죄인이다. 사람의 선행이라는 것은 하나님의 입장에서 보면 더러운 누더기와 같은 것이다. "무릇 우리는 다 부정한 자 같아서 우리의 의는 다 더러운 옷 같으며 우리는 다 잎사귀같이 시들므로 우리의 죄악이 바람같이 우리를 몰아가나이다"(사 64:6). 내가 조금 착하게 산다는 것은 아무런 의미가 없다. 그것은 한낱 성냥개비 하나를 가지고 북극에서 추위를 이긴다고 말하는 자와 같은 것이다.

하나님을 떠나 내 힘으로 산다면 무엇을 해도 죄인이 된다. 더 나아가 하나님을 떠난 사람은 하나님과 원수가 된다고 말씀하신다. "육신의 생각은 하나님과 원수가 되나니 이는 하나님의 법에 굴복하지 아니할 뿐 아니라 할 수도 없음이라. 육신에 있는 자들은 하나님을 기쁘시게 할 수 없느니라"(롬 8:7-8). 육신의 생각이라는 것은 내가 주인 되어 사는 삶을 말한다. 내가 주인 된 자는 하나님을 의지하지도 않고 하나님을 사랑할 수도 없다. 이 세상의 모든 것이 다 하나님께서 주신 것인데 자기 것인 양 하고 사는 그 자체가 큰 죄다.

우리의 목숨은 우리의 것이 아니다. 우리의 호흡도 우리의 것이 아니다. "우리가 그를 힘입어 살며 기동하며 존재하느니라"(행 17:28). 우리가 살아 숨을 쉬고 있는 것, 지금 몸을 움직이고 있는 것 그 자체가 다 하나님의 힘으로 가능한 것인데, 마치 내 인생이 내 것인 줄 알고 내 마음대로 사는 것이 죄다.

당신이 가지고 있는 탤런트도 다 하나님께서 주신 것이다. 당신이 돈을 좀 벌고 있는가? 그것도 하나님께서 주신 것이다. "부와 귀가 주께로 말미암고 또 주는 만물의 주재가 되사 손에 권세와 능력이 있사오니 모든 사람을 크게 하심과 강하게 하심이 주의 손에 있나이다"(대상 29:12).

당신이 세상의 권세를 좀 가지고 있는가? 그것도 하나님께서 주신 것이다. "각 사람은 위에 있는 권세들에게 복종하라. 권세는 하나님으로부터 나지 않음이 없나니 모든 권세는 다 하나님께서 정하신 바라"(롬 13:1).

당신이 무엇을 가지고 있든 그것은 당신의 것이 아니라 다 하나님께서 주신 것이다. "땅과 거기에 충만한 것과 세계와 그 가운데에 사는 자들은 다 여호와의 것이로다"(시 24:1). 우리가 밟고 있는 땅과 우리가 사용하고 있는 내 몸이 전부 다 하나님의 것인데 마치 내 것인 양 마음대로 사용하며 사는 것이 죄다. 이 세상에 내 것은 하나도 없다. 다 그분의 것이다.

도둑은 남의 것을 자신의 것처럼 사용하는 자다. 우리가 하나님의 것을 내 마음대로 쓴다면 바로 우리가 도둑이 된다. "전에는 우리도 다 그 가운데서 우리 육체의 욕심을 따라 지내며 육체와 마음의 원하는 것을 하여 다른 이들과 같이 본질상 진노의 자녀이었더니"(엡 2:3). 우리가 우리 마음대로, 우리 욕심대로, 우리 육체가 원하는 대로 사는 것은 진노의 자녀라는 증거이다. 사람이 하나님을 떠나 살면 그 사람이 선을 행하든 행하지 않던 다 하나님의 진노 아래 있게 된다.

사도 바울은 하나님이 없는 자가 죄인이라고 분명하게 말한다. "그때에 너희는 그리스도 밖에 있었고 이스라엘 나라 밖의 사람이라 약속의 언약들에 대하여는 외인이요 세상에서 소망이 없고 하나님도 없는 자이더니"(엡 2:12). 불신자의 특징은 마음에 하나님이 없다는 것이다. 우리가 보통 죄라고 하면 폭력, 강도, 살인, 거짓말, 간음, 음행, 도둑, 탐욕, 비방, 시기, 질투, 교만, 부모 거역, 불순종 등 이런 것을 말한다. 이런 것들은 죄가 아니라 죄의 열매이다.

바울은 로마서 1장에서 죄는 하나님을 마음에 두기 싫어하는 것으로 시작된다고 말한다. "또한 그들이 마음에 하나님 두기를 싫어하매 하나님께서 그들을 그 상실한 마음대로 내버려 두사 합당하지 못한 일을 하게 하셨으니"(롬 1:28). 그다음에 하나님을 마음에 두기 싫어하는 자들에게 나타나는 죄의 열매를 기록하였다. "곧 모든 불의, 추악, 탐욕, 악의가 가득한 자요 시기, 살인, 분쟁, 사기, 악독이 가득한 자요 수군수군하는 자요 비방하는 자요 하나님께서 미워하시는 자요 능욕하는 자요 교만한 자요 자랑하는 자요 악을 도모하는 자요 부모를 거역하는 자요 우매한 자요 배약하는 자요 무정한 자요 무자비한 자라. 그들이 이같은 일을 행하는 자는 사형에 해당한다고 하나님께서 정하심을 알고도 자기들만 행할 뿐 아니라 또한 그런 일을 행하는 자들을 옳다 하느니라"(롬 1:29-32). 이것은 모두 다 죄의 열매들이다. 죄의 열매는 환경에 따라 생겼다 없어졌다 한다. 정말 중요한 것은 죄의 열매가 아니라 죄의 뿌리다. 그 죄의 뿌리가 바로 하나님으로부터 독립한 '나'다.

예수를 믿는 것이 무엇인가? 예수를 믿는 것은 주인을 바꾸는 것이다. 예수를 믿기 전에는 나 자신을 믿고 내가 주인이 되어 내 생각대로, 내 마음대로, 내 기분대로 살았다. 그런데 예수를 믿게 되면 이제 더 이상 내가 내 인생의 주인이 아니라 예수님을 주인으로 모시는 것이다. 예수를 믿는데 왜 사람이 변하지 않는가? 말로는 예수님을 믿는다고 하지만 여전히 내가 주인 되어 살기 때문이다.

우리는 예수를 믿으면서 내 죄를 회개한다. 그때 죄를 회개한다는 것이 대부분 죄의 열매만 없애는 것이다. 죄의 열매는 아무리 회개하고 없애도 또다시 나타난다. 개나리꽃은 겨울에는 피지 않지만 봄이 되면 다시 핀다. 개나리는 겨울에도 노란 꽃을 가지고 있었다. 개나리에게 봄이라는 환경이 오면 그 숨어 있던 노란 꽃이 만발하게 된다. 마찬가지로 우리게도 죄를 짓지 않아도 이미 죄의 씨앗을 가지고 있다. 아무리 점잖은 사람이라 하여도 죄를 지을 수 있는 환경이 다가오면 그 죄가 만발한다.

죄의 열매는 강단에서 회개하라고 외치면 잠시 중단되는 것 같지만 또 죄를 지을 환경만 갖추어지면 다시 죄를 짓는다. 아무리 화를 내지 말라고 설교하여도 화를 낼 수밖에 없는 상황이 생기면 또다시 화를 내는 것이 어쩔 수 없는 사람이다. 평소에 선한 것 같은 사람도 운전 중에 차 한 대만 끼어들어도 분노가 생긴다. 사과나무에 열린 사과라는 열매는 다 따서 없애도 그다음 가을에 또다시 사과열매는 맺힌다. 사과를 정말 없애려면 사과나무 뿌리를 잘라야 한다.

지금 죄를 짓지 않는다고 해서 죄인이 아닌가? 지금 아무리 죄를 짓지 않아도 죄를 지을 수 있는 온도만 갖춰지면 또다시 죄를 짓고 마는 것이 연약한 우리 인간이다. 그래서 죄는 죄의 열매를 없앤다고 의인이 되는 것이 아니라 죄의 뿌리인 내가 죽어야 하는 것이다. 내가 중심이 되는 것, 내가 내 마음대로 사는 것이 죄의 뿌리임을 알아야 한다.

내가 주인 되어 사는 것이 왜 죄냐고 말하는 사람들이 있다. 내가 주인 되어 하는 일이 잘되면 교만해지고 타락한다. 아니면 내가 하는 일이 잘못되면 자학하고 낙심하며 절망하여 결국에는 자살에까지 이르게 된다.

나는 셀 교회를 하면서 랄프 네이버 목사님이 쓴 책 중에 일대일 교제 0번에서 충격적인 글을 보게 되었다.

"주님은 우리의 자기 소유, 자아 중심의 삶에서 우리를 구원하셨습니다."

이 글은 내가 목사가 된 지 10년 만에 처음으로 읽게 되었다. 어릴 때부터 평생 예수를 믿었던 나에게 엄청난 충격을 주었다. 나는 이제까지 예수님께서 내 죄를 건져주신 구세주로만 믿었다. 그 후 나는 내가 죄를 지으면 내 죄를 회개하고 또 죄를 회개하고 회개하였다. 나는 내 죄 문제를 해결할 수가 없었다. 평생 계속 되풀이되는 죄를 회개하며 주눅 들어 살았다. 그런데 이 글을 읽고 탄성을 질렀다. 지금까지 내가 회개한 것은 다 죄의 열매였다. 진짜 문제는 예수를 믿고 목사가 되어도 여전히 내 인생의 주인인 내가 살아 있었다는 것이다. 나는 랄프 네이버 목사의 글을 읽고 내 인생의 주인인 나를 빼내고 내 인생의 진짜 주인인 예수님을 모셨다. 그날 이후 참 자유가 생겼다.

우리 인생들은 무엇을 하던 내가 주인이 되면 언제나 늘 혼돈이며 공허이며 어둠이다. 나에게는 길이 없다. 나에게는 진리가 없다. 나에게는 영원히 사는 생명이 없다. 그러나 예수님에게는 길이 있고 진리가 있고 생명이 있다. "예수께서 이르시되 내가 곧 길이요 진리요 생명이니 나로 말미암지 않고는 아버지께로 올 자가 없느니라"(요 14:6).

예수를 믿는다는 것이 무엇인가? "영접하는 자 곧 그 이름을 믿는 자들에게는 하나님의 자녀가 되는 권세를 주셨으니"(요 1:12). 예수를 믿는다는 것은 예수님이 나에게 들어오는 것이다. 예수를 믿는다는 것은 내가 내 인생에 주인이 되어 살다가 예수님을 주인으로 영접하는 것이다. 이 말씀을 거꾸로 하여 믿는 것이 영접하는 것이라고 말하면 안 된다. 예수님을 내 주인으로 영접하는 것이 믿는 것이다. 진짜 구원은 내 안에 주인으로 있는 나를 빼내고 참 주인이신 예수님이 주인으로 들어오시는 것이다.

우리는 마치 죄의 물에 빠져 죽을 수밖에 없는 자와 같다. 우리 힘으로는 절대로 이 죄의 물에서 빠져나올 수 없다. 선행으로도, 고행으로도, 종교로도 그 무엇으로도 죄의 물에서 빠져나올 수 없다. 하나님께서 이 죄의 물에서 빠져나오도록 예수님을 보내주셨다. 이 예수님은 우리를 죄의 물에 허덕이는 우리를 죄에서 건져내어 주시는 구세주로 오셨다. 그리고 예수님은 우리를 죄의 물에서 건져내어 주시고 떠나가 버리신 분이 아니라 우리 마음에 주인으로 들어오셨다.

"죄=나"라는 등식을 이해해야 한다.

죄의 삯은 사망이다(롬 6:23). 내가 내 인생의 주인 되어 살면 사망이 온다. 이 글을 읽는 분 중에 "나는 죄인이 아니야" 하는 분은 곰곰이 생각해보라. 내가 하는 모든 것이 다 죄 아닌가? 틈만 나면 세상의 것을 다 가지고 싶은 탐욕이 가득하다. 틈만 나면 자랑하고 싶은 교만이 가득하다. 틈만 나면 음란한 마음이 피어오른다. 틈만 나면 대접받고 싶은 마음이 가득하다. 어디 선한 것이 있는가? 세상에 제일 골치 아픈 사람이 자기가 주인 되어 자기 마음대로 사는 자이다.

아담이 지은, 자기 마음대로 살겠다는 죄는 고스란히 아들 가인에게 넘어가 가인은 동생 아벨을 돌로 쳐 죽여 인류 최초의 살인자가 되었다. 아담의 죄는 노아 이후에도 모든 사람에게 넘어가 "우리의 이름을 만방에 알리자"며 높은 바벨탑을 세워 언어가 분리되었다.

아담의 죄는 430년 동안 애굽의 노예로 살았던 이스라엘 백성들의 마음에 고스란히 넘어가 출애굽이라는 놀라운 은혜, 홍해를 건너는 놀라운 은혜, 광야에 만나가 내리는 놀라운 은혜 앞에서도 감사하지 않고 늘 불평하고 원망하는 삶을 살았다. 그래서 그들은 광야에서 평생을 살다가 다 광야에서 죽어야 했다.

아담의 죄는 가나안 점령 이후에도 그대로 넘어와 하나님을 왕으로 삼지 않고 자기 자신을 왕으로 삼는 사사전국이라는 혼돈의 시대를 살았다. "그때에는 이스라엘에 왕이 없었으므로 사람마다 자기 소견에 옳은 대로 행하였더라"(삿 17:6).

아담의 죄는 열왕국 시대에도 그대로 넘어와 수많은 왕을 바꾸어 보아도 여전히 인간의 왕이 아무것도 아님을 깨닫지 못하고 여전히 자신들을 왕으로 삼고 살다가 포로의 삶을 살게 되었다. 그렇게 구약의 시대가 끝이 나고, 드디어 이스라엘 백성들은 400년 암흑기를 보낸다. 그들은 그 깊은 암흑기에 내일을 알지 못하는 두려움으로 지냈다. 그 깊은 암흑기를 보낸 이후 진짜 왕이신 예수님이 나타나셔서 하나님의 나라를 전하셨다.

하나님의 나라는 하나님의 통치다. 하나님의 나라가 이루어지려면 내 나라가 종식되어야 한다. 내가 주인 되어 다스리는 것, 모든 것을 내려놓고 하나님께서 통치하셔야 한다. 우리는 내가 왕이 되어 다스리며 사는 내 통치의 허상을 알아야 한다. 내가 왕이 되어 사는 삶에는 공허함이 있고, 우울함이 있고, 분쟁이 있고, 원망이 있고, 혼돈이 있고, 죄의 포로가 되고 늘 두려움이 있다. 나는 창조주가 아니다. 나는 하나님께서 창조하신 피조물이다. 그러기에 "나는 나를 구원할 수 없다. 나는 죽고 싶지 않지만 나에게는 영원히 살 생명이 없다."

죄에 대한 예수님의 그림

예수님은 죄에 대한 그림을 탕자의 비유로 말씀해주셨다. 누가복음 15장에 나오는 탕자는 아버지를 떠나 아버지의 것을 가지고 자신이 주인 되어 자기 마음대로 살자, 아버지로부터 받은 재산을 다 탕진하고 결국 돼지우리 속에 들어가서 사는 비참한 삶이 되었다.

탕자는 버젓이 살아계시는 아버지에게 자신의 분깃을 달라고 하였다. 예수님 당시 유대 사회에는 아버지가 살아계시는데 유산을 달라고 하는 것은 최고의 불효였다. 왜냐하면 그 아들의 마음에는 이미 아버지가 죽었다는 것이다. 탕자는 그의 마음에 아버지가 죽었다. 그는 아버지가 물려준 유산을 가지고 아버지를 떠나 멀리 갔다. 그는 아버지의 것을 가지고 이제 행복하게 살 수 있다고 생각하고 아버지로부터 독립하였다.

탕자는 아버지를 떠나 자기가 주인 되어 사는 순간부터 죄인이 되었다. 그러나 그는 그것이 죄가 되는 줄 몰랐다. 탕자는 아버지를 떠나자 곧 자신이 가지고 있던 모든 자원이 고갈되어 심각한 결핍에 빠졌고, 결국 더러운 냄새 나는 돼지우리 속에 들어가게 되었다. 그때서야 자신이 죄인인 것을 깨달았다. "내가 일어나 아버지께 가서 이르기를 아버지 내가 하늘과 아버지께 죄를 지었사오니"(눅 15:18).

탕자가 죄인이 된 것은 아버지를 떠나 아버지의 것을 가지고 자기 마음대로 살았기 때문이다. 그가 세상에 나가 성공을 했어도 그는 죄인이며 탕자이다. 왜냐하면 아버지의 것을 가지고 자기 것인 양 착각하고 아버지를 떠나 자기가 주인 되어 살았기 때문이다. 아버지를 떠나 내가 주인 되어 살면 결국 망하게 된다. 예수님은 이 탕자의 비유를 통해 하나님을 떠난 인간은 결국 비참한 상태에 이른다는 사실을 말씀해주신 것이다.

죄는 내가 주인이 되어 사는 삶이다. 당신은 누구를 의지하고 사는가? 나 자신인가, 하나님인가? 만약 당신이 당신 자신을 의지하고 산다면 당신은 죄인이다. 이 세상에 가장 큰 죄인은 자신이 가지고 있는 것이 자신의 것인 줄 착각하고 마치 자신이 신인 양 착각하고 자기 자신을 의지하며 사는 자다.

내가 죄인인 것을 아는 것이 큰 축복이다. 내가 하나님의 도움 없이 단 한순간도 살 수 없다는 것을 아는 게 큰 축복이다. 당신은 더 이상 당신 자신을 의지하며 살지 마라. "우리는 우리 자신이 사형 선고를 받은 줄 알았으니 이는 우리로 자기를 의지하지 말고 오직 죽은 자를 다시 살리시는 하나님만 의지하게 하심이라"(고후 1:9). 죄의 뿌리는 내가 내 마음대로 사는 것이다. 죄란 죄의 열매가 아니라 바로 하나님을 떠난 '나'다. 내가 죄인이라는 것을 아는 자에겐 소망이 있다.

탕자의 위대함은 자신이 죄인인 것을 알고 아버지께로 돌아온 것이다. 베드로의 위대한 인생의 변화는 "주여 나를 떠나소서. 나는 죄인이로소이다"라는 고백한 순간부터였다. 사도 바울의 위대한 인생의 변화는 "주여 내가 죄인 중에 괴수입니다"라는 고백한 순간부터였다.

예수님은 사람이 죄를 짓는 것은 외부의 환경이 아니라 내 안에 죄가 들어 있기 때문이라고 말씀하셨다. "또 이르시되 사람에게서 나오는 그것이 사람을 더럽게 하느니라. 속에서 곧 사람의 마음에서 나오는 것은 악한 생각 곧 음란과 도둑질과 살인과 간음과 탐욕과 악독과 속임과 음탕과 질투와 비방과 교만과 우매함이니 이 모든 악한 것이 다 속에서 나와서 사람을 더럽게 하느니라"(막 7:20-23).

당신이 아무리 교회를 오래 다니고 교회에서 직분자로 섬긴다고 하여도 당신이 주인 되어 산다면 당신이 죄를 지을 확률은 100%다. 당신이 죄와 상관없이 살려면 입술로만 예수를 믿는다고 말하는 것으로 되지 않는다. 당신이 주인 되었던 자리에 예수를 주인으로 모시고 살아야 한다. 그러면 모든 죄가 사라진다. 내가 죄인임을 아는 것이 인간 회복의 시작이다.

당신의 영혼 깊은 곳에서부터 처절한 고백이 있기 바란다.

"내가 죄인입니다."

"내가 죄의 뿌리입니다."

"내가 절망입니다."

"내가 사형수입니다."

진짜 예수를 믿는 것은 내가 주인 되었던 내가 죽고, 내 안에 예수를 주인으로 모시고 예수가 주인 되어 사는 것이다. 나를 바라보면 절망이 오고 죽음이 온다. 내가 주인 되어 살면 결론은 사망이다. 내가 죄의 뿌리라는 것을 아는 사람은 죄의 문제를 해결할 수 있는 은혜를 입은 사람이다.

예수님은 메시아시며
우리의 주인이시다

> ❝ 죄의 삯은 사망이요 하나님의 은사는 그리스도(메시아) 예수
> 우리 주(인) 안에 있는 영생이니라. 로마서 6:23

예수님 당시의 유대인들은 로마의 지배를 받으며 살았기에 다윗
왕가에서 태어나는 정치적인 메시아를 기다렸다. 그들이 기다리는 메
시아는 정치적인 독립뿐만 아니라 경제적인 풍요와 사회적인 평화를
가져다줄 인물로 생각하였다. 유대인들은 오랫동안 메시아 대망사상
을 가지고 있었다. 이 메시아 대망사상은 창세기부터 시작되었다. "내
가 너로 여자와 원수가 되게 하고 네 후손도 여자의 후손과 원수가 되
게 하리니 여자의 후손은 네 머리를 상하게 할 것이요 너는 그의 발꿈
치를 상하게 할 것이니라 하시고"(창 3:15).

유대인들은 창세기 3장에 나오는 "여자의 후손이 사탄의 머리를 상하게 할 것"이라는 막연한 기대가 생겼다. 이런 기대는 다윗 왕가에서 태어나는 인물이 될 것이라고 예언으로 고조되었다. "네 수한이 차서 네 조상들과 함께 누울 때에 내가 네 몸에서 날 네 씨를 네 뒤에 세워 그의 나라를 견고하게 하리라"(삼하 7:12).

이런 메시아 대망사상은 선지자들을 통해 더 구체화되었다. "이는 한 아기가 우리에게 났고 한 아들을 우리에게 주신 바 되었는데 그의 어깨에는 정사를 메었고 그의 이름은 기묘자라, 모사라, 전능하신 하나님이라, 영존하시는 아버지라, 평강의 왕이라 할 것임이라. 그 정사와 평강의 더함이 무궁하며 또 다윗의 왕좌와 그의 나라에 군림하여 그 나라를 굳게 세우고 지금 이후로 영원히 정의와 공의로 그것을 보존하실 것이라. 만군의 여호와의 열심이 이를 이루시리라"(사 9:6-7).

"이새(다윗의 아버지)의 줄기에서 한 싹이 나며 그 뿌리에서 한 가지가 나서 결실할 것이요"(사 11:1). "여호와의 말씀이니라. 보라. 때가 이르리니 내가 다윗에게 한 의로운 가지를 일으킬 것이라. 그가 왕이 되어 지혜롭게 다스리며 세상에서 정의와 공의를 행할 것이며"(렘 23:5).

"그 후에 이스라엘 자손이 돌아와서 그들의 하나님 여호와와 그들의 왕 다윗을 찾고 마지막 날에는 여호와를 경외하므로 여호와와 그의 은총으로 나아가리라"(호 3:5). "그날에 내가 다윗의 무너진 장막을 일으키고 그것들의 틈을 막으며 그 허물어진 것을 일으켜서 옛적과 같이 세우고"(암 9:11).

그리스도(메시아)로 오신 예수님

유대인들은 메시아에 대한 오해를 가지고 있었다. 성경에 예언한 메시아는 정치적인 메시아나 경제적인 메시아가 아닌 우리의 죄를 해결해주시는 메시아였다. 예수님은 우리의 죄를 해결해주시는 메시아로 이 땅에 오셨다.

신약을 여는 마태복음 1장 1절부터 예수님을 메시아로 소개한다. "아브라함과 다윗의 자손 예수 그리스도(메시아)의 계보라"(마 1:1). 그리스도라는 말이 메시아이다. 그리스도는 헬라어이고, 메시아는 히브리어이다. "야곱은 마리아의 남편 요셉을 낳았으니 마리아에게서 그리스도라 칭하는 예수가 나시니라"(마 1:16). "예수 그리스도의 나심은 이러하니라. 그의 어머니 마리아가 요셉과 약혼하고 동거하기 전에 성령으로 잉태된 것이 나타났더니"(마 1:18). "오늘 다윗의 동네에 너희를 위하여 구주가 나셨으니 곧 그리스도 주시니라"(눅 2:11).

예수님 당시 유대인들은 예수님을 그리스도(메시아)라고 불렀다. 빌라도가 유월절 절기에 죄수를 놓아주는 관례를 따라 바라바와 예수님을 가운데 놓고 백성들 앞에서 이렇게 물었다. "그들이 모였을 때에 빌라도가 물어 이르되 너희는 내가 누구를 너희에게 놓아 주기를 원하느냐. 바라바냐. 그리스도라 하는 예수냐 하니"(마 27:17).

빌라도가 그냥 심심해서 예수님을 그리스도라고 부른 것이 아니다. 정말 그 당시 유대인들이 예수님을 그리스도라고 불렀기 때문이다. 만약 백성들이 예수님을 그리스도라고 부르지 않았다면 유대인들은 예수를 그리스도라고 부른 적이 없다고 말할 것이다. 그런데 그들은 빌라도가 예수님을 그리스도라 불리고 있다는 말에 가만히 있었고, 빌라도는 또다시 예수를 어떻게 하면 좋겠냐고 물으며 예수를 그리스도라고 다시 불렀다. "빌라도가 이르되 그러면 그리스도라 하는 예수를 내가 어떻게 하랴. 그들이 다 이르되 십자가에 못 박혀야 하겠나이다"(마 27:22).

예수님이 십자가에 죽으시고 부활하시고 하늘로 승천하신 후, 사도들은 예수님의 말씀대로 마가의 다락방에 모여 예루살렘을 떠나지 않고 전혀 기도에 힘쓸 때에 성령이 임하여 방언을 말하자 주위에 유대인들이 모여들었다. 그들은 제자들에게 "어찌 무식한 너희들이 우리가 태어난 곳의 언어를 말하느냐"하며 놀랐다. 그때 베드로는 제자들 주위에 몰려 든 사람들에게 예수님을 하나님께서 주와 그리스도가 되게 하셨다고 말하였다. "그런즉 이스라엘 온 집은 확실히 알지니 너희가 십자가에 못 박은 이 예수를 하나님이 주와 그리스도가 되게 하셨느니라 하니라"(행 2:36).

사도 베드로가 성령을 받은 이후 성전에 기도하려고 가는데 성전 미문에서 앉은 태어나면서부터 앉은뱅이가 그에게 한 푼 도와달라고 구걸을 하자 예수 그리스도의 이름으로 일으켰다. "베드로가 이르되 은과 금은 내게 없거니와 내게 있는 이것을 네게 주노니 나사렛 예수 그리스도의 이름으로 일어나 걸으라 하고"(행 3:6). 이 일로 성전에 있는 자들이 깜짝 놀라 예수를 믿기 시작하였다.

그러나 성전에 있던 대제사장과 바리새인들은 베드로를 체포하여 누구의 이름으로 이런 일을 하느냐 하며 추상같은 심문을 하였다. 베드로는 조금도 주저함 없이 예수 그리스도의 이름으로 기적을 행한다고 대답하였다. "너희와 모든 이스라엘 백성들은 알라. 너희가 십자가에 못 박고 하나님이 죽은 자 가운데서 살리신 나사렛 예수 그리스도의 이름으로 이 사람이 건강하게 되어 너희 앞에 섰느니라"(행 4:10).

사도 바울은 그의 모든 서신서에 예수님을 소개할 때는 언제나 주예수 그리스도라는 말을 사용했다. "예수 그리스도의 종 바울은 사도로 부르심을 받아 하나님의 복음을 위하여 택정함을 입었으니"(롬 1:1). "그뿐 아니라 이제 우리로 화목하게 하신 우리 주 예수 그리스도로 말미암아 하나님 안에서 또한 즐거워하느니라"(롬 5:11). "이는 죄가 사망 안에서 왕 노릇한 것같이 은혜도 또한 의로 말미암아 왕 노릇하여 우리 주 예수 그리스도로 말미암아 영생에 이르게 하려 함이라"(롬 5:21). "죄의 삯은 사망이요 하나님의 은사는 그리스도 예수 우리 주 안에 있는 영생이니라"(롬 6:23).

예수님은 태어날 때부터 그리스도로 태어나셨고, 3년 반 공생애를 사시는 동안 백성들은 늘 예수님을 그리스도라고 불렀다. 심지어 십자가에 죽는 순간까지도 백성들에게 그리스도라는 말을 들으셨고, 십자가 처형의 심판을 하였던 빌라도조차도 예수님을 그리스도라고 불렀다. 그것으로 끝나지 않았다. 예수님이 부활하신 후에는 이제 제자들이 목숨을 걸고 예수님을 그리스도라고 부르는 것을 주저하지 않았다. 바울 또한 그의 모든 서신서에 예수님을 그리스도라고 불렀고, 어떤 때에는 예수라는 말보다 그리스도라는 말을 더 선호하였다.

그리스도라는 말은 기름 부음받은 자라는 뜻이다. 구약에는 선지자, 제사장, 왕에게 기름을 부었다. 기름을 부음받은 자는 하나님의 것으로 거룩하게 구별되는 것을 의미한다. 특별히 예수님을 그리스도라고 부른 것은 예수님에게 부여된 세 가지 직분, 즉 선지자, 제사장, 왕을 강조하는 것이다. 예수님은 하나님으로부터 세상의 모든 죄인을 구원할 사명을 받고 기름 부어 보내심을 받는 분이라는 뜻이다.

그리스도는 죄 문제를 해결해주는 메시아시다. 그리스도는 죄와 관계있는 말이다. 인류에게 죄가 없다면 인류에게는 그리스도(메시아)가 필요하지 않다. 예수님이 이 땅에 오심은 죄 문제를 해결하시는 그리스도(메시아)로 오신 것이다.

예수님은 정치범으로 죽으신 것이 아니다. 예수님은 힘이 없어서 제사장들의 병정들에게 잡히신 것이 아니다. 예수님은 자신이 체포되어 죽으실 것을 미리 아시고, 제자들에게 자신은 십자가에 죽고 3일 만에 부활할 것이라고 예언해주셨다. 만약 예수님이 힘이 없어 체포되신 것이라면 체포되기 전에 아시고 피하면 그뿐이다.

예수님은 바다의 풍랑도 잠잠하게 하시는 능력의 하나님이시다. 예수님은 자신이 인류의 죄 문제를 해결하시기 위해 오신 그리스도(메시아)이시기에 죽음을 피하지 않고 십자가에 달려 죽으신 것이다.

사람이 평생 지은 죄를 센다면 얼마나 많은지 그 죄를 다 셀 수도 없다. 그 죄를 다 없애려면 누군가가 대신 죽어주면 된다. 그런데 그 대신 죽어주는 사람은 자신의 죄가 전혀 없어야만 한다. 그런데 이 세상에 죄가 하나도 없는 사람은 없다. 그래서 아무런 죄도 없으신 하나님의 아들이신 예수님이 우리의 죄를 대신하여 죽으셔서 피를 흘리셔야만 죄가 없어진다.

나는 어릴 때 2천 년 전에 예수님이 십자가에서 죽으셨는데, 왜 2천 년이나 지난 지금 나를 위해 죽으셨다고 하시는지 이해가 되지 않았다. 그러나 예수님의 피가 사람의 피가 아니라 하나님의 피라는 사실을 알고 깨닫게 되었다. "하나님이 자기 피로 사신 교회를 보살피게 하셨느니라"(행 20:28). 성경은 교회는 예수님의 피, 하나님의 피 값을 주고 세운 것이라고 기록한다. 예수님의 피는 사람의 피가 아니다. 예수님의 피는 하나님의 피다. 그 하나님의 피는 시간과 공간을 초월하여 모든 사람의 죄를 없애주는 능력이 있다. 예수님의 피는 하나님의 피기에 2천 년이 지난다 해도 아무런 시간적인 영향을 받지 않고 모든 사람의 죄를 없애는 능력이 있다.

당신의 아들을 돼지 몇 마리와 바꿀 수 있는가? 말이 안 되는 질문이다. 더러운 돼지 수천만 마리를 주어도 당신의 아들과는 바꾸지 않을 것이다. 죄 없으신 예수님 한 분과 죄인인 사람 몇 명과 바꿀 수 있겠는가? 온 인류를 다주어도 예수님과 바꿀 수 없다. 왜냐하면 예수님은 온 우주를 만드신 하나님이시기 때문이다. 그러면 예수님 한 분의 죽음으로 온 인류의 죄 값을 다 지불할 수 있는가? 물론이다.

죄를 짓는 자는 하나님과 원수가 되고 하나님의 진노 아래 있게 된다. 그런데 예수님이 십자가 위에서 우리의 죄 값을 지불하심으로써 하나님과 화목하게 되었다. "곧 우리가 원수 되었을 때에 그의 아들의 죽으심으로 말미암아 하나님과 화목하게 되었은즉 화목하게 된 자로서는 더욱 그의 살아나심으로 말미암아 구원을 받을 것이니라"(롬 5:10).

우리가 죄를 지어 하나님과 분리되는, 영원히 하나님의 진노를 받아야 하는 죄인이 되었는데, 예수님이 우리의 죄를 대신하여 십자가에서 죽어 피를 흘리심으로써 죄 값을 치루셨다. 이 예수를 우리 마음에 영접하면 하나님과 원수 된 자에서 하나님의 자녀로 바뀌게 된다.

예수를 믿기 전에는 하나님 앞에 나아갈 수 없는 원수였는데, 이제는 예수의 피로 담대히 하나님 앞에 나아갈 수 있는 자가 되었다. "그러므로 형제들아 우리가 예수의 피를 힘입어 성소에 들어갈 담력을 얻었나니 그 길은 우리를 위하여 휘장 가운데로 열어 놓으신 새로운 살 길이요 휘장은 곧 그의 육체니라"(히 10:19-20). 예수님께서 내 죄를 위해 십자가에서 죽으신 그리스도(메시아)임을 믿으라. 예수님의 피가 내 모든 죄를 깨끗하게 하심을 믿으라. "그 아들 예수의 피가 우리를 모든 죄에서 깨끗하게 하실 것이요"(요일 1:7).

한 영화가 기억난다. 한 사람이 다리에 피를 흘리며 산속으로 도망을 가는데 적군들이 사냥개를 몰고 그 피 냄새를 맡으며 쫓아갔다. 사냥개들이 피 냄새를 맡고 점점 그 사람에게로 가까이 다가왔다. 지칠 대로 지친 그는 기진맥진하다 강을 발견하였다. 그가 강에 몸을 담그자 그 집요하게 따라오던 사냥개의 추적은 멈추었다. 사냥개들이 피 냄새를 잃어버린 것이다. 예수님의 십자가가 내 죄 문제를 집요하게 고소하는 사냥개와 같은 사탄의 소리를 잠재운다. 십자가는 죄 문제를 해결해주는 강이다. 그 십자가의 강에 잠기기만 하면 누구든지 어떤 죄를 지었더라도 용서함을 받는다.

예수를 주인으로 모셔라

당신이 당신의 죄 문제를 해결하기 위해 예수님을 그리스도(메시아)로 믿었는가? 그렇다면 동시에 그 예수님을 주인으로 모시고 살아야 한다. 사도 바울은 로마서에서 이신칭의를 말하였다. 이 말씀은 믿음으로 의롭다함을 받는다는 뜻이다. 로마서 1장은 이방인의 죄를 말하고, 로마서 2장은 유대인의 죄를 말하며, 로마서 3장은 이방인이나 유대인이나 모든 사람이 죄인이라고 말한다. 아담의 후손으로 태어난 우리에게는 의로움이 없다고 선언한다. 그런 우리에게 한 의가 나타났으니 그것은 예수를 믿음으로 생기는 의라고 소개한다. "이제는 율법 외에 하나님의 한 의가 나타났으니 율법과 선지자들에게 증거를 받은 것이라. 곧 예수 그리스도를 믿음으로 말미암아 모든 믿는 자에게 미치는 하나님의 의니 차별이 없느니라"(롬 3:21-22).

로마서 4장 마지막 절에서는 예수님이 우리의 죄 때문에 죽었다는 것을 믿을 때 의로워짐을 말씀한다. "예수는 우리가 범죄한 것 때문에 내줌이 되고 또한 우리를 의롭다 하시기 위하여 살아나셨느니라"(롬 4:25).

로마서 5장에서는 예수를 믿음으로 의롭게 된 우리가 예수님을 주인으로 모시고 살아야 함을 거듭 말하고 있다. "그러므로 우리가 믿음으로 의롭다 하심을 받았으니 우리 주(인) 예수 그리스도로 말미암아 하나님과 화평을 누리자"(롬 5:1). "그뿐 아니라 이제 우리로 화목하게 하신 우리 주(인) 예수 그리스도로 말미암아 하나님 안에서 또한 즐거워하느니라"(롬 5:11). "이는 죄가 사망 안에서 왕 노릇한 것같이 은혜도 또한 의로 말미암아 왕 노릇하여 우리 주(인) 예수 그리스도로 말미암아 영생에 이르게 하려 함이라"(롬 5:21).

우리가 흔히 믿음으로 의롭다 함을 받는다는 바울의 이신칭의를 말할 때 놓치고 있는 것이 하나 있는데, 그것은 바로 예수님이 우리의 주인이 되셔야 한다는 사실이다. 사도 바울은 로마서 6장 6절에서 아주 분명하게 내가 주인된 옛사람이 죽고 예수님께서 주인되어야 구원이 있다고 말한다. "우리가 알거니와 우리의 옛 사람이 예수와 함께 십자가에 못 박힌 것은 죄의 몸이 죽어 다시는 우리가 죄에게 종 노릇 하지 아니하려 함이니."

또한 성경은 예수를 그리스도(메시아)로 믿음과 동시에 예수님께서 주인 되어야 온전한 영생이 있다고 말씀하고 있다. "죄의 삯은 사망이요 하나님의 은사는 그리스도(메시아) 예수 우리 주(인) 안에 있는 영생이니라"(롬 6:23). 예수가 내 죄를 위해 죽으셨다고 믿는 것은 지적인 동의이다. 그 지적인 동의는 구원의 시작이다. 예수를 죄 문제를 해결해주시는 그리스도(메시아)로 믿어도 내가 주인이 되어 살면 여전히 죄를 지을 수밖에 없다. 그러면 예수 믿은 성도의 기쁨도 다 빼앗긴다.

예수님을 한 번 그리스도(메시아)로 믿는 것으로 끝내서는 안 된다. 예수를 메시아로 믿음과 동시에 예수가 나의 주인이 되셔야 한다. 예수님은 한 번만 우리의 죄를 해결하시는 그리스도(메시아)로 오신 분이 아니다. 우리는 살면서 계속 수많은 죄를 짓게 된다. 그렇다면 어떻게 하면 계속 죄를 짓지 않을 수 있는가? 날마다 예수님을 주인으로 모시고 살면 된다. 날마다 예수님을 나의 주인으로 모시고 살면, 능히 모든 죄를 이길 수 있다.

예수님은 한 번만 우리의 죄를 해결해주시는 그리스도(메시아)로 오셨을 뿐만 아니라 계속 죄를 이기게 해주시는 우리의 주인이 되시기 위해 오셨다. "이를 위하여 그리스도께서 죽었다가 다시 살아나셨으니 곧 죽은 자와 산 자의 주가 되려 하심이라"(롬 14:9). 이 성경 구절은 우리가 꼭 암송해야 할 말씀이다.

예수님은 우리 죄를 위해 죽으시고 그냥 우리를 떠나가버린 분이 아니다. 예수님은 우리 죄를 위해 죽으시고 부활하셔서 우리 안에 주인으로 들어와 계신다. 그러기에 우리는 예수님을 그리스도(메시아)로 믿고 죄 사함을 받고, 또다시 죄를 범하여 기죽은 그리스도인으로 살지 말아야 하며, 날마다 예수님을 주인으로 모시고 기쁨 충만한 삶을 살아야 한다.

당신이 예수님을 그리스도(메시아)로, 구세주로 믿었다면 동시에 내가 주인된 삶을 버리고 예수님을 당신의 주인으로 모셔야 한다. 그것이 모든 죄를 해결하는 방법이다. "죄의 삯은 사망이요 하나님의 은사는 그리스도 예수(메시아) 우리 주(인) 안에 있는 영생이니라"(롬 6:23). 죄를 없애는 방법은 죄의 근원인 나를 빼내고 우리가 지은 죄의 대가를 십자가에서 지불하신 그리스도(메시아)로 믿고 이제 죄와 상관없이 사시는 예수님을 주인으로 모시면 된다.

날마다 구원을 이루는 방법은 날마다 예수님을 주인으로 모시고 살 때 일어난다. 예수를 구세주로 믿는 것과 동시에 날마다 예수를 주인으로 모시고 살아서 두렵고 떨림으로 온전한 구원을 이루어야 한다. "그러므로 나의 사랑하는 자들아 너희가 나 있을 때뿐 아니라 더욱 지금 나 없을 때에도 항상 복종하여 두렵고 떨림으로 너희 구원을 이루라"(빌 2:12). 구원은 예수를 믿는 순간 받았지만 두렵고 떨림으로 구원을 이루어가야 한다. 한 번 믿었으니 무조건 다 구원을 받았다고 말해서는 안 된다.

사도 바울은 믿음으로 의인된 우리에게 점점 구원이 가까이 오고 있다고 말한다. "또한 너희가 이 시기를 알거니와 자다가 깰 때가 벌써 되었으니 이는 이제 우리의 구원이 처음 믿을 때보다 가까웠음이라"(롬 13:11). 여기에 처음 예수를 믿을 때보다 점점 더 구원이 가까이 오고 있다는 표현은 예수를 믿음으로 얻은 구원을 영원한 천국에 가기까지 계속 그 구원을 이루어가야 함을 말하는 것이다.

예수를 믿어도 중간에 타락하여 지옥에 가는 자들이 많다. 구약시대에는 가인, 에서, 사울 왕, 엘리 제사장, 홉니와 비느하스, 신약시대에는 가룻 유다, 아나니아와 삽비라, 후메네오, 알렉산더, 데마 등이 있다. 만약 당신이 천국 문 앞에 갔는데 예수님께서 "나는 너를 모른다. 지옥으로 가라"고 한다면 얼마나 황당하겠는가? 그때는 땅을 치고 통곡하며 울어도 소용이 없다. 그래서 이 메시지는 신앙의 아주 기본적인 것이지만 매우 중요하다.

요한계시록에 보면 예수를 믿는 자는 생명책에 기록된다는 말씀이 나온다. "이기는 자는 이와 같이 흰 옷을 입을 것이요 내가 그 이름을 생명책에서 결코 지우지 아니하고 그 이름을 내 아버지 앞과 그의 천사들 앞에서 시인하리라"(계 3:5). 이 말씀은 이기지 못하는 자는 그 이름을 지우신다는 것을 암시하고 있다. "그러나 끝까지 견디는 자는 구원을 얻으리라"(마 24:13). 한 번 예수님을 구세주로 고백했다고 해서 구원을 받았다고 하며, 내가 주인 되어 내 마음대로 아무렇게 살면 이것은 진짜 예수를 믿는 것이 아니다. 매일 주님을 주인으로 모시고 살아야 한다.

유다서에서도 구원받았다가 멸망당한 사람들을 소개하고 있다. "화 있을진저 이 사람들이여, 가인의 길에 행하였으며 삯을 위하여 발람의 어그러진 길로 몰려갔으며 고라의 패역을 따라 멸망을 받았도다"(유 1:11). 가인의 잘못은 불순종이고, 발람의 잘못은 돈을 사랑하여 거짓 예언을 한 것이며, 고라의 잘못은 권위에 반항한 것이다. 눈에 보이는 이 세상만을 위해 사는 자들은 한 번 믿었으니 천국에 간다고 착각하여 방탕한 삶을 살고, 두렵고 떨림으로 구원을 이루는 일에는 별 관심이 없다.

예수님이 전하는 하나님의 나라는 예수님이 오심으로 이미 왔고, 그러나 아직 예수님이 재림하실 때까지는 완성된 것이 아니다. 마찬가지로 예수님을 믿는 순간 구원을 받았지만 아직 최종적으로 이 땅의 삶을 마치고 천국에 들어가기 전까지는 완전한 구원을 받은 것은 아니다. 그러므로 우리는 날마다 두렵고 떨림으로 구원을 이루어야 한다.

예수님을 믿으면 우리는 구원을 받는다. 이것을 칭의라고 말한다. 우리가 예수님을 구세주로 믿고 마음에 주인으로 모시면 하나님은 우리를 의롭다고 칭하신다. 동시에 성도는 주님과 함께 사는 관계성을 가져야 한다. 이것을 성화라고 말한다. 예수를 믿으면 동시에 구원을 이루는 성화의 삶을 살아야 한다. 칭의와 성화는 동시에 일어나야 하는 것이다. 칭의는 법정적 의미이고 성화는 관계적인 의미다.

법정적 칭의만 강조하면 자칫하면 한 번 구원 받았으니 마음대로 살아도 천국에 갈 수 있다는 이상한 믿음을 낳게 할 수 있다. 그래서 법정적 칭의와 동시에 아버지와 아들의 관계 유지가 더 중요하다. 이것은 탕자의 비유로 설명해 본다면 좀 더 쉬워진다.

탕자가 아버지의 집을 떠나 마음대로 살다가 다시 아버지의 집으로 돌아와 아들이 되었으면 법정적으로 아들이라 칭함과 동시에 아버지와 아들의 관계가 회복되었으니 이제 아들답게 살아야 한다. 그러면 얼마나 아들답게 살아야 하는가 하는 것은 문제가 되지 않는다.

아버지의 집으로 돌아온 탕자가 다시 아버지의 집을 떠나간다면 구원이 없겠지만 아들이 아버지와 좋은 관계를 유지하면서 아버지의 집에 사는 한 구원이 있다. 그래서 아들은 아버지의 집에 있으면서 아버지와 좋은 관계를 유지하면서 사는 것이 중요하다.

우리가 예수를 믿은 후 이 땅에 발을 딛고 사는 지금은 두렵고 떨림으로 구원을 이루어야 한다. 두렵고 떨림으로 구원을 이루려면 우리의 주인이신 예수님에게 온전히 복종해야 한다. "그러므로 모든 더러운 것과 넘치는 악을 내버리고 너희 영혼을 능히 구원할 바 마음에 심어진 말씀을 온유함으로 받으라. 너희는 말씀을 행하는 자가 되고 듣기만 하여 자신을 속이는 자가 되지 말라"(약 1:21-22).

지금 이 글을 읽고 마음이 무거운 사람도 있을 것이다. 그 사람은 좋은 기회를 얻은 것이다. 예수님을 구세주로 믿고 주인으로 모시고 살면 된다. 만약 그렇게 하지 않는다면 천국 문 앞에서 예수님이 나는 너를 모른다고 말씀하시는 황당한 거절을 당할 수도 있다.

그냥 입으로 예수를 믿었으니 구원받았다고 착각하지 마라. 한 번 입으로 예수를 믿는다고 말만 하면 절대로 지옥에 가지 않는다는 말을 맹신해서는 안 된다. 성경에는 예수를 믿는다고 말을 하여도 육신대로 살면 반드시 죽는다고 경고하고 있다. "너희가 육신대로 살면 반드시 죽을 것이로되 영으로써 몸의 행실을 죽이면 살리니"(롬 8:13).

우리는 너무 우리가 편한 대로 성경을 이용하려고 한다. 예수를 한 번 믿기만 하면 무조건 천국에 간다는 것은 내 편의주의이며, 반쪽 구원의 확신이다. 이런 사람은 한 번 아들이 되었으니 마음대로 살아도 된다는 방종의 삶으로 가게 되고, 두렵고 떨림으로 구원을 이루라는 말씀을 완전히 무시하는 사람이다.

바울은 하나님의 나라에 들어가지 못하는 자, 지옥에 갈 자를 분명하게 기록하고 있다. "불의한 자가 하나님의 나라를 유업으로 받지 못할 줄을 알지 못하느냐. 미혹을 받지 말라. 음행하는 자나, 우상 숭배하는 자나, 간음하는 자나, 탐색하는 자나, 남색하는 자나, 도적이나, 탐욕을 부리는 자나, 술 취하는 자나, 모욕하는 자나, 속여 빼앗는 자들은 하나님의 나라를 유업으로 받지 못하리라"(고전 6:9-10).

"우상 숭배와 주술과 원수 맺는 것과 분쟁과 시기와 분냄과 당 짓는 것과 분열함과 이단과 투기와 술 취함과 방탕함과 또 그와 같은 것들이라. 전에 너희에게 경계한 것같이 경계하노니 이런 일을 하는 자들은 하나님의 나라를 유업으로 받지 못할 것이요"(갈 5:20-21).

"너희도 정녕 이것을 알거니와 음행하는 자나 더러운 자나 탐하는 자 곧 우상 숭배자는 다 그리스도와 하나님의 나라에서 기업을 얻지 못하리니"(엡 5:5).

예수님도 분명하게 경고하신다. "나더러 주여 주여 하는 자마다 다 천국에 들어갈 것이 아니요 다만 하늘에 계신 내 아버지의 뜻대로 행하는 자라야 들어가리라"(마 7:21). 이 구절은 너무나 유명한 말씀이어서 그냥 무시하고 넘어가려고 한다. 예수님은 그냥 입으로 믿기만 하면 천국에 간다고 말씀하시지 않았다. "내가 내 친구 너희에게 말하노니…. 곧 죽인 후에 또한 지옥에 던져 넣는 권세 있는 그를 두려워하라. 내가 참으로 너희에게 이르노니 그를 두려워하라"(눅 12:4-5). 여기에 '내 친구'는 제자들이다. 주님은 오늘도 예수님을 믿고 제자로 살아가는 자들에게 지옥에 던져 넣을 수 있는 하나님을 두려워하라고 말씀하신다.

당신이 예수님을 구세주로 믿었으면 당연히 예수님을 주인으로 모시고 살아야 한다. 예수님을 구세주로만 믿지 말고 동시에 예수님을 주인으로 모시고 살아야 한다. 예수님을 믿고 구원을 얻었으면 주인 되신 그분과 좋은 관계를 유지하면서 항상 그분의 말씀에 복종하여 두렵고 떨림으로 구원을 이루어가야 한다.

예수님이 주인 된 삶은 부담이 아니다. 진짜 행복이다. 예수님은 폭군이 아니시다. 예수님이 주인 된 삶은 진정한 자유이다. 예수님이 주인 된 삶은 우리가 생각지도 못한 은혜가 부어지는 삶이다. 마치 애벌레가 땅에 머리를 박고 살다가 나비가 되어 하늘을 나는 삶과 같은 것이다.

예수님을 구세주로만 믿고 일상에서 예수님을 주인으로 모시고 살지 않는 자는 아직 예수를 믿는 것이 무엇인지 잘 모르는 것이다. 혹시 아직도 예수님을 주인으로 모시지 않은 사람이 있다면 오늘 조용히 예수님을 주인으로 모시는 시간을 가져라. 그분이 당신의 주인이 되신다면 당신의 삶에 전에 느끼지 못했던 일들이 일어날 것이다.

예수님은 우리의 주인이
되기 위해 죽으셨다

> " 우리가 살아도 주를 위하여 살고 죽어도 주를 위하여 죽나니
> 그러므로 사나 죽으나 우리가 주의 것이로다. 이를 위하여 그리스도께
> 서 죽었다가 다시 살아나셨으니 곧 죽은 자와 산 자의 주가 되려 하심
> 이라. 로마서 14:8-9

　성경에 예수님을 구주로, 구세주로 기록한 단어가 36번 나오고,
반면에 예수님을 주인으로 주로 기록한 단어는 7,800번이나 등장한
다. 이것은 성경이 예수님을 주인으로 모시라는 것을 강조하고 있는
방증이다. "네가 만일 네 입으로 예수를 주로 시인하며 또 하나님께
서 그를 죽은 자 가운데서 살리신 것을 네 마음에 믿으면 구원을 받으
리라"(롬 10:9). 바울은 예수님을 주로 시인하고 주로 믿어야 구원을

받는다고 말씀한다.

예수를 믿는다는 것은 예수님이 나의 죄를 위해 십자가에 죽으시고 부활하신 예수님을 나의 주인으로 모시는 것이다. "유대인이나 헬라인이나 차별이 없음이라. 한 분이신 주께서 모든 사람의 주가 되사 그를 부르는 모든 사람에게 부요하시도다. 누구든지 주의 이름을 부르는 자는 구원을 받으리라"(롬 10:12-13).

예수를 믿는다는 것은 내 안에 죄에 뿌리인 나를 빼내고 대신 예수님을 나의 주인으로 모시는 것이다. 그것이 구원이다. 구원은 죄의 뿌리인 나로부터 건져주시는 것이다. 구원은 죄의 열매로부터 건져주는 것이 아니다. 성경은 분명하게 기록하고 있다. 예수님께서 우리의 죄를 위해 십자가에 죽으시고 부활하신 이유가 나의 주인이 되시기 위함이라고 말씀한다. "이를 위하여 그리스도께서 죽었다가 다시 살아나셨으니 곧 죽은 자와 산 자의 주가 되려 하심이라"(롬 14:9). 여기에 "이를 위하여"는 바로 앞 구절을 뜻한다. "우리가 살아도 주를 위하여 살고 죽어도 주를 위하여 죽나니 그러므로 사나 죽으나 우리가 주의 것이로다"(롬 14:8). 즉 예수님이 우리를 위해 십자가에 죽으시고 부활하신 이유는 우리의 몸이 주님의 것이 되기 위함인 것이다.

많은 그리스도인들이 그동안 오랜 세월 예수님을 구세주로만 믿고 그 뒤 내가 주인 되어 여전히 죄를 범하며 살고 있다. 이것은 진짜 그리스도인의 모습이 아니다. 이것은 다시 불신자로 돌아가는 삶이다. 이것은 정말 새 생명을 얻은 자의 모습이 아니다.

로마서는 세 부분으로 나누어져 있다. 로마서 1장에서 8장까지는 믿음으로 의롭게 됨을 말하고, 로마서 9장에서 11장까지는 삽입 장으로 유대인들을 향한 하나님의 절대주권을 말하며, 로마서 12장에서 16장까지는 다시 믿음의 주제로 돌아가서 믿음으로 의인된 우리가 어떻게 살아야 함을 말한다.

그런데 로마서 12장 1절에서는 믿음으로 의인된 자는 몸을 하나님이 기뻐하시는 산 제물을 드림으로써 시작하라고 말씀한다. 이것은 믿음으로 사는 자는 내가 죽는 것으로 시작된다는 의미다. 또한 로마서 14장 8절은 믿음으로 의인된 우리는 반드시 예수님을 주인으로 모시고 살든지 죽든지 주인 되신 주를 위하여 살아야 함을 기록하고 있다. 더불어 로마서 14장 9절에서는 예수님은 우리의 주인이 되시기 위해 십자가에서 죽으시고 부활하심을 말하고 있다.

믿음으로 구원받은 자는 반드시 내가 죽고 예수님께서 주인이 되셔야 한다. 믿음으로 구원받은 자는 자기를 위해 살지 않고 내 안에 주인이신 예수님을 위해 살아야 한다. 믿음으로 구원받은 자는 내 인생을 내 마음대로 살아서는 안 된다. 구원받은 자의 인생이란 내 무대가 아니라 예수님의 무대이다. 구원받은 자의 인생이란 내가 사는 것이 아니라 내 안에 예수님께서 살게 하는 것이다.

이것을 그냥 이론으로 받아들여서는 안 된다. 정말 이렇게 살아야 한다. 초대교회 교인들은 예수님을 주인으로 모셨다. "그러므로 너희가 그리스도 예수를 주로 받았으니 그 안에서 행하되 그 안에 뿌리를 박으며 세움을 받아 교훈을 받은 대로 믿음에 굳게 서서 감사함을 넘치게 하라"(골 2:6-7). 골로새 교인들은 그리스도(메시아)인 예수님을 주인으로 모셨다.

왜 초대교회는 기적이 많았는가? 왜 초대교회에는 큰 부흥이 있었는가? 예수님을 주인으로 모셨기 때문이다. 그들은 예수를 믿는 것과 예수님을 주인으로 모시고 사는 것을 분리하지 않았다. 초대교회 교인들이 예수를 믿는다는 것은 당연히 예수님을 주인으로 모시고 예수님의 말씀대로 사는 것이었다.

우리는 전도할 때 예수님이 우리의 죄를 해결해주시는 구세주라는 것만을 전하면 안 된다. 물론 예수님은 우리의 구세주시다. 그러나 정말 중요한 것은 예수님을 주인으로 모셔야 하는 것이다. "우리는 우리를 전파하는 것이 아니라 오직 그리스도(메시아) 예수의 주 되신 것과 또 예수를 위하여 우리가 너희의 종 된 것을 전파함이라"(고후 4:5). 초대교회 교인들은 예수님의 주 되심을 전파하였다. 우리도 전도할 때 예수님이 우리의 죄 문제를 해결해주신 구세주인 동시에 주인 되심을 전해야 한다. 복음을 전한다는 것은 메시아이신 예수님이 주인 되심을 전하는 것이다.

한 사람의 마음에 주인이 두 사람이 될 수 없다. 고속도로에서 운전수가 두 명이 되어 서로 다투면서 운전을 한다면 정말 위험천만한 일이다. 어떤 장소에든지 주인이 두 명 되면 큰 혼란과 분열이 일어난다. 예수를 잘못 믿게 되면 주인이 두 명 되는 현상이 일어난다. 때로는 내가 주인이 되었다가 때로는 예수님이 주인이 되었다가 하는 모습이 나타난다.

〈마음의 세 가지 모습〉 뒤쪽 그림 참조.

동그라미는 사람을 의미하고, 의자는 사람의 마음을 의미한다. 이

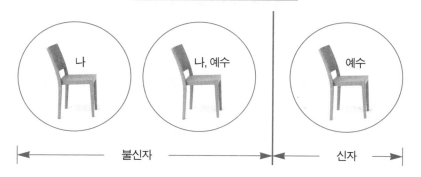

마음의 세 가지 모습

| 나 | 나, 예수 | 예수 |

← 불신자 → ← 신자 →

세 그림 중에 첫 번째 그림은 불신자이고, 세 번째 그림은 예수님을 믿는 자이다. 그런데 가운데 예수님이 주인이고 동시에 내가 주인인 두 주인이 있는 그림은 존재하지 않는 모습이다. 만약 당신이 두 번째 그림에 속한다면 불신자다. 한국교회에 두 번째 그림이 소개된 것은 엄청난 실수이다. 이것은 실수를 넘어 저주이다. 예수를 믿는 사람은 반드시 세 번째 그림이 되어야 한다.

내가 주인 되면 내 욕심, 내 본능이 살아나서 죄를 짓게 되고, 예수님이 주인 되면 예수님처럼 살게 된다. 두 번째 그림처럼 나와 예수님이 함께 주인이 되는 것은 신앙인의 삶이 아니다. 이런 삶은 불신자의 삶이다. 예수를 믿는 것은 내가 주인이 되는 '나'를 완전히 부인하는 삶이다. 예수님은 이것을 명확하게 말씀해주셨다. "무리와 제자들을 불러 이르시되 누구든지 나를 따라오려거든 자기를 부인하고 자기십자가를 지고 나를 따를 것이니라. 누구든지 자기 목숨을 구원하고자 하면 잃을 것이요 누구든지 나와 복음을 위하여 자기 목숨을 잃으면 구원하리라"(막 8:34-35).

이 말씀은 꼭 예수님을 따르는 제자들에게만 하시는 말씀이 아니다. 성경은 분명 무리와 제자들에게 하시는 말씀이라고 기록한다. 즉 예수를 믿는 모든 자에게 하시는 말씀이다. 예수님은 제자와 예수를 믿는 무리를 구별하지 않으신다. 예수님을 따르는 자는 누구든지 먼저 자기 자신을 부인해야 한다. 더 나아가 예수를 따르는 자는 자기 자신을 부인하는 정도가 아니라 완전히 죽어야 한다. 예수님 당시 십자가를 지고 따른다는 것은 죽는 삶을 의미했다.

예수를 믿는다는 것은 죄의 뿌리인 나를 부인하고 더 나아가 나를 죽이는 것이다. 사람이 죽는다는 것은 쉬운 일이 아니다. 그래서 예수를 믿어도 내 자아가 잘 안 죽는다. 그러므로 우리는 의도적으로 날마다 내 자아를 죽여야 한다. "또 무리에게 이르시되 아무든지 나를 따라오려거든 자기를 부인하고 날마다 제 십자가를 지고 나를 따를 것이니라"(눅 9:23). 한 시간 죽는 것이 아니다. 하루를 죽는 것이 아니다. 일 년을 죽는 것도 아니다. 날마다 죽어야 한다.

예수님을 입으로만 "주여" 한다고, 예수님이 "내 주인"이라 지적인 동의를 한다고 천국에 가는 것은 절대 아니다. 날마다 매일 내가 죽고 내 안에 예수가 주인으로 살아야 한다. 이 말이 의심스러우면 다음의 말씀을 보라. "나더러 주여 주여 하는 자마다 다 천국에 들어갈 것이 아니요 다만 하늘에 계신 내 아버지의 뜻대로 행하는 자라야 들어가리라"(마 7:21).

예수님의 말씀 안에는 예수님을 주인으로 모시고 살아야 천국에 가는 것을 전제로 하고 있다. 예수님은 "예수님을 구세주로 믿는 자는 다 천국에 들어갈 것이요"라고 말씀하지 않으셨고, 예수님을 "주여"라고 하는 자가 천국에 들어간다는 것을 말씀하시면서 거기다가 예수님을 주인으로 모신 자는 행동이 따라야 함을 지적하는 것이다. 여기에 예수님께서 "주여 주여"라고 두 번이나 말씀하신 것은 강조이기도 하지만 예수님의 감정이 격해져 있음을 느낄 수 있다.

예수님 당시에는 부잣집에 종들이 많았다. 종들 중에 제일 골치 아픈 종은 말로는 "주인님, 주인님" 하면서 자기 멋대로 행동하는 종이다. 그러면 주인이 얼마나 화가 나겠는가? 주인은 그 종을 불러 당장 자신의 집에서 쫓아내고 말 것이다. 다음 구절을 보자. "그날에 많은 사람이 나더러 이르되 주여 주여 우리가 주의 이름으로 선지자 노릇하며 주의 이름으로 귀신을 쫓아내며 주의 이름으로 많은 권능을 행하지 아니하였나이까 하리니"(마 7:22). 여기에 '많은 사람'이라는 것은 헬라어로 '폴루스'인데, 이는 한두 명이 아니라 대부분의 사람들이라는 것을 주목할 필요가 있다.

예수님은 지금 꾸며낸 이야기를 말씀하시는 것이 아니다. 예수님은 지금 사람들에게 겁을 주기 위해 하시는 말씀이 아니다. 예수님은 마지막 날을 이미 아시고 "그날에 많은 사람이"라고 말씀하고 계시는 것이다. 예수님은 지금 미리 마지막 날을 바라보시면서 말씀하시는 것이다. 정말 그 마지막 날에 이런 일들이 일어난다는 것이다. 그러므로 우리는 이 말씀을 가볍게 여겨서는 안 된다.

당신 주위에 대부분의 사람들이 예수를 입으로만 믿으면 천국 간다고 말한다고 해서 안전한 것이 아니다. 아무리 많은 사람들이 예수를 입으로만 주로 시인하면 천국에 간다고 말을 한다 해도 예수님이 아니라면 아닌 것이다. 예수님은 입으로만 "주여 주여" 하는 것에 염증을 느끼신다. 다음 구절은 더 강하게 경고하신다. "그때에 내가 그들에게 밝히 말하되 내가 너희를 도무지 알지 못하니 불법을 행하는 자들아 내게서 떠나가라 하리라"(마 7:23). 예수님은 예수님을 입으로만 "주여"라 부르고, 삶에는 예수님을 주인으로 모시고 사는 아무런 행위가 없는 자들을 향해 예수님에게서 떠나가라고 말씀하신다.

내가 이런 말씀을 전한다고 해서 행위구원을 말하는 것은 아니다. 우리의 행위로 천국에 갈 자는 아무도 없다. 다만 옳은 행위가 예수님을 정말 믿는다는 사실을 증명한다. 내 삶에 행위가 따르지 않는다면 내가 진짜 예수를 믿는 것인지 자신을 되돌아보아야 한다.

우리의 삶에서 예수를 믿는 자로서의 행위가 따르려면 내 노력이 아니라 예수님을 주인으로 모시고 살면 저절로 된다. 아버지의 뜻대로 행할 수 있는 힘은 예수님을 구세주로 믿었다고 해서 생기는 것이 아니라 예수님이 내 안에서 주인 될 때 그분의 은혜로 저절로 생긴다. 예수님을 그냥 "주"라는 호칭으로만 사용하지 말고, 예수님을 진정 내 안의 "주"로 모시고 내 삶의 주인이 되는 삶을 살아야 한다. 그리스도인 삶의 진정한 성공은 예수님이 주인 되어 사는 삶이다.

한국교회는 그동안 강단에서 세상 성공과 리더십(Leadership)과 윤리를 많이 강조하였다. 이제는 리더십보다 로드십(Lordship)을 강조해야 한다. 예수님이 주인 되는 삶을 살지 않고는 진정한 성도가 아니다. "모든 입으로 예수 그리스도(메시아)를 주라 시인하여 하나님 아버지께 영광을 돌리게 하셨느니라"(빌 2:11). 하나님은 모든 사람이 구세주이신 예수님을 주라 시인하길 원하신다. 구세주인 예수님을 주인으로 모시는 삶 자체가 하나님께 영광이 된다. 예수님을 주라 부르고 그분을 주로 모시고 살아야 구원을 얻는다(롬 10:9-10).

사도 바울은 예수님을 주인으로 모시고 그분이 내 주인이라고 크게 불러야 한다고 말한다. "누구든지 주의 이름을 부르는 자는 구원을 받으리라"(롬 10:13). 바울 당시는 예수를 주로 부르면 다 체포되어 죽었다. 그러나 초대교회 교인들은 예수를 주로 불렀고 순교의 길을 갔다. 살아 있는 자들은 황제를 피해 카타콤에 들어가 살았다.

로마에 가보면 로마 근교에 카타콤이 있다. 그곳은 지하 공동묘지로 약 600만 구의 시신이 묻혀 있다. 그 지하무덤의 길이는 900킬로미터가 넘는다. 그곳에 엄청난 시신들이 묻혀 있는 이유는 초대교회 교인들이 그곳에서 로마 황제들의 핍박을 피해 숨어 살았기 때문이다.

AD 63년에 시작된 네로 황제의 핍박으로부터 콘스탄틴 대제가 기독교를 공인한 AD 313년까지 무려 250년을 이곳에서 숨어 살았다. 놀라운 것은 그곳에서 발견되는 시신들의 키가 1미터 20센티미터밖에 되지 않는 사실이다. 시신을 발굴한 사람들이 처음에는 어린아이 시신인줄 알았다. 그런데 알고 보니 모든 사람의 시신의 길이가 다 비슷했다. 연구진들에 의하면 지하묘지에서 햇빛을 보지 못하고 살아서 키가 자라지 않았다는 것이다. 초대교회 교인들은 그런 엄청난 희생을 치르면서 주의 이름을 부르고 믿음을 지켰다.

우리는 바울이 "주의 이름을 부르는 자는 구원을 얻는다"는 말씀을 쓴 시대적 상황을 알아야 한다. 바울 당시에 예수님을 주인으로 부르는 것은 생명을 내놓는 것과 같은 굉장히 위험한 일이었다. 그에 비해 현대 그리스도인들은 너무 쉽게 예수님을 호칭으로만 주로 부르고 있다.

사도행전 16장에는 주인 예수를 믿으면 모든 집안이 다 구원을 받는다는 말씀이 나온다. "이르되 주(인) 예수를 믿으라. 그리하면 너와 네 집이 구원을 받으리라"(행 16:31). 이 구절의 배경은 이렇다. 사도 바울이 예수님을 전한다는 이유로 죄인이 되어 지하 감옥에 갇혔다. 그런데 바울과 실라가 감옥에서 찬양을 하자 옥문이 열렸다. 바울을 지키는 간수장은 바울과 실라가 도망한 줄 알고 자결하려고 했다. 그 때 바울이 소리를 지르며 우리가 여기 있으니 자결하지 말라고 하였다. 그만큼 바울은 중죄인이었다.

간수장은 바울과 실라 앞에 엎드려 벌벌 떨며 어떻게 해야 구원을 얻을 수 있는지 물었다. 그는 조금 전만 해도 바울이 예수의 이름을 말할 때 죄인 취급하며 심한 매를 때리고 바울을 감옥에 처넣었던 자였다. 그런 그가 구원에 관하여 물어온 것이다. 그 간수장에게 바울은 "주(인) 예수를 믿으라. 그리하면 너와 네 집이 구원을 받으리라"고 말하였다. 간수장은 입으로만 예수를 믿는다고 말하는 자가 아니었다. 그는 지금 예수를 위해 목숨을 거는 것이었다. 또 바울은 예수를 소개할 때 주(主)로 소개하였음을 보아야 한다.

어떤 사람들은 예수님께서 십자가에 달리실 때 오른편에 있던 강도는 예수님을 믿기만 하여 천국에 가지 않았느냐고 반문하는 사람들도 있다. 그러나 우리가 놓치고 있는 것은 그 강도가 유대인이라는 사실이다. 예수님 당시 유대인들은 태어남과 동시에 모두 유대교를 믿었다. 그들은 구약성경을 다 알고 있다. 그들은 하나님을 열심히 섬기는 사람들이었다.

오른편 강도는 평생 유대인으로 살다가 죄를 범하여 사형선고를 받고, 지금 십자가 위에 달려 죽어가고 있다. 그가 자신이 평생 믿었던 유대교를 버리고 십자가에 비참하게 죽어가는 30대의 초라한 예수를 믿는다는 것은 과히 혁명적인 일이다. 그는 단순히 입으로만 예수를 믿은 것이 아니다. 그 당시 예수를 믿는다는 것은 이교 행위였다. 그는 평생 유대교를 믿어왔는데 그것을 버리고 지금 아무런 힘없이 죽어가는 예수를 천국의 주인으로 믿고 "예수여 당신의 나라에 임하실 때에 나를 기억하소서"(눅 23:42) 하며 간청하였다. 이것은 우리가 생각하는 것처럼 그냥 입으로만 예수를 믿은 것이 아니다. 그는 자신 평생의 종교를 버리고 예수가 천국의 주인이심을 믿은 것이다.

우리 주위에 평생 불교를 믿어왔던 사람이 죽는 순간 기독교로 개종하는 일은 거의 있을 수 없는 것과 마찬가지다. 오른편 강도는 우리가 생각하는 것처럼 간단히 입으로만 예수를 믿은 것이 아니다. 우리는 지금 예수님이 우리 죄를 위해 십자가에서 죽으시고 3일 만에 부활하신 것을 알고 있다. 그러나 오른편 강도는 아직 부활하실 주님을 모른다. 지금 그의 눈에는 힘없이 죽어가는 십자가에 못 박힌 예수만 보인다. 그런데 그는 그 나약한 예수를 믿고 그 예수에게 자신의 영혼을 맡겼다. 오른편 강도는 죽는 순간 평생 믿어온 유대교를 버리고 그의 전 인생을 송두리째 예수님에게 맡긴 것이다. 오른편 강도의 믿음은 엄청나게 큰 믿음이었다.

우리는 예수를 입술로 믿기만 하면 천국에 간다는 그 위험한 구원을 점검해보아야 한다. 오늘 당신의 주인을 분명히 점검해보라. 예수를 믿어도 여전히 적당히 내가 주인 되어 사는 사람은 아직 예수님을 주인으로 모시고 사는 성도가 아니다. 내가 삶의 주인인 자는 모든 것이 다 '나'다. 내 비전, 내 꿈, 내 가족, 내 자녀, 내 건강, 내 취미, 내 직업, 내 성공, 내 명예 등.

내가 주인인 자는 무슨 기도를 하여도 내가 주인이 되어서 내 기도를 들어달라고 한다. 내가 주인인 자는 자기가 너무 커서 예수님을 자신의 삶에 이용만 한다. 그러나 예수님이 주인 된 자는 예수님이 너무 커서 예수님의 말씀에 내가 이용당하는 것을 기뻐하고 만족한다. 당신은 예수님을 이용하는 자가 아니라 예수님을 진정으로 주인으로 모시고 그 주인의 말에 순종하는 자로 살아야 한다.

현대인들은 마치 중세시절에 지구가 우주의 중심이라고 외치며 살았던 어리석은 자들과 같다. 지구는 우주의 중심이 아니다. 지구는 한낱 태양 주위를 도는 작은 행성일 뿐이다. 마찬가지로 온 우주의 중심은 내가 아니라 예수님이시고 나는 그저 예수님의 종에 불과하다. 세상의 타락된 문화는 우리에게 "네가 세상에 중심에 서라" "네가 주도적인 인생을 살라" "네가 네 마음대로 살지 않는다면 죽는 날에 후회할 것이다" "모든 문제는 네 스스로 해결하라"고 말한다. 이것이 바로 에덴동산에서 사탄이 하와에게 유혹한 것과 같은 말이다.

"먹고 싶은 대로 먹으라" "하고 싶은 대로 하라" "보암직한 것을 보라" "탐스러운 것을 가져라" 이것은 진리가 아니다. 이것은 거짓말이다. 이것대로 하면 사탄의 종이 되고 에덴동산은 파괴된다. 세상은 "너를 행복하게 하라" 하고 세상은 "너를 예배하라"고 유혹한다. 그러나 이것은 사탄의 유혹이다. 우리는 우리 자신을 높이라고 창조된 것이 아니라 우리의 주인이신 예수님을 높이라고 창조된 피조물이다. 우리는 우리 자신을 예배(칭찬)받는 자로 지어진 존재가 아니라 주님을 예배하는 자로 창조되었다. 우리는 나를 높이는 존재가 아니라 우리의 주인이신 예수님을 높여야 한다.

자기를 사랑하고 자기를 높이는 것은 말세의 표징 중에 하나이다. "사람들이 자기를 사랑하며 돈을 사랑하며 자랑하며 교만하며 비방하며 부모를 거역하며 감사하지 아니하며 거룩하지 아니하며"(딤후 3:2). 최근에는 버킷 리스트라는 것까지 나와서 죽기 전에 네가 하고 싶은 것을 다 하고 죽으라고 말한다. 아니 그렇게 하면 뭐 하나? 죽으면 곧바로 지옥에 갈 것인데…. 버킷 리스트할 시간과 돈이 있다면 그것으로 죽기 전에 조금 더 예수를 위해 살다가 천국에 가야한다.

당신이 예수를 믿는가? 그렇다면 나를 위해 사는 삶을 내려놓고 주인을 위해 살아라. 예수를 믿는다는 것은 예수님을 주인으로 모시는 것에서 시작된다. 고린도교회 교인들은 예수님을 주인으로 불렀다고 기록하고 있다. "고린도에 있는 하나님의 교회 곧 그리스도 예수 안에서 거룩하여지고 성도라 부르심을 받은 자들과 또 각처에서 우리의 주 곧 그들과 우리의 주 되신 예수 그리스도의 이름을 부르는 모든 자들에게 하나님 우리 아버지와 주 예수 그리스도로부터 은혜와 평강이 있기를 원하노라"(고전 1:2-3). 고린도에 있는 성도는 예수님을 주인으로 부르는 자들이었다. 즉 성도란 예수님을 주인으로 모신 사람들이다.

순교자 스데반은 죽을 때 이렇게 기도했다. "그들이 돌로 스데반을 치니 스데반이 부르짖어 이르되 주 예수여 내 영혼을 받으시옵소서 하고 무릎을 꿇고 크게 불러 이르되 주여 이 죄를 그들에게 돌리지 마옵소서. 이 말을 하고 자니라"(행 7:59-60). 스데반은 돌에 맞아 죽는 순간 구세주 예수님을 부른 것이 아니라 주인이신 예수님을 불렀다. 이것이 초대교회 교인들의 신앙이었다.

한국교회에서 매주 예배가 끝날 때 목사님들이 하는 축도는 사도바울의 축도다. 그 축도에는 언제나 예수님을 주로 소개한다. "주(인) 예수 그리스도의 은혜와 하나님의 사랑과 성령의 교통하심이 너희 무리와 함께 있을지어다"(고후 13:13). 바울은 데살로니가후서에서도 마지막장 마지막 절에 예수님을 주인으로 소개하고, 그 주인 되신 예수님과 언제나 함께하길 기도하였다. "평강의 주께서 친히 때마다 일마다 너희에게 평강을 주시고 주께서 너희 모든 사람과 함께하시기를 원하노라"(살후 3:16).

초대교회를 이끌어갔던 베드로는 베드로전후서를 쓰면서 주인 되신 예수님을 강조하였다. "너희 마음에 그리스도(메시아)를 주로 삼아 거룩하게 하고 너희 속에 있는 소망에 관한 이유를 묻는 자에게는 대답할 것을 항상 준비하되 온유와 두려움으로 하고"(벧전 3:15). "곧 거룩한 선지자들이 예언한 말씀과 주 되신 구주께서 너희의 사도들로 말미암아 명하신 것을 기억하게 하려 하노라"(벧후 3:2).

그리고 베드로후서 마지막 장을 기록하면서 예수님의 주인 되심을 다시 한 번 강조하고 마친다. "오직 우리 주 곧 구주 예수 그리스도의 은혜와 그를 아는 지식에서 자라가라. 영광이 이제와 영원한 날까지 그에게 있을지어다"(벧후 3:18).

성도가 성도답게 살 수 있는 비결은 다름 아닌 예수님을 주인으로 모시고 사는 것에 있다. "우리가 살아도 주를 위하여 살고 죽어도 주를 위하여 죽나니 그러므로 사나 죽으나 우리가 주의 것이로다"(롬 14:8). 예수님이 주인 되는 삶은 손해가 아니라 엄청난 축복이다. 예수님이 주인 되시면 모든 것에서 자유롭게 된다. 죄로부터 자유롭게 된다. 세상의 모든 중독으로부터 자유롭게 된다. 염려, 근심, 걱정으로부터 자유롭게 된다. 질병으로부터 자유롭게 된다. 미래에 대한 두려움으로부터 자유롭게 된다.

예수님이 주인 되시면 어떤 상황에서도 오뚝이처럼 일어날 수 있다. "우리가 사방으로 우겨쌈을 당하여도 싸이지 아니하며 답답한 일을 당하여도 낙심하지 아니하며 박해를 받아도 버린 바 되지 아니하며 거꾸러뜨림을 당하여도 망하지 아니하고 우리가 항상 예수의 죽음을 몸에 짊어짐은 예수의 생명이 또한 우리 몸에 나타나게 하려 함이라"(고후 4:8-10).

화니 크로스비라는 여인은 신앙이 좋은 부모님과 할머니 밑에서 자랐다. 그러나 그녀의 마음속에는 늘 하나님을 향한 원망이 있었다. 그녀는 태어난 지 6주 만에 맹인이 되었기 때문이다. 육체의 질병과 자신이 앞을 보지 못하는 장님이라는 사실에 대해 부모를 원망하고 하나님을 원망하였다. 그녀는 수많은 설교를 들어도 아무런 감동이 없었다. 그런데 그녀를 사랑한 스승이 있었다. 데오도르 캠프라는 이 스승은 하나님의 말씀을 가지고 화니 크로스비에게 복음을 전해주었다. 그때 마침 뉴욕 전역에 전염병이 유행하게 되었다.

어느 날 크로스비가 꿈을 꾸었는데 자기 스승인 데오도르 캠프가 전염병으로 죽어가는 광경을 보았다. 그 스승은 죽어가면서 이렇게 말하였다.

"크로스비야, 너는 천국에서 나를 만나주겠니?"

잠에서 깨어난 크스로비는 자신이 천국에 갈 확신이 없음을 깨닫고 불안해지기 시작했다.

"어떻게 하면 천국에 갈 수 있을까? 어떻게 하면 인생에 의미를 찾을 수 있을까? 어떻게 하면 내 인생이 풍성한 열매를 맺을까?"

여러 생각 끝에 간호사가 되기로 결심했다. 그녀는 간호사가 되어 선행을 하다 죽으리라 결심했다. 그래서 그녀는 전염병이 창궐하는 뉴욕에서 간호사가 되고자 지원하였다. 그러나 그녀의 마음에는 여전히 아무런 평안이나 기쁨이 없었다. 특히 죽은 후에 천국에 갈 확신이 없었다.

1850년 11월 20일, 그녀는 교회 전도집회에 참석하였다가 예수님께서 자신을 부르시는 음성을 들었다. 그녀는 설교가 끝난 뒤 마지막 찬송이 불릴 때 주님 앞에 일어섰다.

"웬 말인가. 날 위하여 주 돌아가셨나. 이 몸밖에 더 없어서 이 몸 바칩니다."

그녀는 이렇게 기도했다.

"주님, 내가 스스로 내 인생을 고쳐보려고 노력했지만 실패하였습니다. 이젠 주님이 내 삶을 맡으시고 주관해 주옵소서."

그녀는 삶을 주님께 드리고 예수님을 주인으로 모셨을 때 그녀의 인생이 송두리째 달라졌다. 그녀의 입술에 불평불만이 사라졌다. 모든 것이 감사로 바뀌었다. 그녀가 만지는 꽃들, 나무들, 풀들, 새들의 지저귐, 시냇물의 소리까지도 하나님의 선하심을 고백했다. 그녀는 이 모든 신앙고백을 시로 담아내기 시작했다. 하나님께서 그녀의 마음에 어마어마한 찬송가 가사를 부어주셨다. 그 뒤 그녀가 지은 찬송은 8천 곡이나 되었다.

"예수로 나의 구주삼고 성령과 피로써 거듭나니 이 세상에서 내 영혼이 하늘의 영광 누리로다. 이것이 나의 간증이요 이것이 나의 찬송이라. 나 사는 동안 끝임 없이 구주를 찬송하리로다."

"주의 친절한 팔에 안기세. 우리 맘이 평안하리니."

"인애하신 구세주여 내 말 들으사 죄인 오라 하실 때에."

"나의 갈 길 다가도록 예수 인도하시니."

"내 주를 가까이하려 함은 십자가 짐 같은 고생이나."

그녀는 가는 곳마다 찬송을 불렀다. 그녀는 어디를 가나 사람들로부터 찬양과 설교를 부탁 받았다. 그녀는 94세의 나이에 편안하게 잠을 들다가 하늘나라로 갔다.

그녀는 자신이 주인 되어 자기의 인생에 일어난 일에 대해 불평불만을 하였을 때는 기쁨도, 노래도 없었다. 하지만 예수님을 주인으로 모시고 살자 위로부터 쏟아지는 찬송가 가사가 떠올랐고, 그녀의 눈에 보이는 모든 것이 시였고 노래였다.

예수님이 주인 되시면 아무것도 갖지 않았으나 모든 것을 가진 자가 되고, 가장 약한 자 같으나 가장 강한 자가 되고, 실패한 것 같으나 성공한 자가 된다. 예수님은 분명히 말씀하신다. 예수님이 오신 것은 우리를 풍성하게 함이라고. "내가 온 것은 양으로 생명을 얻게 하고 더 풍성히 얻게 하려는 것이라"(요 10:10).

예수님이 주인 되시면 내 비전이 축소되는 게 아니라 나 자신만을 위해 사는 초라한 비전을 버리고 온 세상을 향한 풍성한 비전을 갖게 된다. 예수님이 내 주인 되시면 손해가 아니라 훨씬 더 큰 축복이 된다. 예수님이 내 주인 되시면 모든 다툼으로부터 자유롭게 된다. 예수님이 내 주인 되시면 모든 비난과 불평이 사라지고 감사가 넘치게 된다. 예수님이 내 주인 되시면 모든 무능이 사라진다. 예수님이 내 주인 되시면 우울과 허무가 빠져나가고 생명을 얻게 되고 그 생명이 흘러넘치게 된다. 예수님이 내 주인 되시면 예수님의 열정이 생기고 예수님의 능력이 드러나게 된다. 내 안에 내 생각, 내 욕심, 내 자랑을 죽이고 예수님만 드러나게 된다.

당신의 나이가 70이 되어 동네길을 걸어가면 동네 꼬마들이 따라가면서 "야, 저기 예수님 같은 할아버지가 지나가시네" 하는 말을 듣게 살라. 그것은 내 노력이 아닌 예수님이 내 주인 될 때 그분의 은혜로 저절로 되는 것이다.

종인 우리가 무엇을 염려한다는 것은 여전히 내가 주인 되어 살고 있다는 증거이다. 당신이 정말 예수님의 종이라면 주인이신 예수님에게 순종만 하면 된다. 그러면 주인이신 예수님이 당신의 모든 필요를 다 공급해주실 것이다.

예수를 믿는다고 말만 하지 말고 매일 매 순간 그분을 주인으로 모시고 기대가 넘치는 삶을 살라. 예수를 믿을수록 내가 점점 작아지고 예수님이 점점 커져야 한다. 예수를 믿을수록 내 목소리는 점점 작아지고 예수님의 목소리가 점점 더 커져야 한다. 목소리가 큰 사람들은 자기 의가 강하기 때문이다. 우리가 흔히 내세우는 자기 의는 걸레 조각과 같이 더럽고 초라한 것이다. 우리에게 의란 예수님뿐이시다. 나의 의를 버리고 겸손히 예수님의 의를 드러내야 한다.

매일 매 순간 부활하여 지금 살아계신 예수님을 주인으로 모시고 살라. 인생 전체가 기적이며 축복이 될 것이다. 나는 예수를 주인으로 모시고 사는데 천국에 갈 수 있을까 하는 고민이나 의심을 갖지 마라. 예수를 내 인생의 주인으로 모시면 영원한 생명을 소유하게 된다. "아들(예수)이 있는 자에게는 생명이 있고 하나님의 아들이 없는 자에게는 생명이 없느니라"(요일 5:12). 만약 당신에게 예수님이 주인으로 들어와 계시지 않는다면 당신에게는 결코 영원히 사는 생명이 없다. 그 사람은 아무리 교회를 오래 다녀도 결코 천국에 갈 수 없다.

당신이 예수를 믿고 천국에 가길 원한다면 생명이신 예수님을 당신의 마음에 주인으로 모셔야 한다. 여기에 '생명'은 80~100년을 살다가 죽는 목숨이 아니라 영원히 사는 생명을 말한다. 그 생명을 얻기 원한다면 예수님을 주인으로 모셔야 한다. 교회에 오래 다녔다고 자랑하지 말고 예수님을 주인으로 모시고 살아야 한다.

지금도 예수님은 우리의 문을 두드리고 계신다. "볼지어다. 내가 문 밖에 서서 두드리노니 누구든지 내 음성을 듣고 문을 열면 내가 그에게로 들어가 그와 더불어 먹고 그는 나와 더불어 먹으리라"(계 3:20). 이 말씀은 불신자들에게 하시는 말씀이 아니다. 라오디게아 교인들에게 하신 말씀이다. 라오디게아 교인들은 차갑지도 뜨겁지도 않다고 책망받은 자들이다. 예수님은 지금도 예수를 믿지만 예수를 주인으로 살지 않는 자들을 책망하신다.

오늘날 교인들 중에 예수님을 주인으로 모시고 살지 않는 사람들이 많다. 예수님을 주인으로 모시는 것을 미루지 마라. 인생에 이것보다 중요한 일은 없다. 오늘 예수님을 주인으로 모시고 살면 삶의 혁명이 일어날 것이다.

예수님은 내 안에 사시기 위해 이 땅에 오셨다.
예수님은 내 안에 주인으로 사시기 위해 이 땅에 오셨다.
예수님은 내 안에 주인으로 영원히 사시기 위해 이 땅에 오셨다.

"예수께서 우리를 위하여 죽으사 우리로 하여금 깨어 있든지 자든지 자기와 함께 살게 하려 하셨느니라"(살전 5:10). 예수님을 내 주인으로 모시는 것은 내 손해가 아니다. 예수님이 내 주인으로 들어오시는 것은 엄청난 큰 은혜이다.

내가 조그마한 구멍가게를 한다고 생각해보라. 그런데 그 가게가 망해간다. 아무리 노력해도 장사가 안 된다. 매일 돈이 없어서 걱정이다. 그러던 어느 날 세계 최고의 갑부인 빌 게이츠가 내 가게에 와서 자신이 내 대신 경영을 해주겠다고 한다. 이것은 지금까지 내가 하고 있는 모든 걱정을 싹 해결해주는 일이다. 이것은 정말 큰 횡재이다. 예수님은 빌 게이츠보다 더 지혜롭고 더 부유하신 분이다.

내 집은 초라한 거지 집과 같다. 왕이 초라한 거지 집에 들어와 살지는 않는다. 그런데 왕보다 더 높으신 만왕의 왕이시며 온 우주의 주인이신 예수님께서 내 천하고 더러운 집에 들어와 사시려고 하는 것은 엄청난 큰 은혜이다. 예수님을 주인으로 모시는 것은 우리의 특권이며 축복이다. 이 축복을 미루지 마라. 이 축복은 당신을 위해 준비되어 있다. 예수님이 나의 죄를 위해 죽으신 것만이 은혜가 아니다. 예수님이 나의 주인이 되어 주심도 동일한 은혜이다.

04 큐리오스 예수 _ Part 1

하나님의 아들 예수를
주인으로 모셔라

" 너희를 불러 그의 아들 예수 그리스도 우리 주와 더불어 교제
하게 하시는 하나님은 미쁘시도다. 고린도전서 1:9

　내가 고등학교 1학년 때 교회 목사님께서 내가 목사가 될 꿈이 있
다는 사실을 아시고, 나를 가끔 불러 목사후보생 양육을 해주셨다. 한
번은 나에게 예수님을 설명해주시면서 예수님은 완전한 사람이시고
완전한 신이시다고 말씀해주셨다. 그러면서 이 둘 중에 하나라도 믿
지 않으면 이단이라고 가르쳐주셨다. 맞다. 예수님은 완전한 사람이
시고 완전한 신이시다.

　먼저 예수님은 완전한 사람이 되어야 한다. 만약 예수님이 완전한
사람이 되지 않으면 사람들의 죄를 대신해서 죽어주실 수 없다. 사람

이 지은 죄는 반드시 사람이 대신 대가를 지불해야 한다. 그래서 예수님은 완전한 사람이 되셔야 한다.

예수님이 완전한 사람이었다는 사실을 이해하는 것은 그리 어렵지 않다. 누구나 인정할 수 있는 일들이 가득하다. 예수님은 유대 땅 베들레헴 말구유에서 어린아이로 태어나서 자랐다. 예수님은 갑자기 성인으로 이 세상에 내려오신 분이 아니다. 예수님은 열두 살 때 아버지인 요셉과 어머니인 마리아와 함께 예루살렘 성전에 가서 제사를 드렸다. 예수님은 키도 자라고 지혜도 자랐다. 예수님은 나이 서른에 요단강에 가서 세례 요한에게 세례를 받으셨다.

예수님은 인간의 몸을 가지고 계셔서 피곤하여 배에서 곤히 잠이 드셨고, 목이 말라 사마리아의 수가성에서 여인에게 물을 달라고 하셨으며, 배가 고파 사탄에게 돌을 떡으로 만들어 먹으라는 시험도 받으셨다. 예수님도 인간의 감성을 그대로 지니고 계셔서 나사로가 죽었다는 말에 울기도 하셨고, 성전에서 양을 팔고 돈을 바꾸는 자들에게 화를 내사 채찍으로 그들을 내쫓으셨다. 예수님의 설교를 듣고 있는 자들이 먹을 것도 먹지 않고 계속 설교를 듣고 있다는 사실을 아시고 오병이어로 그들을 먹이시는 사랑을 지니고 계셨다.

예수님은 어린 시절 육신의 부모인 요셉과 마리아에게 순종하셨고, 광야에서는 사탄에게 시험을 받기도 하셨다. 예수님의 설교에는 보통 사람과 다르게 탁월함이 넘쳤다. 그래서 믿지 않는 세상 사람들도 예수님을 세계 3대 성인 중에 한 사람이라 말하고 존경한다. 세상 책에서도 예수님은 2천 년 전 유대 땅에 산 성자로 기록되어 있다. 문제는 예수님이 완전한 사람이면서 동시에 완전하신 신이라는 사실이다.

예수님은 사람이지만 완전하신 하나님의 아들이라는 것이다. 세계 성인들은 아무도 자신을 신이라고 말하지 않았다. 마호메트, 석가, 공자 등 그들은 아무도 자신이 살아 있는 동안 신이라고 말한 자가 없었다. 오직 예수님만이 자신을 하나님의 아들이라 말씀하셨고, 자신이 하나님이라 말씀하셨다. 그럼 우리는 어떻게 예수님이 하나님의 아들이라는 사실을 확인할 수 있을까?

예수님의 태어나심이 하나님의 아들임을 증명한다

예수님처럼 태어난 자가 없다. 예수님은 예수님이 태어나기 700년 전에 이미 이사야 선지자를 통해 처녀의 몸에서 태어날 것이 예언되어 있었다. "그러므로 주께서 친히 징조를 너희에게 주실 것이라. 보라. 처녀가 잉태하여 아들을 낳을 것이요 그의 이름을 임마누엘이라 하리라"(사 7:14).

예수님은 육체의 아버지 요셉과 마리아 사이에서 태어난 아들이 아니다. 예수님은 성령으로 잉태되었다. "마리아가 천사에게 말하되 나는 남자를 알지 못하니 어찌 이 일이 있으리이까. 천사가 대답하여 이르되 성령이 네게 임하시고 지극히 높으신 이의 능력이 너를 덮으시리니 이러므로 나실 바 거룩한 이는 하나님의 아들이라 일컬어지리라"(눅 1:34-35). 마리아는 처녀의 몸으로 남자를 알지 못하는 상태에서 임신을 하게 된다. 예수님은 성령으로 잉태된 하나님의 아들이다.

예수님은 베들레헴에서 태어날 것도 예언되어 있었다. "베들레헴 에브라다야 너는 유다 족속 중에 작을지라도 이스라엘을 다스릴 자가 네게서 내게로 나올 것이라. 그의 근본은 상고에, 영원에 있느니라" (미 5:2). 요셉과 마리아는 나사렛에서 살았다. 그러다 로마 황제의 인구조사 명령으로 요셉의 고향 베들레헴으로 가서 아기 예수를 낳게 되었다. 하나님께서 예수님이 태어나시는 장소에 대한 예언을 이루시기 위해 로마 황제에게 인구조사를 명령하게 하신 것이다.

예수님의 하신 말씀이 하나님의 아들임을 증명한다

예수님은 오직 하나님의 아들로만 하실 수 있는 말씀을 자주 하셨다. "나와 아버지는 하나이니라 하신대"(요 10:30). "나를 알았더라면 내 아버지도 알았으리라"(요 8:19). "나를 보는 자는 나를 보내신 이를 보는 것이니라"(요 12:45). "나를 미워하는 자는 또 내 아버지를 미워하느니라"(요 15:23).

예수님은 자신을 평범한 인간이 아니라 하나님과 하나이심을 말씀하셨다. "나와 아버지는 하나이니라 하신대"(요 10:30). 더욱이 예수님은 병든 자의 병을 고치시면서 죄까지 사해주셨다. 하루는 예수님께서 설교하시는 곳에 사람들이 지붕을 뚫고 중풍병자를 내려보냈다. 예수님께서 그 중풍병자에게 이렇게 말씀하셨다. "예수께서 그들의 믿음을 보시고 중풍병자에게 이르시되 작은 자야 네 죄 사함을 받았느니라 하시니"(막 2:5). 그곳에 있던 서기관들은 예수님의 말씀에 이것은 신성모독이라고 하며 화를 내었다. "이 사람이 어찌 이렇게 말하는가. 신성모독이로다. 오직 하나님 한 분 외에는 누가 능히 죄를 사하겠느냐"(막 2:7).

어느 날 시몬이 예수님을 자기 집에 초대하여 잔치를 벌였다. 그 자리에 한 여자가 들어와 예수님의 발에 향유를 붓고 머리털로 예수님의 발을 씻었다. 그러자 예수님은 그 여인에게 죄가 사하여졌다고 말씀하셨다. "이러므로 내가 네게 말하노니 그의 많은 죄가 사하여졌도다"(눅 7:47). 이런 말에 함께한 유대인들은 속으로 기이하게 여겼다. "이에 여자에게 이르시되 네 죄 사함을 받았느니라 하시니 함께 앉아 있는 자들이 속으로 말하되 이가 누구이기에 죄도 사하는가 하더라"(눅 7:48-49).

유대인들의 율법에는 죄 사함은 오직 하나님만 하실 수 있는 일이다. 그래서 유대인들은 예수님이 죄 사함을 선포하였을 때 아주 격한 반응을 보였다. 그것은 신성모독이었다. 왜 예수님은 이런 유대인들의 반응이 있을 것을 뻔히 아시면서도 이런 말씀을 하셨는가? 그것은 예수님 자신이 하나님의 아들이기에 그렇게 하신 것이다.

예수님께서 체포되어 대제사장에게 심문을 받게 되었다. 대제사장은 예수님에게 "네가 하나님의 아들이냐"고 물었다. 예수님의 대답은 "내가 하나님의 아들이라"였다. "대제사장이 가운데 일어서서 예수에게 물어 이르되 너는 아무 대답도 없느냐. 이 사람들이 너를 치는 증거가 어떠하냐 하되 침묵하고 아무 대답도 아니하시거늘 대제사장이 다시 물어 이르되 네가 찬송 받을 이의 아들 그리스도냐. 예수께서 이르시되 내가 그니라. …그들이 다 예수를 사형에 해당한 자로 정죄하고"(막 14:60-64). 대제사장과 바리새인들은 예수님 자신이 하나님의 아들이라고 말하였기에 신성모독죄로 사형에 해당하다고 말하였다. 그들은 예수님을 십자가에 매달 때도 신성모독죄를 거론하였다. "그가 하나님을 신뢰하니 하나님이 원하시면 이제 그를 구원하실지라. 그의 말이 나는 하나님의 아들이라 하였도다 하며"(마 27:43).

왜 예수님은 자기 입으로 자신을 하나님의 아들이라고 말하셨을까? 예수님 자신이 정말 하나님의 아들이기에 그렇게 하신 것이다. 예수님은 평소에 말씀을 하실 때에도 사람이 할 수 없는 하나님의 아들만 하실 수 있는 말씀을 많이 하셨다.

"예수께서 이르시되 나는 부활이요 생명이니 나를 믿는 자는 죽어도 살겠고 무릇 살아서 나를 믿는 자는 영원히 죽지 아니하리니 이것을 네가 믿느냐"(요 11:25-26). "예수께서 이르시되 내가 곧 길이요 진리요 생명이니 나로 말미암지 않고는 아버지께로 올 자가 없느니라"(요 14:6). "예수께서 이르시되 빌립아 내가 이렇게 오래 너희와 함께 있으되 네가 나를 알지 못하느냐. 나를 본 자는 아버지를 보았거늘 어찌하여 아버지를 보이라 하느냐"(요 14:9). "수고하고 무거운 짐 진 자들아 다 내게로 오라. 내가 너희를 쉬게 하리라"(마 11:28).

"예수께서 들으시고 그들에게 이르시되 건강한 자에게는 의사가 쓸 데 없고 병든 자에게라야 쓸 데 있느니라. 나는 의인을 부르러 온 것이 아니요 죄인을 부르러 왔노라 하시니라"(막 2:17). "너희는 마음에 근심하지 말라. 하나님을 믿으니 또 나를 믿으라"(요 14:1). "평안을 너희에게 끼치노니 곧 나의 평안을 너희에게 주노라. 내가 너희에게 주는 것은 세상이 주는 것과 같지 아니하니라. 너희는 마음에 근심하지도 말고 두려워하지도 말라"(요 14:27).

"너희가 내 안에 거하고 내 말이 너희 안에 거하면 무엇이든지 원하는 대로 구하라. 그리하면 이루리라"(요 15:7). "지금까지는 너희가 내 이름으로 아무것도 구하지 아니하였으나 구하라. 그리하면 받으리니 너희 기쁨이 충만하리라"(요 16:24). 누가 이런 말을 하겠는가?

이런 말을 하는 사람은 3가지 가능성이 있다. 첫째 거짓말쟁이거나, 둘째 미쳤거나, 셋째 아니면 정말 하나님의 아들일 것이다.

첫째로 예수님이 거짓말쟁이거나 사기꾼이다. 만약 예수님이 하나님의 아들도 아닌데 그런 말을 하셨다면 정말 예수님은 사악한 사기꾼이다. 그는 고의적으로 자기를 따르는 자들을 속이고 기만한 것이 된다. 만약 예수님이 거짓말쟁이라면 어찌 12명으로 시작된 예수님을 따르는 자들이 점점 많아져 지금은 20억 명이나 되었겠는가? 거짓말은 채 100년도 되지 않아 다 드러나고 만다.

예수님의 말씀이 거짓말쟁이의 말이라면 어찌 산상수훈 같은 완벽한 도덕률로 가득한 놀라운 메시지를 전할 수 있겠는가? 우리는 예수님의 산상수훈을 들으면서 예수님이야말로 가장 도덕적인 사람이라고 말한다. 어찌 그의 가르침이 거짓이라면 그를 도덕적인 분이라고 말할 수 있겠는가? 어떤 나라에든지 어떤 장소에든지 예수님의 가르침이 들어가면 무너져가는 민족이 흥하게 되고, 도둑들이 정직해지고, 알코올 중독자들이 치유되고, 분노에 찬 사람들이 사랑의 전달자로 변하게 되고, 불의한 자들이 의롭게 된다. 가장 분명한 예가 우리 한국이다.

우리나라는 5천 년 역사를 자랑하지만 늘 가난하고, 남녀 차별이 심하며, 미신이 많은 나라로 살았다. 그런데 불과 100여 년 전에 복음이 들어오자 가난이 물러가고, 미신이 사라지며, 남녀평등이 생겼다. 지금 한국이 세계 강대국 반열에 들어선 것은 그 무엇보다도 복음 때문이다. 예수님의 말씀은 거짓이 아니라 가정을 살리고 국가를 살리고 민족을 살린다.

예수님은 평소에 자신이 십자가에 죽고 3일 만에 부활할 것을 말씀하셨다(마 12:40, 16:21, 17:9,22-23, 20:18-19). 만약 예수님이 거짓말쟁이라면 예수님은 결코 부활하지 않았어야 했다. 그런데 정말 예수님은 자신의 말대로 3일 만에 부활하셨다. 그분은 결코 거짓말쟁이가 아니시다. 예수님은 자신이 말한 대로 사셨고, 말한 대로 죽으셨으며, 말한 대로 부활하셨다.

그럼 그가 거짓말쟁이가 아니라면 두 번째 가능성은 미치광이다. 미치광이는 얼마든지 자신을 하나님의 아들이라고 말할 수 있다. 우리 주위에 혹시 어떤 사람이 "나는 나폴레옹이다"라고 말하고 다닌다면 우리는 다 그를 미친 사람으로 취급할 것이다. 마찬가지로 인간으로 태어난 예수님이 자신을 하나님의 아들이라고 말하고 다니니 미친 자일 수밖에 없다.

예수님이 미친 정신병자라면 어찌 미친 사람에게 12명의 젊은 사람들이 자신의 직업을 다 버리고 따라다녔겠는가? 예수님이 정신병자라면 어찌 그가 깊은 곳에 그물을 던지라고 했을 때 엄청난 고기를 잡을 수 있었겠는가? 예수님이 정신병자라면 어찌 십자가 위에서 어머니 마리아를 요한에게 부탁할 수 있었겠는가? 예수님이 정신병자라면 어찌 많은 사람들의 병을 고칠 수 있었겠는가? 예수님이 정신병자라면 어찌 귀신 들린 자들의 귀신을 쫓아낼 수 있었겠는가?

그러면 예수님은 누구인가? 거짓말쟁이도 아니고 정신병자도 아니라면, 이제 결론은 예수님은 예수님이 주장하신 것처럼 정말 하나님의 아들이신 것이다. 참고로 예수님의 말투도 하나님의 아들이심을 증명한다. 요한복음에서는 예수님이 하시는 말은 독특함을 드러내고 있다. 요한복음에서 예수님은 자신을 표현하실 때 "나는 ~이다"(I am ~)라는 선언을 반복해서 말씀하신다.

"나는 세상의 빛이다"(요 8:12).

"나는 생명의 떡이다"(요 6:35).

"나는 양의 문이다"(요 10:7).

"나는 선한 목자다"(요 10:11).

"나는 부활이요 생명이다"(요 11:25).

"나는 길이요 진리요 생명이다"(요 14:6).

"나는 참포도나무다"(요 15:1)

"나는 ~이다"라는 선언은 하나님께서 모세에게 자신이 누구신지를 계시하실 때 사용한 형식이다. "나는 스스로 있는 자이니라"(I am who I am. 출 3:14). 유대인들은 나이 열두 살이 되면 모세오경을 다 암송하기에 "나는 ~이다"라는 표현은 하나님만 쓰시는 신적 표현이라는 사실을 너무나 잘 알고 있다. 그런데 예수님은 이런 표현을 거침없이 사용하셨다. 왜냐하면 자신이 하나님의 아들이기에 그런 표현을 사용하신 것이다.

예수님의 죽으심이
하나님의 아들임을 증명한다

예수님처럼 태어난 자가 없고, 예수님처럼 말한 자가 없으며, 예수님처럼 죽은 자도 없다. 예수님에 대한 예언은 300개가 넘는데, 그중에서도 돌아가시는 하루 동안에 29개가 이루어졌다. 그날 이루어진 예언을 살펴보자.

예수님은 창에 찔렸고, 채찍에 맞았으며, 상처를 입으셨다. "그가 찔림은 우리의 허물 때문이요 그가 상함은 우리의 죄악 때문이라. 그가 징계를 받으므로 우리는 평화를 누리고 그가 채찍에 맞으므로 우리는 나음을 받았도다"(사 53:5).

예수님은 십자가 위에서 사람들의 조롱과 욕설을 받으셨다. "나는 벌레요 사람이 아니라. 사람의 비방 거리요 백성의 조롱 거리니이다"(시 22:6).

예수님이 십자가에 달렸을 때 병사들은 예수님의 옷을 놓고 제비 뽑았다. "내 겉옷을 나누며 속옷을 제비 뽑나이다"(시 22:18).

예수님은 십자가 위에서 아버지 어찌하여 나를 버리셨나이까 하고 부르짖으셨다. "내 하나님이여 내 하나님이여 어찌 나를 버리셨나이까. 어찌 나를 멀리 하여 돕지 아니하시오며 내 신음 소리를 듣지 아니하시나이까"(시 22:1).

로마 병사들이 예수님이 십자가 위에 매달렸을 때 쓸개 탄 즙을 먹게 하였다. "그들이 쓸개를 나의 음식물로 주며 목마를 때에는 초를 마시게 하였사오니"(시 69:21).

예수님은 범죄자들과 함께 죽으셨다. "그러므로 내가 그에게 존귀한 자와 함께 몫을 받게 하며 강한 자와 함께 탈취한 것을 나누게 하리니 이는 그가 자기 영혼을 버려 사망에 이르게 하며 범죄자 중 하나로 헤아림을 받았음이니라. 그러나 그가 많은 사람의 죄를 담당하며 범죄자를 위하여 기도하였느니라"(사 53:12).

예수님은 죽은 뒤 시신을 아리마데 요셉이라는 부자의 무덤에 묻혔다. "그는 강포를 행하지 아니하였고 그의 입에 거짓이 없었으나 그의 무덤이 악인들과 함께 있었으며 그가 죽은 후에 부자와 함께 있었도다"(사 53:9).

사람은 그 누구도 천 년이나 7백 년 전에 예언한 대로 죽을 수 있는 자는 아무도 없다. 시편은 예수님이 태어나기 천 년 전에 기록한 책이고, 이사야서는 예수님이 태어나기 7백 년 전에 쓰인 책이다. 예수님은 성경의 예언대로 죽으신 하나님의 아들이시다.

예수님의 죽음을 직접 주도하고, 십자가에 가장 가까이에서 예수님의 죽음을 자신의 눈으로 본 로마의 백부장은 예수님을 참으로 하나님의 아들임을 고백하였다. "예수를 향하여 섰던 백부장이 그렇게 숨지심을 보고 이르되 이 사람은 진실로 하나님의 아들이었도다 하더라"(막 15:39). 그렇게 예수님은 인간 예수로 죽은 것이 아니라 하나님의 아들로 죽으셨다.

하나님은 예수님을 하나님의 아들로, 즉 이 땅의 주인으로 보내셨다. 예수님은 하나님이 보내신 이 땅의 주인이시다. 예수님은 이 세상 모든 사람의 주인이시다. 예수님은 하늘과 땅의 모든 권세로 이 땅을 다스리는 주인이시다. 예수님이 하나님의 아들이라는 말은 예수님이 온 우주의 주인이라는 의미며, 모든 사람의 주인이라는 뜻이다. 사도 바울은 하나님의 아들이라는 말은 곧 예수님이 우리 주인이라는 뜻이라고 말했다(롬 1:4).

만약 이론으로만 예수님을 하나님의 아들로 안다면 아무런 의미가 없다. 그것은 그냥 지식적인 동의일 뿐이다.

초대교회 교인들의 무덤 앞에는 언제나 물고기표를 그려 놓았다. 그 의미는 "예수 그리스도는 하나님의 아들이자 구세주이다"라는 뜻으로, 이 문장을 헬라어로 써서 각 단어 앞 자를 모으면 물고기(익투스)라는 단어가 된다. 즉 초대교회 교인들은 예수님을 하나님의 아들로, 자신들의 주인으로 모셨다는 사실을 신앙고백으로 삼았던 것이다. 초대교회 교인들은 예수님을 구세주일 뿐만 아니라 주인으로 모셨다. 그들의 신앙고백과 현대 교인들의 신앙고백은 다르다. 현대교회 교인들을 단지 예수님을 구세주로만 믿는 자들이 많다. 이것은 정말 신앙의 변질이다.

하나님은 하나님의 아들 예수님을 우리의 주인으로 모시길 원하신다. "너희를 불러 그의 아들 예수 그리스도 우리 주와 더불어 교제하게 하시는 하나님은 미쁘시도다"(고전 1:9). 하나님은 지금 우리가 예수님을 주인으로 모시고, 그분과 교제하며 살길 원하신다. 예수님이 우리의 주인으로 계시지 않는다면 우리는 하나님과 화평을 누릴 수 없다. "그러므로 우리가 믿음으로 의롭다 하심을 받았으니 우리 주(인) 예수 그리스도로 말미암아 하나님과 화평을 누리자"(롬 5:1). 성경은 예수를 주로 받으라고 말씀한다. "그러므로 너희가 그리스도 예수를 주로 받았으니 그 안에서 행하되 그 안에 뿌리를 박으며 세움을 받아 교훈을 받은 대로 믿음에 굳게 서서 감사함을 넘치게 하라"(골 2:6-7).

날마다 지금 살아계신 하나님의 아들 예수님을 주인으로 모시고 살며, 그 주인과 더불어 모든 일에 교제하며 사는 것이 하나님이 원하시는 뜻이다. 만약 당신이 예수를 믿는다고 말하면서 당신 안에 예수님이 주인으로 계시지 않는다면 당신의 믿음은 가짜이고 당신은 예수님으로부터 버림받은 자이다. "너희는 믿음 안에 있는가 너희 자신을 시험하고 너희 자신을 확증하라. 예수 그리스도께서 너희 안에 계신 줄을 너희가 스스로 알지 못하느냐. 그렇지 않으면 너희는 버림받은 자니라"(고후 13:5).

영국 엘리자베스 여왕의 아들 황태자 찰스는 자신이 황태자라는 이유로 기세등등한 모습으로 살고 있다. 그가 그린 그림은 황태자라는 신분 때문에 어마어마한 가격으로 팔렸다. 지금까지 그가 그림으로만 번 돈이 100억 원이 넘는다고 한다. 만약 내가 그림을 그려서 팔면 누가 거액의 돈을 주고 사겠는가? 황태자가 그린 그림은 그 그림이 좋고 나쁨은 별로 중요하지 않다. 황태자라는 이름이 적혀 있는 그림이기에 가치가 있는 것이다. 그는 아침에 일어나면 무엇을 먹을까 무엇을 마실까 걱정하지 않는다. 그는 황태자라는 신분 때문에 아무런 부족함 없는 삶을 살고 있다.

그러나 우리에게는 영국 여왕의 아들 황태자 정도는 아무것도 아니다. 우리는 하나님의 아들 예수님이 내 안에 들어와 나 대신 삶을 살고 계신다. 부활하여 지금 살아계신 예수님을 주인으로 모시고 산다는 것은 하나님의 아들이 누리는 모든 특권을 누리고 사는 삶이 된다. "너희가 아들이므로 하나님이 그 아들의 영을 우리 마음 가운데 보내사 아빠 아버지라 부르게 하셨느니라. 그러므로 네가 이 후로는 종이 아니요 아들이니 아들이면 하나님으로 말미암아 유업을 받을 자니라"(갈 4:6-7).

아들에게 제일 중요한 것은 아버지의 모든 것을 물려받는 상속자의 특권이다. 우리가 하나님의 아들이 된다면 하나님의 무한한 자원이 모두 나의 것이 된다. 하나님의 아들이 나의 주인이 되면 모든 가난함, 모든 질병, 모든 연약함, 모든 수치가 다 사라지고 하나님의 풍성함과 부유함이 넘치게 된다. 하나님의 아들이 나의 주인이 되면 하늘의 지혜가 부어지고 염려와 근심, 걱정과 두려움이 사라지게 된다.

당신은 몇 십 년 전에 예수님을 구세주로 한 번 영접만 하고, 내가 주인 된 삶을 오래 동안 살고 있는가? 결혼할 때 결혼서약을 한다. 그러나 그 결혼서약서가 나의 결혼생활을 보장해주지는 않는다. 만약 그 결혼서약서만 믿고 부부의 책임을 다하지 않는다면 곧 결혼생활은 깨어지고 말 것이다. 그러기에 먼저 결혼서약서를 버리고, 날마다 살아 있는 교제를 하며, 서로 감동을 주는 부부로 살아야 한다.

마찬가지로 오래전에 예수님을 영접했다는 사실로 만족하지 말고 매일 예수님을 주인으로 모시고 사는 흥분과 기대가 넘치는 신앙생활을 해야 한다. 하나님은 우리가 예수님과 함께 날마다 친밀한 교제를 누리며 살길 원하신다. 예수를 믿는다고 하지만 여전히 내가 주인이 된 삶을 사는 자는 진짜 그리스도인이 아니다. 이제 하나님과 분리되어 사는 내가 주인 되었던 삶을 버리고, 하나님의 아들 예수님을 주인으로 모시고, 그분과 함께 풍성한 삶을 누리기 바란다.

그분에게는 생명이 있고 기쁨이 있고 사랑이 있다. 당신이 예수를 믿는다고 하지만 당신의 삶에 생명이 없고 기쁨이 없는 것은 당신이 여전히 주인 된 삶을 살기 때문이다. 날마다 그분을 주인으로 모시고 살라. 예수님은 온 우주를 만드신 분이다. 온 우주를 만드신 그분을 주인으로 삼고 그분이 인도하시는 인생 여행길을 즐겨라.

온 우주가 아무리 크다고 하여도 예수님의 손바닥 안에 있다. 예수님께서 우리의 미래를 다 아신다. 예수님께서 우리의 미래를 최고의 길로 인도하실 것이다. 그분을 주인으로 모시고 그냥 즐겁게 인생길을 가라. 예수님이 주인 되시면 모든 인생의 짐을 벗어버리게 된다. "수고하고 무거운 짐 진 자들아 다 내게로 오라. 내가 너희를 쉬게 하리라"(마 11:28). 내가 주인이 되면 날마다 스트레스 속에 살게 된다. 내가 내 인생의 주인 되어 사는 모든 스트레스를 내려놓고 예수님을 주인으로 모시고 스트레스로부터 자유로운 인생을 살라.

한 미술품 경매장에서 어떤 수장자의 미술품이 경매에 붙여졌다. 그 수장품은 수적으로나 양적으로나 대단한 물품이었다. 또한 그 미술품은 역대 거장의 미술가가 그린 그림으로 그것을 경매로 사려고 모인 사람들이 엄청나게 많았다. 그 미술품의 주인은 영국의 피처 제럴드로 그는 경제인이자 정치가였으며 부호였다. 통일 아일랜드 수상을 역임한 그는 병으로 죽고 말았다. 하지만 그는 죽기 전 유언을 남겨 그의 소장품들을 경매에 붙일 것을 당부했다.

처음 경매 물품은 예상외로 〈내 사랑하는 아들〉이라는 어느 무명 미술가가 그린 초상화로 피처 제럴드의 아들을 그린 작품이었다. 그는 잇단 가족들의 죽음으로 인해 참으로 여생을 늘 쓸쓸하게 보냈다. 그는 아들이 열 살 때 사랑하는 부인을 잃고 말았다. 외아들을 지극히 잘 키우려고 노력했지만 아들도 20세가 되기 전에 병으로 죽고 말았다. 그는 너무 슬픈 마음을 달래려고 미술품을 수집하는 일에 집착하였던 것이다.

처음 경매에 나온 그의 아들 초상화를 사려고 아무도 응하지 않았다. 그때 이를 한참이나 지켜보던 어떤 노인이 응찰을 했다. 그는 그가 가진 모든 것을 주고 그 그림을 샀다. 그 노인은 바로 피처 제럴드의 아들을 어릴 때부터 마치 자기 아들처럼 돌보던 그 집의 집사였다. 노인이 피처 제럴드의 아들 초상화를 받아든 그 순간, 변호사가 이 미술품에 대한 경매를 중지시켰다. 그리고 피처 제럴드의 유언장을 낭독했다. "누구든지 내 아들의 그림을 사는 사람이 내 모든 소장품을 갖도록 해주시오. 이 그림을 선택하는 사람은 내가 가장 소중히 여기는 것이 무엇인지 아는 사람임에 틀림없으므로 나의 모든 것을 가질 충분한 자격이 있습니다."

우리는 예수님이 하나님의 아들이라는 사실을 안다. 그러나 아는 것으로만 그친다면 당신과 아무런 상관이 없다. 그 하나님의 아들이신 예수님을 당신의 주인으로 모셔야 한다. 그래야 하나님의 모든 것이 당신의 것이 된다. 하나님은 하나님의 아들 예수님을 주인으로 모시는 자에게 모든 것을 다 덤으로 부어주신다. 예수 안에 생명이 있고, 예수 안에 사랑이 있고, 예수 안에 행복이 있고, 예수 안에 풍성함이 있다. "내가 온 것은 양으로 생명을 얻게 하고 더 풍성히 얻게 하려는 것이라"(요 10:10). 당신이 예수님을 당신의 주인으로 모시면 하나님께서 베푸시는 세상의 모든 것을 갖게 될 것이다.

당신이 아무리 오래 교회를 다녔다고 하여도, 당신이 아무리 많은 기도를 한다고 하여도 예수님을 당신의 주인으로 모시고 살지 않는다면 하나님과 당신은 아무런 관계가 없다. 내가 내 인생을 살려면 두렵고 염려만 가득할 것이다. 그러나 예수님을 주인으로 모시고 살면 쉽고 가볍고 즐거울 것이다. 인생은 결코 짐이 아니다. 예수님을 주인으로만 모시면 모든 것에 답이 있다.

예수가 주인 되면
삶이 축제이다

> " 바리새인들이 모였을 때에 예수께서 그들에게 물으시되 너희
> 는 그리스도에 대하여 어떻게 생각하느냐. 누구의 자손이냐. 대답하되
> 다윗의 자손이니이다. 이르시되 그러면 다윗이 성령에 감동되어 어찌
> 그리스도를 주라 칭하여 말하되 주께서 내 주께 이르시되 내가 네 원
> 수를 네 발 아래에 둘 때까지 내 우편에 앉아 있으라 하셨도다 하였느
> 냐. 다윗이 그리스도를 주라 칭하였은즉 어찌 그의 자손이 되겠느냐
> 하시니 한마디도 능히 대답하는 자가 없고 그날부터 감히 그에게 묻는
> 자도 없더라. 마태복음 22:41-46

이탈리아 르네상스를 대표하는 인물인 레오나르 다빈치는 유명
한 화가이자 조각가이고, 건축가이자 뛰어난 예술가이다. 그는 〈최

후의 만찬〉과 〈모나리자〉를 그린 사람으로 유명하다. 〈최후의 만찬〉
은 가로 8m 80cm, 세로 4m 20cm나 되는 대형 그림으로, 아예 성
당 정면을 다 차지한다. 다빈치는 이 그림을 완성하는 데 꼬박 4년이
나 걸렸다.

그가 그 그림의 초본을 완성하고 친구에게 보여주면서 소감을 물
었다. 친구는 예수님의 오른손에 들려 있는 잔이 너무나 인상적이고
사실적이라 하며 진짜 컵 같다고 말했다. 그러자 다빈치는 붓을 들어
컵을 지워버렸다. 당황한 친구가 왜 컵을 없애느냐고 묻자, 다빈치는
유명한 말을 남겼다. "이 그림에서는 예수 그리스도보다 중요한 것은
없어야 하네."

우리 인생이 끝나는 날 무엇이 남겠는가? 내 사진, 내 이력, 내 집,
내 이름…. 다 허상일 뿐이다. 진짜 남는 것은 오직 주님과 함께한 나
날뿐이다. 세상에 전부를 걸고 사는 사람은 죽을 때 인생이라는 것은
결국 허무라는 사실을 알게 된다. 우리는 나이나 신분에 상관없이 인
생에서 가장 중요한 분은 예수님이고, 예수님만이 우리 인생의 전부
임을 알아야 한다.

이 세상에 존재하는 모든 것이 다 그분에게서 나왔다. "이는 만물
이 주에게서 나오고 주로 말미암고 주에게로 돌아감이라. 그에게 영
광이 세세에 있을지어다. 아멘"(롬 11:36). 만약 예수님을 모른다면
인생의 시작을 모르는 것이다. 그분을 알아야 인생의 시작을 아는 것
이다.

마태복음 22장에는 예수님을 누구라고 하느냐는 인생에서 가장
중요한 질문이 나온다. 예수님은 3년의 공생애를 거의 마치고, 마지

막 일주일만을 남기고 있었다. 마태복음 21장에서 주일날 어린 나귀를 타시고 예루살렘으로 입성하셨고, 월요일에 예루살렘 성전에서 장사하는 자들을 향해 채찍을 들고 "너희들이 하나님의 집을 강도의 소굴로 만든다"라고 하시면서 장사꾼들의 손에 있는 비둘기와 양떼를 몰아내셨다. 이 일로 성전이 발칵 뒤집혀졌다.

화요일에 다시 예루살렘 성전을 향해 가시다가 무화과나무에 열매가 없음을 보시고 그 나무를 저주하셨다. 그리고 예수님께서 성전에 들어가 말씀을 가르치실 때 대제사장과 유대 장로들이 예수님에게 다가와 네가 무슨 권위로 비둘기와 양떼를 몰아내는 이런 소동을 일으키느냐 하며 예수님을 공격하였다.

예수님은 포도원 농부 비유를 말씀하시면서 자신이 하나님의 아들이라는 사실을 암시하셨다. 사실 예수님이 하나님의 아들이라는 것은 이미 예수님 사역 처음부터 계속 있어 온 이야기다. 사복음서는 모두 다 예수님을 하나님의 아들로 소개한다. 마태복음, 마가복음, 누가복음, 세 복음서에서는 모두 예수님이 세례 요한에게서 세례를 받으실 때 하늘로부터 들려온 말씀을 기록하고 있다. "하늘로부터 소리가 있어 말씀하시되 이는 내 사랑하는 아들이요 내 기뻐하는 자라 하시니라"(마 3:17). 이 기록은 하나님이 직접 예수님을 하나님의 아들이라고 부르신 것이다.

예수님께서 세례를 받으시고 곧바로 광야로 가서 40일 금식을 하셨다. 그때 사탄이 나타나 예수님을 유혹한다. 사탄은 네가 정말 하나님의 아들이냐며 말로 공격하였다. "시험하는 자가 예수께 나아와서 이르되 네가 만일 하나님의 아들이어든 명하여 이 돌들로 떡덩이가 되게 하라"(마 4:3). "이르되 네가 만일 하나님의 아들이어든 뛰어내리라. 기록되었으되 그가 너를 위하여 그의 사자들을 명하시리니 그들이 손으로 너를 받들어 발이 돌에 부딪치지 않게 하리로다 하였느니라"(마 4:6). 이 말씀도 마태복음, 마가복음, 누가복음에 다 기록되어 있다.

사도 마가는 마가복음 1장 1절에서부터 예수님을 하나님의 아들로 시작한다. "하나님의 아들 예수 그리스도의 복음의 시작이라"(막 1:1). 누가복음에서는 예수님을 지극히 높으신 하나님의 아들로 오실 것을 말씀한다. "그가 큰 자가 되고 지극히 높으신 이의 아들이라 일컬어질 것이요 주 하나님께서 그 조상 다윗의 왕위를 그에게 주시리니 영원히 야곱의 집을 왕으로 다스리실 것이며 그 나라가 무궁하리라"(눅 1:32-33). 요한복음에서도 예수님을 하나님의 아들로 기록한다. "진실로 진실로 너희에게 이르노니 죽은 자들이 하나님의 아들의 음성을 들을 때가 오나니 곧 이때라. 듣는 자는 살아나리라"(요 5:25). 사복음서는 모두 다 예수님을 하나님의 아들로 기록하고 있다.

예수님이 공생애를 시작하신 후 일반 백성들 사이에서도 예수님을 향해 하나님의 아들이라는 말을 하였다. 하루는 제자들이 갈릴리 호수를 건너갈 때 큰 풍랑을 만나 고통당하자 예수님께서 풍랑을 잠잠하게 하셨다. 그러자 예수님을 따르는 자들은 예수님이 하나님의 아들이라 고백한다. "배에 있는 사람들이 예수께 절하며 이르되 진실로 하나님의 아들이로소이다 하더라"(마 14:33). 이런 사건들은 예수님이 피조세계를 다스리시는 창조주 하나님이심을 드러내는 것이다.

백성들 사이에 예수님이 하나님의 아들이라는 소문은 급속히 퍼져갔다. 요한복음 11장에서는 마르다도 예수님을 하나님의 아들로 고백한다. "이르되 주여 그러하외다 주는 그리스도시요 세상에 오시는 하나님의 아들이신 줄 내가 믿나이다"(요 11:27). 마르다의 이런 고백은 그 당시에 예수님을 따르는 많은 사람들의 일반적인 신앙고백이었다. 마르다의 이런 고백은 아직 나사로가 무덤에서 기적적으로 살아나지도 않았을 때 말한 것이다. 그녀는 예수님을 하나님의 아들로 믿었던 것이다.

예수님께서 공생애가 시작된 이후로 계속 예수님을 따라다니는 단어가 바로 하나님의 아들이라는 칭호였다. 지금으로 표현하면 팔레스타인이라는 땅에 청년 예수가 나타나서 수많은 기적을 일으키고, 병든 자를 고치고, 놀라운 메시지를 전하자 예수가 하나님의 아들이라는 신드롬이 생겼다. 그렇게 3년 반 동안 예수는 하나님의 아들이라는 그 메시지가 온 팔레스타인 땅을 흔들었다.

드디어 그 청년 예수가 어린 나귀를 타고 예루살렘성 안까지 들어오니 온 성이 떠들썩하고 "호산나, 호산나"를 외치면서 "다윗의 자손 예수여 우리를 구원하소서" 하며 환호하였다. 청년 예수를 '다윗의 자손'이라고 부른 것은 바로 모든 백성이 예수님을 메시아로 여기고 있다는 방증이다. 다윗의 자손에게서 메시아가 태어난다고 예언되어 있었기 때문이다. 이런 환호를 예루살렘 성전에서 듣고 있던 대제사장과 바리새인들은 예수를 죽이고자 했다. 그들은 예수를 하나님의 아들로, 메시아로 받아들일 수가 없었다. 그래서 예수를 죽일 꼬투리를 잡기 위해 예수님에게 질문을 던졌다.

먼저 바리새인들은 예수를 올무에 걸리게 하려고 세금을 로마 황제에게 내는 것이 옳은 일이냐고 물었다. 그러자 예수님은 "가이사의 것은 가이사에게 하나님의 것은 하나님에게 내라"고 답변하였다. 예수님의 뛰어난 대답에 그들은 또 다른 질문을 던졌다. "율법 중에 무슨 율법이 가장 크냐?" 예수님은 바리새인들에게는 "율법 중에 가장 큰 율법은 하나님을 사랑하는 것"이라고 하셨다.

그런 대답 이후 이제 예수님께서 바리새인들을 향해 질문하셨다. "바리새인들이 모였을 때에 예수께서 그들에게 물으시되 너희는 그리스도(메시아)에 대하여 어떻게 생각하느냐. 누구의 자손이냐. 대답하되 다윗의 자손이니이다"(마 22:41-42). 지금 예수님 주위에는 많은 사람들이 있다. 바리새인들의 질문에 다 대답을 하신 예수님이 바리새인들에게 질문을 하자, 그들도 대답을 해야만 했다.

예수님이 그들에게 "그리스도(메시아)가 누구의 자손이냐"고 묻자, 성경을 연구하는 바리새인답게 다윗의 자손이라고 대답하였다. 사실 이것은 유대인이면 누구나 다 아는 상식이었다. 그리스도(메시아)는 다윗의 자손에게서 태어나는 것이 성경의 예언이었다. '그리스도'는 유대인들이 기다리는 메시아지만 여전히 인간이다. 지금 예루살렘성에 있는 유대인들은 대부분 예수님을 메시아로 믿고 있다. 그러나 바리새인과 제사장들은 이런 말을 전혀 받아들일 수 없었다. 그래서 예수님은 그들에게 메시아가 누구의 자손으로 태어나느냐고 묻고 있는 것이다.

유대인들은 구약에서부터 메시아가 다윗의 자손으로 태어날 것을 알고 있었다. "네 수한이 차서 네 조상들과 함께 누울 때에 내가 네 몸에서 날 네 씨를 네 뒤에 세워 그의 나라를 견고하게 하리라. 그는 내 이름을 위하여 집을 건축할 것이요 나는 그의 나라 왕위를 영원히 견고하게 하리라"(삼하 7:12-13). 여기의 "네 몸"은 다윗이고, "네 몸에서 날 씨"는 메시아를 말한다.

"이새의 줄기에서 한 싹이 나며 그 뿌리에서 한 가지가 나서 결실할 것이요 그의 위에 여호와의 영 곧 지혜와 총명의 영이요 모략과 재능의 영이요 지식과 여호와를 경외하는 영이 강림하시리니"(사 11:1-2). 이새는 다윗의 아버지이고, 이새의 줄기에서 나는 한 싹은 다윗이다.

"여호와의 말씀이니라. 보라. 때가 이르리니 내가 다윗에게 한 의로운 가지를 일으킬 것이라. 그가 왕이 되어 지혜롭게 다스리며 세상에서 정의와 공의를 행할 것이며"(렘 23:5). "주께서 이르시되 나는 내가 택한 자와 언약을 맺으며 내 종 다윗에게 맹세하기를 내가 네 자손을 영원히 견고히 하며 네 왕위를 대대에 세우리라 하셨나이다(셀라)"(시 89:3-4).

예수님은 그리스도(메시아)가 다윗의 가문에서 태어날 것이라고 쉽게 대답한 바리새인들에게 또다시 질문을 하셨다. "이르시되 그러면 다윗이 성령에 감동되어 어찌 그리스도(메시아)를 주라 칭하여 말하되 주께서(하나님) 내 주께(그리스도) 이르시되 내가 네 원수를 네 발 아래에 둘 때까지 내 우편에 앉아 있으라 하셨도다 하였느냐"(마 22:43-44). 여기에 "주께서 내 주께"라는 '주'는 서로 다른 '주'다. 앞에 '주'는 하나님이시고, 뒤에 '주'는 그리스도시다. 그것은 시편을 보면 더 정확해진다.

예수님은 구약의 시편을 다 암송하고 계셨다. 방금 이 구절은 시편 110편 1절을 옮긴 것이다. "여호와께서 내 주(그리스도)에게 말씀하시기를 내가 네 원수들로 네 발판이 되게 하기까지 너는 내 오른쪽에 앉아 있으라 하셨도다"(시 110:1). 이 말뜻은 하나님께서 원수를 짓밟을 때까지 메시아를 권능의 자리에 있게 하시겠다는 뜻이다. 바리새인들은 시편을 다 꿰뚫고 계시는 예수님에 대해서 탄복하였다.

예수님의 질문은 더 깊이 파고 들어가셨다. "다윗이 그리스도를 주라 칭하였은즉 어찌 그의 자손이 되겠느냐 하시니"(마 22:45). 무슨 말인가? 다윗이 자신에게서 태어나는 그리스도, 즉 메시아를 향해 주님이라고 칭하였으니 어찌 자기의 후손을 향해 주라고 할 수 있느냐는 질문이다. 다윗이 말하는 그리스도는 하나님의 아들이라는 것을 우회적으로 말한 것이다. 예수님은 그리스도를 한낱 인간으로만 생각하는 바리새인들에게 만약 그리스도가 인간이라면 왜 다윗이 주라고 불렀느냐고 반문하고 계신 것이다.

예수님의 질문에 바리새인들은 아무런 대답을 하지 못하였다. "한마디도 능히 대답하는 자가 없고 그날부터 감히 그에게 묻는 자도 없더라"(마 22:46). 지금 이런 논쟁이 벌어진 장소가 바로 바리새인들의 주무대이자 본거지이며 안식처인 성전이다. 그런데 그들은 아무런 말을 할 수가 없었다.

똑같은 말씀이 마가복음에도 기록되어 있다. 마가복음 12장에서는 예수님의 질문에 바리새인들이 한마디도 못하자 백성들이 웃었다고 말씀한다. "다윗이 그리스도를 주라 하였은즉 어찌 그의 자손이 되겠느냐 하시니 많은 사람들이 즐겁게 듣더라"(막 12:37). 우리는 이 말씀을 통해 두 가지를 확실히 깨달아야 한다.

예수님을 지금 살아계신
하나님의 아들로 믿으라

예수님을 그냥 하나님의 아들로 입으로 믿는 것은 쉽다. 귀신들도 예수님을 하나님의 아들로 불렀다. 기적이 일어날 때 예수님을 하나님의 아들로 부르는 것은 누구나 할 수 있다. 마르다도 예수님을 하나님의 아들로 불렀다. 조금 전에 예수님이 예루살렘성에 입성할 때 수많은 무리들이 예수님을 "다윗의 자손 예수여 우리를 구원하소서" 하며 호산나 호산나를 외쳤다. '호산나'는 "지금 우리를 구원하소서"라는 말이다. 그들은 분명 예수님을 "다윗의 자손"이라고 부르며 '메시아'로 환호했다.

그런데 그들은 예수님이 나무에 매달리자, 돌변하여 예수님을 조롱하였다. 유대인들에게 있어 나무에 달려 죽는 것은 하나님의 저주였다. "그리스도께서 우리를 위하여 저주를 받은 바 되사 율법의 저주에서 우리를 속량하셨으니 기록된 바 나무에 달린 자마다 저주 아래에 있는 자라 하였음이라"(갈 3:13). 이것은 신명기 21장 23절에 기록된 말씀인데 초대교회 유대인들이 다 아는 사실이다. "나무에 달린 자는 하나님께 저주를 받았음이니라"(신 21:23).

그렇다면 그 당시 종교지도자들이 예수님을 그냥 칼로 죽이지 않고, 굳이 로마 총독인 빌라도에게 어려운 부탁을 해서 나무 십자가에 달려 죽게 한 이유가 무엇인가? 만약 예수가 나무에 달려 죽게만 된다면 예수를 따르는 자들이 모두 예수를 하나님께 저주받은 자로 알고 버릴 것을 알았기 때문이다. 그들의 예상은 적중하였다. 그들의 예상대로 예수님께서 저주의 자리인 나무 십자가에 매달리자, 조금 전에 예수님을 메시아라고 외쳤던 그들이 오히려 하나님의 아들이라는 이름으로 예수님을 조롱하기 시작했다. "지나가는 자들은 자기 머리를 흔들며 예수를 모욕하여 이르되 성전을 헐고 사흘에 짓는 자여 네가 만일 하나님의 아들이어든 자기를 구원하고 십자가에서 내려오라 하며"(마 27:39-40).

평소에 예수님께서 성전을 헐고 사흘 후에 짓겠다고 하신 말씀은 예수님이 죽으시고 삼 일 만에 부활하실 것을 예언한 것이다. 그들은 이 말씀을 오해하였다. "그가 남은 구원하였으되 자기는 구원할 수 없도다. 그가 이스라엘의 왕이로다. 지금 십자가에서 내려올지어다. 그리하면 우리가 믿겠노라. 그가 하나님을 신뢰하니 하나님이 원하시면 이제 그를 구원하실지라. 그의 말이 나는 하나님의 아들이라 하였도다 하며"(마 27:42-43). 예수님을 메시아로 부르고 하나님의 아들로 불렀던 유대인들은 예수님이 나무 십자가에 달리자 하나님에게 저주받은 자라며 오히려 조롱하였다.

예수님의 제자들도 예수님이 십자가에 죽으시자, 다 도망가 버렸다. 예수님을 하나님의 아들이라 고백하였던 베드로도 도망가 버렸다. 그렇다면 언제부터 제자들이 예수님을 진실로 하나님의 아들로 믿게 되었을까? 그것은 예수님이 부활하신 이후이다. "이 복음은 하나님이 선지자들을 통하여 그의 아들에 관하여 성경에 미리 약속하신 것이라. 그의 아들에 관하여 말하면 육신으로는 다윗의 혈통에서 나셨고 성결의 영으로는 죽은 자들 가운데서 부활하사 능력으로 하나님의 아들로 선포되셨으니 곧 우리 주(인) 예수 그리스도시니라"(롬

1:2-4). 예수님 당시 유대인들은 예수님을 진실로 하나님의 아들로 믿지 않았다. 그들은 예수님이 부활하신 후부터 예수님을 하나님의 아들로 받아들이기 시작했다.

부활하신 예수님은 지금도 살아 역사하신다. 그분은 2천 년 전에 그냥 역사 속에 존재하셨다가 사라지신 인물이 아니다. 그분은 부활 하셔서 지금도 살아계신다. 예수 그리스도는 어제나 오늘이나 동일하신 분이다(히 13:8). 2천 년 전에 병든 자를 고치신 예수님은 지금도 병든 자를 고치신다. 2천 년 전에 오병이어로 5천 명을 먹이신 예수 님은 지금도 우리에게 일용한 양식을 주신다. 2천 년 전에 풍랑을 잠잠하게 하신 예수님은 지금도 우리의 삶에 일어나는 풍랑을 잠잠하게 하신다.

예수님을 그리스도를 넘어
주인으로 믿으라

예수님은 지금 예수님의 공생애 마지막 주간을 보내고 계신다. 예수님은 주일에 예루살렘에 입성하셨고, 월요일에 성전을 청소하셨으며, 화요일에 열매 없는 무화과나무를 저주하셨고, 동시에 그날 바리새인들의 흠잡는 질문에 대답하셨다. 그리고 그들을 향해 날카로운 질문을 하신다. 죽음을 이틀 앞둔 예수님의 메시지는 자신을 그리스도를 넘어 자신을 주(主)로 소개하신다. 이틀 후에 죽으시는 예수님이 지금 자신을 주로 소개하고 있다는 사실은, 이것이 얼마나 중요한지를 잘 말해주는 대목이라 할 수 있다.

예수님은 예수님을 그냥 메시아(그리스도)로 부르는 것은 너무 쉽다는 점을 아신다. 지금 예수님 주위에는 예수님을 메시아(그리스도)로 부르는 자들이 가득하다. 조금 전에 "호산나, 호산나" 하며 온 성이 다 요동하도록 예수님을 다윗의 자손으로 태어나는 메시아(그리스도)로 불렀다. 그들이 생각하는 메시아(그리스도)는 로마의 정치로부터 이스라엘을 독립시켜 정치적 자유를 주는 메시아를 생각하였다. 그들이 생각하는 메시아는 먹을 것이 부족할 때 오병이어로 5천 명을 먹이신 경제적 자유를 주는 메시아를 기대하였다.

그런데 예수님은 바리새인들에게 예수님 자신을 메시아를 넘어 주로, 즉 왕으로 소개하고 있다. 예수님은 바리새인들에게 다윗 왕이 어째서 자신의 후손으로 태어나는 메시아를 주로 불렀느냐고 질문을 하시면서, 다윗의 자손으로 나시는 메시아는 단지 인간 메시아가 아니라 하나님의 아들 메시아니 주로 불러야 함이 마땅하다고 말씀하신 것이다.

예수님께서 자신을 주로 소개하신 이유는 예수님을 주로 모시라는 뜻이었다. 예수님의 답변을 듣고 있던 바리새인들은 아무도 예수님을 주로 모시지 않았고 침묵하였다. 예수님과 바리새인들의 대화를 듣고 있던 백성들도 즐겁게 듣기만 하였지 아무도 예수님을 주로 모시지 않았다.

우리도 그렇다. 예수님이 우리 죄를 위해 죽으신 메시아로 믿는 것은 쉽다. 더욱이 우리의 삶에 도움을 주시는 메시아는 잘 믿는다. 죄를 해결해주시는 메시아, 경제적인 문제를 해결해주시는 메시아,

정치적인 독립을 주시는 메시아, 질병을 해결해주시는 메시아…. 그러나 그분께 내 삶의 모든 주권을 드리는 주님으로 모시라는 말에는 침묵하거나 그냥 웃고 지나가 버린다. 정말 안타까운 일이다.

교회에서 예수님은 우리 죄를 위해 죽어주신 메시아라는 사실은 자주 선포되지만, 예수님을 우리 삶의 주인으로 모시라는 권면은 거의 선포되지 않는다. 이것은 정말 심각한 문제이다. 그러기에 우리는 교회 문만 나서면 다시 내가 주인 되는 인생을 살아간다.

우리 인생은 예수님을 주인으로 모시느냐 모시지 않느냐에 따라 크게 달라진다. 우리 인생은 예수님을 주인으로 모시는 만큼 위대해진다. 예수님은 우리의 인생에 왕으로 들어오셔서 위대한 일을 하길 원하신다. 한 번밖에 살지 않는 인생을 내가 주인 되어 아등바등 살지 말고, 만왕이신 예수님께 온전히 내드려 그분이 내 안에서 나의 주인으로 사시게 해야 한다.

초대교회 교인들은 예수님을 부활하여 살아계신 주인으로 모시고 살았다. 사도행전 2장에 보면 베드로가 오순절 다락방에서 성령을 받은 이후 주위에 몰려든 유대인들에게 설교를 하는 장면이 나온다. 베드로는 유대인들에게 다윗 왕은 죽었지만 예수님은 하나님께서 다시 부활시키셨다고 말한다. 베드로는 그 다윗 왕이 예수님을 주로 불렀다고 말하면서 예수님께서 마태복음 22장에 바리새인들에게 하신 말씀을 똑같이 선포한다. "다윗은 하늘에 올라가지 못하였으나 친히 말하여 이르되 주(하나님)께서 내 주(예수님)에게 말씀하시기를 내가 네 원수로 네 발등상이 되게 하기까지 너는 내 우편에 앉아 있으라 하셨도다 하였으니"(행 2:34-35).

사도 베드로는 다윗도 예수님을 주로 불렀고, 하나님도 예수를 주가 되게 하셨다고 말한다. "그런즉 이스라엘 온 집은 확실히 알지니 너희가 십자가에 못 박은 이 예수를 하나님이 주와 그리스도가 되게 하셨느니라 하니라"(행 2:36). 이런 베드로의 선포를 들은 초대교회 교인들은 예수님을 메시아일 뿐 아니라 주인으로 모셨기에 자신들이 가졌던 재산도 시간도 다 드릴 수 있었다. 그들은 아무도 자신의 것을 자신의 것이라고 주장하지 않았다.

베드로는 며칠 후 성전에서 복음을 전한다는 이유를 체포되어 대제사장에게 끌려갔다. 베드로는 그들 앞에서 예수님은 주요, 곧 임금이라고 말하였다. "너희가 나무에 달아 죽인 예수를 우리 조상의 하나님이 살리시고 이스라엘에게 회개함과 죄 사함을 주시려고 그를 오른손으로 높이사 임금과 구주로 삼으셨느니라"(행 5:30-31).

바울도 다메섹에서 예수님을 만난 후 처음으로 복음을 전파할 때 예수님을 하나님의 아들로 소개하였다. "사울이 다메섹에 있는 제자들과 함께 며칠 있을새 즉시로 각 회당에서 예수가 하나님의 아들이심을 전파하니"(행 9:19-20). 나중에 바울은 로마에 있는 로마교회에 로마서를 쓰면서도 예수님을 소개할 때 주로 소개하였다. "성결의 영으로는 죽은 자들 가운데서 부활하사 능력으로 하나님의 아들로 선포되셨으니 곧 우리 주(인) 예수 그리스도시니라"(롬 1:4).

바울은 고린도교회에 고린도전서를 기록하면서 하나님은 예수님을 주로 모시고 교제하길 원하신다고 소개하였다. "너희를 불러 그의 아들 예수 그리스도 우리 주와 더불어 교제하게 하시는 하나님은 미쁘시도다"(고전 1:9). 그리고 갈라디아교회에, 에베소교회에, 빌립보

교회에, 골로새교회에, 데살로니가교회에, 디모데교회에 편지를 보내면서 주인 되신 예수님으로부터 은혜와 평강이 있길 기원하였다.

"우리 하나님 아버지와 주 예수 그리스도로부터 은혜와 평강이 있기를 원하노라"(갈 1:3). "하나님 우리 아버지와 주 예수 그리스도로부터 은혜와 평강이 너희에게 있을지어다"(엡 1:2). "하나님 우리 아버지와 주 예수 그리스도로부터 은혜와 평강이 너희에게 있을지어다"(빌 1:2). "우리가 너희를 위하여 기도할 때마다 하나님 곧 우리 주 예수 그리스도의 아버지께 감사하노라"(골 1:3).

"바울과 실루아노와 디모데는 하나님 아버지와 주 예수 그리스도 안에 있는 데살로니가인의 교회에 편지하노니 은혜와 평강이 너희에게 있을지어다"(살전 1:1). "바울과 실루아노와 디모데는 하나님 우리 아버지와 주 예수 그리스도 안에 있는 데살로니가인의 교회에 편지하노니"(살후 1:1).

"믿음 안에서 참 아들 된 디모데에게 편지하노니 하나님 아버지와 그리스도 예수 우리 주께로부터 은혜와 긍휼과 평강이 네게 있을지어다"(딤전 1:2). "사랑하는 아들 디모데에게 편지하노니 하나님 아버지와 그리스도 예수 우리 주께로부터 은혜와 긍휼과 평강이 네게 있을지어다"(딤후 1:2).

바울만 예수를 주로 소개한 것이 아니라 사도 야고보도 똑같이 예수를 주로 소개하였다. "하나님과 주 예수 그리스도의 종 야고보는 흩어져 있는 열두 지파에게 문안하노라"(약 1:1). 그리고 베드로도 예수님을 주로 고백하였다. "우리 주 예수 그리스도의 아버지 하나님을 찬송하리로다. 그의 많으신 긍휼대로 예수 그리스도를 죽은 자 가운데서 부활하게 하심으로 말미암아 우리를 거듭나게 하사 산 소망이 있게 하시며"(벧전 1:3).

예수님은 우리 죄를 위해 죽으시고 부활하신 우리의 그리스도, 즉 메시아가 맞다. 그렇지만 그런 예수님을 그리스도로만 믿어서는 안 된다. 왕으로, 주님으로 믿어야 한다. 초대교회 교인들은 아무도 예수님을 메시아(그리스도만)로만 믿지 않았다. 그들은 언제나 예수 그리스도를 주인으로 믿었다. 그래서 초대교회에는 폭발적인 부흥이 있었고, 수많은 기적이 있었다. 오늘날의 교회는 예수님을 그냥 메시아(그리스도)로만 믿기 때문에 아무런 부흥도 기적도 일어나지 않는 것이다.

현대교회 교인들의 문제점은 예수님을 메시아(그리스도)로만 믿는 것이다. 그것은 나의 유익만 챙기는 짓이다. 처음 예수님을 따라다녔던 자들도 다 예수님을 메시아로만 따라다녔다. 그들은 예수님을 통해 병이 낫고 먹을 것도 해결받고 기적도 체험했다. 그들은 예수님을 하나님의 아들로 말하였고, 호산나 다윗의 자손이여 하며 외치기도 하였다. 그들은 언제나 예수님을 자신의 삶에 유익을 주는 메시아로 생각하였다. 그러나 그런 메시아는 예수님이 원하시는 것이 아니다. 예수님은 메시아일 뿐만 아니라 주인이 되길 원하신다.

당신은 예수님을 메시아로 부르며 당신의 삶에 도움만 받길 원하는가? 그것은 예수님을 이용만 하다 내가 필요하지 않으면 또 버리는 유대인들이나 똑같다. 예수님은 바리새인들 앞에서 다윗이 예수님을 주라 불렀다고 말씀하셨고, 베드로도 사도행전 2장에서 십자가에 죽으시고 부활하신 예수님을 하나님께서 주로 부르길 원하신다고 말씀하였다. 예수님께서 우리의 주인이 되시는 것은 하나님이 원하시는 일이고 성경이 말씀하는 진리이다.

오늘 예수님을 당신의 주인으로 모셔라. 그리고 매 순간 예수님을 주인으로 모셔라. 일주일 내내 예수님을 주인으로 모시고 살라. 그분이 당신을 다스리게 하라. 그분이 당신의 운명을 주장하시고 날마다 당신의 삶을 주장하게 하라. 성경은 주인 되신 예수 그리스도를 말씀하고 있다. 예수님을 먼저 주인으로 모셔라. 그러면 저절로 구세주가 되신다. 예수님께서 당신의 삶에 주인 되시면 초라한 당신의 삶이 축제로 변할 것이다.

예수님의 처음 이적은 가나 혼인잔치에서 물을 포도주로 만든 사건이다. 포도주는 기쁨을 상징한다. 그 잔치에 포도주가 떨어졌다. 잔치가 곧 파장될 위기였다. 인간이 만든 모든 잔치는 시간이 지나면 다 파장 잔치가 된다. 결혼도 곧 바닥이 드러난다. 건강도 곧 무너진다. 아무리 큰 행복도 기쁨도 인간이 만든 잔치는 곧 사라진다.

예수님은 그 잔치에 손님으로 계셨다. 예수님의 어머니 마리아는 예수님에게 찾아와 포도주가 떨어졌으니 도와달라고 청하였다. 잔치에 포도주가 떨어지면 주빈에게 가야한다. 잔치를 배설한 자는 연회장의 주인이다. 그런데 마리아는 예수님에게 문제를 가지고 왔다. 즉 예수님을 주인으로 모시겠다는 뜻이다. 예수님이 주인 되자 이전보다 더 맛있는 포도주가 넘쳐 파장한 잔치가 축제로 바뀌었다. 당신의 삶이 공허한가? 파장한 잔치가 되었는가? 예수님을 주인으로 모셔라. 생각지도 않았던 포도주가 넘치게 될 것이다.

예수님께서 공생애를 시작하시면서 하신 첫 번째 기적은 잔치를 회복하신 것이다. 이것은 우연이 아니다. 당신 삶의 중심에 예수님을 모시고 살라. 그러면 당신 삶이 축제가 될 것이다. 돈이나 성공이나 자녀를 삶의 중심에 놓지 마라. 돈이나 성공이나 자녀를 삶의 중심에 놓으면 고통과 공허함이 가득할 뿐이다. 아무리 많은 것을 가져도 불안하고 내일을 알 수 없기에 그냥 두려울 뿐이다. 예수님을 삶의 중심에 모시면 혼돈이 질서로 바뀌고, 공허가 충만함으로 바뀌며, 흑암이 빛으로 바뀌게 된다.

지금 이 책을 읽는 독자들 중에 혼자 힘으로 버거운 삶을 사는 사람이 있는가? 삶이 고통스럽고 공허하고 우울한 사람이 있는가? 모든 것을 다 버리고 떠나가고 싶은가? 질병으로 하루하루 사는 것이 힘겨운 사람이 있는가? 낙심하지 마라. 당신에게는 왕이 있다. 그 왕은 평범한 왕이 아니시다. 만왕의 왕이시며 사망조차 이기신 전능하신 왕이시다. 그 왕이신 예수님을 당신의 주인으로 모셔라. 그분이 당신을 최고의 길로 인도해주실 것이다. 만약 당신이 오늘 예수님에게 당신 마음의 왕좌를 내드린다면 예수님이 당신의 인생에서 하시는 일들을 보고 놀라게 될 것이다. 예수님을 왕으로 모시고 살라. 모든 것이 축제가 될 것이다.

마음에 감동을 준 글을 소개한다.

저는 바이올린입니다.
저에겐 아무런 소망이 없었습니다.
어두움 속에 아주 오랫동안 놓여 있었습니다.
그런데 어느 날 저는 누군가를 만났습니다.

이전에는 경험하지 못했던 따스한 사랑의 손길이었는데

저를 만지시면서 얼룩지고 상처 난 저를 닦아주시며

흐트러진 저를 조율하셨습니다.

너무나 위대한 연주자이셨기에 전 많이 부끄러웠답니다.

그분은 아주 열정적으로 저를 연주하셨습니다.

그런데 저에게서 이렇게 아름다운 소리가

나올 줄은 전혀 몰랐습니다.

그러나 그 아름다움은 저에게 있는 것이 아니라

그분께 있었습니다.

전 단지 그분 손에 맡겨지기만 했습니다.

그런데 더 감동적인 것은 그분이 저를 친구라 부르신다는 겁니다.

오직 그분으로 인해 저의 삶이 모두 변화가 되었습니다.

이제는 제 안에 진정한 소망과 존귀함이 있다는 걸 알았습니다.

저를 친구라 부르시며 지금도 연주를 멈추지 않는 분,

그분은 나의 왕 예수이십니다.

아무 가치도 없던 저를 들어 조율하시고 아름답게 연주하시는

그분께 매일 제 삶의 왕좌를 드립니다.

예수님은 당신의 삶도 연주하길 원하신다. 그분에게 당신의 삶의 중심을 내드려라. 아직도 나 자신을 왕으로 삼고 나를 기대하며 사는 사람이 있는가? 그것은 허무다. 나를 기대하지 말고 나를 다스리길 원하시는 그분을 왕으로 삼고 그분을 기대하라. 그분이 내 왕이 되시면 날마다 축제가 될 것이다. 그분은 평범한 왕이 아니시다. 만왕의

왕이시며 하나님의 아들이시다. 예수님은 나의 왕이시다. 예수님은 나의 주인이시다.

인생은 누가 내 인생을 연주하느냐에 따라 인생의 질이 결정된다. 당신이 아무리 오래 예수를 믿었어도 예수님이 당신의 진정한 주인이 되시지 않는다면 예수님과 당신은 아무런 상관이 없다. 예수님을 주인으로 모시고 축제의 인생을 살라. 예수님을 주인으로 모시면 축제의 인생이 펼쳐질 것이다. 한 번밖에 살지 않는 인생을 짐이 아닌 축제의 삶이 되게 하라.

회개 없는
구원은 없다

> **❝** 이르시되 때가 찼고 하나님의 나라가 가까이 왔으니 회개하고
> 복음을 믿으라 하시더라. 마가복음 1:15

이 세상에 살면서 가장 중요한 일은 구원받는 것이다. 엄마의 배 속에 열 달 동안 있는 아이에게 가장 중요한 일은 열 달 이후 태어날 조건을 갖는 것이다. 배 속에서는 눈과 귀와 손과 발이 필요하지 않다. 만약 그 아이가 엄마 배 속에서 아무리 행복해도 그 배 속에서 눈과 귀와 손과 발을 준비하지 않는다면 불행한 미래가 열리게 된다.

우리가 이 땅에서 사는 동안 준비해야 할 가장 중요한 일은 천국을 준비하는 것이다. 이 땅에서 아무리 행복해도 영원히 사는 천국을 준비하지 않는다면 그는 정말 비참한 인생이 되고 말 것이다. 왜냐하면

죽음 이후에는 반드시 영원이 있기 때문이다. 인생이란 천국을 준비하는 시간이다. 세상에 정말 불쌍한 사람은 매주 교회를 꼬박꼬박 다니면서 자신은 예수를 믿고 천국에 갈 줄 알았는데 천국 입구에서 거절당하는 사람이다. 교회를 열심히 다녀도 천국에 가지 못하는 사람들이 많다. 왜냐하면 회개가 없는 사람에게는 구원이 없기 때문이다. 회개하라는 설교는 인기가 없다. 그러나 이 회개는 너무나 중요하다.

예수님 당시 세례 요한은 광야에 외치는 소리로 등장하였다. 400년 동안 선지자가 없는 시대에 갑자기 선지자가 나타난 것이다. 수많은 사람들이 세례 요한이 있는 광야로 몰려갔다. 세례 요한의 설교는 천둥과 같았다. 그의 설교는 회개하라는 것이었다. "회개하라. 천국이 가까이 왔느니라 하였으니"(마 3:2).

세례 요한의 설교는 그냥 조용히 "여러분, 회개하십시오"라는 권면의 말씀이 아니었다. 좋은 열매를 맺지 않는 너희들은 회개하지 않으면 지옥에 간다는 투로 말씀하고 있다. "요한이 세례 받으러 나아오는 무리에게 이르되 독사의 자식들아 누가 너희에게 일러 장차 올 진노를 피하라 하더냐. 그러므로 회개에 합당한 열매를 맺고 속으로 아브라함이 우리 조상이라 말하지 말라. 내가 너희에게 이르노니 하나님이 능히 이 돌들로도 아브라함의 자손이 되게 하시리라"(눅 3:7-8).

이스라엘 백성들은 자칭 아브라함의 자손으로 다 천국에 가는 줄 알고 있었다. 그런데 세례 요한은 그들을 향해 "독사의 자식"이라 말하고, "장차 올 진노를 피하지 못한다"고 강변했다. 즉 지옥에 간다는 뜻이다. 이런 설교는 그 당시 유대인들에게는 상당히 큰 충격적인 설교였다. 유대인들은 모두 율법을 지키는 자들이었고 일 년에 한 번씩 반드시 성전에 가서 제사를 드리는 자들이었다. 그런데도 회개하고 회개에 합당한 열매를 맺으라고 말하니 그들에게는 큰 충격으로 다가왔을 것이다. 그러면서 "만약 회개하지 않으면 너희들을 아브라함의 자손이 되게 하는 것이 아니라 여기 있는 돌들을 아브라함의 자손이 되게 하겠다"고 말씀하였다. 이 말은 너희들은 이 돌들보다도 못하다는 뜻이다. 이 얼마나 모욕적인 말인가?

우리도 교회에 다닌다고 천국에 가는데 안전하다 생각하면 안 된다. 경각심을 가져야 한다. 교회는 다니는데 거짓말을 밥 먹듯이 하는 사람들이 많다. 교회는 다니는데 매주 음란한 장소에 가는 사람들이 많다. 교회는 다니는데 탐심에 빠져 사는 사람들도 많다. 이 말씀을 보라. "그러므로 땅에 있는 지체를 죽이라. 곧 음란과 부정과 사욕과 악한 정욕과 탐심이니 탐심은 우상 숭배니라. 이것들로 말미암아 하나님의 진노가 임하느니라"(골 3:5-6). 하나님의 진노가 무엇인가? 지옥에 간다는 말이다.

회개하지 않고는 천국에 갈 자가 없다. "세례 요한이 광야에 이르러 죄 사함을 받게 하는 회개의 세례를 전파하니"(막 1:4). 회개는 죄 사함을 받게 한다. 세례 요한만 회개를 외친 것이 아니었다. 예수님도 똑같이 설교의 첫 번째 말씀이 회개였다. "이르시되 때가 찼고 하나님의 나라가 가까이 왔으니 회개하고 복음을 믿으라 하시더라"(막 1:15). 하나님의 나라, 즉 천국이 오려면 먼저 회개해야 한다. 왜냐하면 회개 없이는 구원이 없기 때문이다. 이것은 너무나 당연한 것이다. 좋은 것을 받으려면 먼저 내 그릇 안에 있는 더러운 것을 버려야 한다. 그래서 예수님은 회개하고 복음을 믿으라고 말씀하신 것이다.

예수님 공생애 동안에 수많은 사람들이 예수님을 찾아와서 회개하고 구원받았다. 그런데 이상한 점은 그 당시 종교지도자들이나 정치 지도자들은 구원받지 못했다는 것이다. 세리도 자신은 죄인이라고 하며 회개하고 구원받았다. 간음한 여인도 회개하고 구원받았다. 문둥병자도 구원받았다. 그러나 매일 성경을 연구하고 거룩하게 사는 척 하는 바리새인들은 오히려 책망을 받았다. 그들은 단 한 번도 자신의 죄를 회개한 적이 없었다. 언제나 비판만 하고 예수님의 흠집만 찾으려고 하였다. 그래서 그들은 구원받을 수 없었다. 정말 안타까운 일이다. 매일 성경을 보고 매일 성전에 사는 자들이 구원받지 못했다는 사실은 아이러니다.

하나님은 경건한 척 하는 자들의 외모를 보시지 않는다. 하나님은 사람의 내면을 보시는 분이다. 나는 늘 깨닫는다. 나에게는 선한 것이 하나도 없음을. 그리고 이런 성경구절을 볼 때면 항상 회개가 저절로 된다. "불의한 자가 하나님의 나라를 유업으로 받지 못할 줄을 알지 못하느냐. 미혹을 받지 말라. 음행하는 자나 우상 숭배하는 자나 간음하는 자나 탐색하는 자나 남색하는 자나 도적이나 탐욕을 부리는 자나 술 취하는 자나 모욕하는 자나 속여 빼앗는 자들은 하나님의 나라를 유업으로 받지 못하리라"(고전 6:9-10). "하나님의 나라를 유업으로 받지 못한다"는 말은 "천국에 들어가지 못한다"는 뜻이다. 이것은 정말로 매우 심각한 말씀이다.

성경에는 달콤한 말씀도 있지만 쓰디쓴 말씀도 있다. 우리에게 달콤한 말씀뿐만 아니라 쓰디쓴 말씀도 매우 필요하다. "육체의 일은 분명하니 곧 음행과 더러운 것과 호색과 우상 숭배와 주술과 원수 맺는 것과 분쟁과 시기와 분냄과 당 짓는 것과 분열함과 이단과 투기와 술 취함과 방탕함과 또 그와 같은 것들이라. 전에 너희에게 경계한 것 같이 경계하노니 이런 일을 하는 자들은 하나님의 나라를 유업으로 받지 못할 것이요"(갈 5:19-21). 말씀의 강도가 점점 더 높아진다.

교인들은 대부분 술집에 가지 않는다. 점쟁이 집에도 가지 않는다. 우상 앞에 절하지도 않는다. 그런데 분쟁과 시기와 당 짓는 일과 분열의 죄는 쉽게 짓는다. 우상 숭배나 시기나 분쟁이나 다르지 않다. 똑같이 심각한 죄다. 로마서 1장에서는 교만한 것, 자랑하는 것, 악을 도모하는 것, 부모를 거역하는 것, 무자비한 것, 이런 것들은 다 사형에 해당한다고 말씀하고 있다. 이런 말씀으로 나를 비추어볼 때 어느 것 하나 걸리지 않는 것이 없다. 그런데 우리는 한 번 예수를 믿으면 다 구원받은 줄 알고 회개 없이 살아간다. 이것은 마치 한 번 목욕했으니 세수도 할 필요 없고, 다시 목욕할 필요도 없다는 사람과 똑같다. 회개하지 않는 자는 정말 지독한 냄새가 나는 자이다.

중국에 종족 수가 50이 넘는다. 그중에 장족이라는 종족이 있다. 그들은 평생 목욕을 세 번하는 것으로 유명하다. 태어날 때 한 번, 결혼할 때 한 번, 죽을 때 한 번. 그들이 목욕을 하지 않는 것은 높은 고산지대에 살기 때문에 물이 귀해서 그렇다. 그래서 그들의 집에 들어가면 얼마나 냄새가 지독한지. 그곳에서 선교하는 선교사님은 그들 옆에 다가가는 것이 순교라고 말한다.

우리도 예수 한 번 믿었다고 회개하지 않으면 지독한 냄새가 나는 자와 똑같다. 그러므로 우리는 매일 예수의 피로 회개해야 한다. "그 아들 예수의 피가 우리를 모든 죄에서 깨끗하게 하실 것이요"(요일

1:7). 오늘날 교회가 힘이 없는 것은 회개 없이 그냥 입으로만 주님을 믿는 자들이 많기 때문이다. 우리가 구원받기 위해서는 분명 회개를 해야 한다. "사랑의 하나님이시니 다 용서해주실 거야" 하고 스스로에게 속으면 안 된다.

누가복음에서는 회개를 해야 죄 사함이 있다고 말씀하고 있다. "또 그의 이름으로 죄 사함을 받게 하는 회개가 예루살렘에서 시작하여 모든 족속에게 전파될 것이 기록되었으니"(눅 24:47). 초대교회 리더들은 영원히 사는 생명을 얻게 하는 것이 회개라고 말씀했다. "하나님께서 이방인에게도 생명 얻는 회개를 주셨도다 하니라"(행 11:18). 사도 베드로는 회개하면 멸망받지 않는다고 말씀했다. "주께서는 너희를 대하여 오래 참으사 아무도 멸망하지 아니하고 다 회개하기에 이르기를 원하시느니라"(벧후 3:9).

사도 바울 또한 회개가 죄를 없이 한다고 말했다. "그러므로 너희가 회개하고 돌이켜 너희 죄 없이 함을 받으라. 이같이 하면 새롭게 되는 날이 주 앞으로부터 이를 것이요"(행 3:19). 바울은 아그립바 왕 앞에서 복음을 전하면서 회개를 말하였다. "아그립바 왕이여 그러므로 하늘에서 보이신 것을 내가 거스르지 아니하고 먼저 다메섹과 예루살렘에 있는 사람과 유대 온 땅과 이방인에게까지 회개하고 하나님께로 돌아와서 회개에 합당한 일을 하라 전하므로"(행 26:19-20). 그리고 고린도후서에서 구원에 이르게 하는 것이 회개라고 강조했다. "하나님의 뜻대로 하는 근심은 후회할 것이 없는 구원에 이르게 하는 회개를 이루는 것이요"(고후 7:10).

그렇다면 우리는 무엇을 회개해야 하는가?

내가 주인 되어 산 것을 회개해야 한다

우리는 보통 회개라고 하면 도둑, 살인, 간음, 탐욕, 거짓, 우상 숭배, 시기, 교만 등 이런 것들을 회개한다. 그것도 회개가 맞다. 그러나 그것은 죄의 열매이다. 정말 중요한 회개는 죄의 뿌리인 내가 주인 되어 살았던 삶을 회개하는 것이다. 우리가 가진 모든 것이 다 하나님의 것인데, 하나님의 것을 내 것인 양 내가 주인 되어 산 것을 회개해야 한다. 이것이 죄의 근본을 회개하는 것이다.

아직도 내가 내 마음대로 사는 것이 무슨 죄냐고 하는 사람은 죄의 뿌리가 무엇인지 모르는 사람이다. 아담의 죄는 하나님으로부터 독립한 것이다. 모든 것이 다 하나님의 것인데 아담 마음대로 하겠다는 것이다. 아담 자신이 하나님이 된 것이다.

나의 아버지는 60평생 불신자로 사시다가 병상에서 예수님을 영접하게 되었다. 명절날 온 가족이 모였는데 아버지가 대표기도를 하셨다.

"하나님, 저는 하나님이 안 계신 줄 알고 내 마음대로 살았습니다. 이것을 회개합니다. 이제 예수님의 뜻대로 살겠습니다."

온 가족은 아버지의 기도를 들으면서 펑펑 울었다. 아버지는 복음을 정말 제대로 알고 계셨다. 죄 중에 최고의 죄는 내가 주인 되어 내 마음대로 사는 것이다.

사도 바울은 마지막 때의 죄를 정확하게 지적했다. "너는 이것을 알라. 말세에 고통하는 때가 이르러 사람들이 자기를 사랑하며 돈을 사랑하며 자랑하며 교만하며 비방하며 부모를 거역하며 감사하지 아니하며 거룩하지 아니하며"(딤후 3:1-2). 마지막 때의 죄는 자기를 사랑하는 것과 돈을 사랑하는 것과 교만한 것이 대표적인 죄이다. 자기를 사랑하는 것이나 돈을 사랑하는 것은 다 자기가 주인인 삶을 말하고 있다. 그 자기가 주인 되는 게 바로 지옥에 갈 죄이다.

하나님으로부터 독립하여 '내가 주인 되어 사는 것', 이것이 가장 큰 죄이다. 사람은 창조주가 아니라 하나님이 만든 피조물이다. 사람이 피조물인데 자신이 창조주인 양 자기가 주인 되어 사는 그 자체가 죄이고, 죄의 뿌리이다. 그것이 사탄의 짓이다. 이것을 깨닫는 것이 중요하다. 많은 사람들이 한 번 회개를 해도 변하지 않는 것은 죄의 열매만 하나 회개하고, 죄의 뿌리인 '내가 주인 되어 사는 것'을 회개하지 않았기에 끊임없이 죄가 쏟아져 나오는 것이다.

로마서 1장에서도 "죄는 하나님을 마음에 두기 싫어하는 것"이라 말씀하고 있다. "또한 그들이 마음에 하나님 두기를 싫어하매 하나님께서 그들을 그 상실한 마음대로 내버려 두사 합당하지 못한 일을 하게 하셨으니"(롬 1:28). 조용히 나 자신을 한 번 살펴보라. 얼마나 추악한지, 얼마나 더러운지, 얼마나 욕심이 많은지, 얼마나 위선적인지, 얼마나 음란한지, 얼마나 교만한지….

아담은 선악과를 먹은 후 곧바로 하나님 앞에 엎드려 "내가 내 마음대로 선악과를 먹었습니다"라고 회개하지 않았다. 그것이 인류에 비극을 가져다주었다. 내가 내 마음대로 산 것을 회개하지 않는 것은 내 미래를 죽이는 일이다. 내 미래뿐만 아니라 내 자손과 후손들을 다 죽이는 일이다.

우리는 주기도문을 할 때 "아버지의 나라가 임하게 해달라"고 기도한다. 그러나 내 마음대로 사는 내 나라가 무너지지 않고는 결코 하나님의 나라가 임하지 않는다. 당신에게 하나님의 나라가 임하길 원하는가? 그러면 내 나라가 먼저 무너져야 한다. 정말 진정한 회개는 하나님을 떠나 있던 내 자아가 하나님께로 돌아오는 일이다.

예수를 주인으로 믿지 않는 죄를 회개해야 한다

창세기에서 아담이 죄로 인하여 하나님과 분리되는 바람에 우리는 태어나면서부터 죽게 되었다. 누가 우리를 하나님과 다시 연결시키겠는가? 내 노력으로, 내 능력으로, 내 돈으로…. 무슨 능력으로, 무슨 재주로, 내 모든 죄를 해결하고 하나님과 일대일로 만날 수 있겠는가? 무슨 양심으로 "나는 이제 죄인이 아닙니다"라고 하며 하나님 앞에 설 수 있겠는가? 이 세상에 나는 죄 없는 사람이라고 말할 자가 누구인가? 아마 그런 사람은 양심이 없는 사람이거나 자기를 속이는 자일 것이다.

하나님은 창조주인 하나님과 분리된 사람을 다시 연결하시기 위해 예수님을 보내셨다. 하나님과 사람 사이가 분리 된 것은 죄 때문이다. 하나님은 예수님에게 인간의 모든 죄를 덮어씌우고 인간 대신 십자가에서 죽게 하셨다. 그리고 그 아들 예수를 마음에 주인으로 모신 자는 다시 하나님과 하나가 되게 하셨다. 예수님을 마음에 주인으로 모시지 않는 자는 하나님과 하나가 될 수 없다.

그렇다면 예수님께서 십자가에 죽으시고 부활하신 이유가 무엇인 가? "이를 위하여 그리스도께서 죽었다가 다시 살아나셨으니 곧 죽은 자와 산 자의 주가 되려 하심이라"(롬 14:9). 예수님께서 십자가에 죽으시고 다시 부활하신 것은 예수를 믿는 자들의 주인이 되시기 위함 이다. 우리가 예수님을 내 죄를 위해 죽으신 구세주로만 믿고 내가 주인이 되어 살면 또 죄를 지어 하나님과 연결되지 않는다. 예수를 믿는 다고 말만 하고 예수님이 내 삶에 주인이 되지 않는다면 그것은 진짜 예수를 믿는 신앙이 아니다. 다시 묻겠다. 예수님이 왜 우리를 위해 십자가에서 죽으시고 부활하셨는가? 바로 나의 주인이 되시기 위함 이다.

우리 기독교인들은 예수님을 우리의 죄 문제를 해결해주신 구세 주로는 당연히 믿고 있다. 그것은 너무나 쉽다. 예수님은 내 죄를 위 해 죽으시고 나에게 생명을 주신 분이다. 예수님을 구세주로 믿는 것 은 그냥 한 번의 해프닝이다. 그것은 반쪽짜리 구원일 뿐이다. 그런데 반쪽짜리 구원이란 없다. 진짜 구원은 내 안에 죄의 뿌리인 '내' 가 빠 져나가고 내 안에 예수님이 주인으로 들어오셔야 한다.

"아들이 있는 자에게는 생명이 있고 하나님의 아들이 없는 자에게 는 생명이 없느니라"(요일 5:12).

하나님의 아들 예수님이 내 안에 주인으로 오시지 않으면 영원한 생명이 없다. 우리는 예수님을 매일 매 순간 주인으로 모시고 살아야 한다. 예수님을 입술로만 주님이라 부르고 진실로 주인으로 삼지 않은 죄를 회개해야 한다.

많은 성도들이 예수님의 호칭이 그냥 주님인줄 알고 예수님을 주님이라고 부르지만 실상은 전혀 예수님을 주인으로 모시고 살지 않는다. 예수님은 예수님을 믿지 않는 것이 큰 죄라고 선언하셨다. "죄에 대하여라 함은 그들이 나를 믿지 아니함이요"(요 16:9). 당신은 예수님을 믿는가? 대답은 쉽게 하지만 예수님을 믿는 것이 아니라 나를 믿고, 내 직장을 믿고, 돈을 믿고 있다. 정말 내가 예수님을 믿고 있는지 정직하게 살펴보아야 한다. 예수님을 믿는다고 하면서 돈을 믿고, 직장을 믿고, 나를 믿는다면 예수님을 믿는 것이 아니다. 예수님을 아무리 오래 믿었다고 해도, 교회를 아무리 오래 다녔다고 해도 지금 살아계신 예수님이 나의 주인이 되시지 않는 한 그 사람은 예수님을 진짜로 믿는 것이 아니다.

이 세상에 왜 이렇게 이단이 많은가? 진짜 그리스도인이 없기 때문이다. 과거에 아랍의 무슬림으로 살았다가 목회자가 된 야디드 목사님은 이런 말을 했다. "모든 그리스도인들이 진짜 그리스도인으로 살았다면 오늘날 이슬람은 없을 것이다." 당신은 지금 살아계신 예수님을 주인으로 모신 진짜 그리스도인인가?

하나님께서 사람을 구원하기 위해 독생자 예수를 이 땅에 보내셔서 사람들의 죄를 대신하여 십자가에 죽게 하셨는데, 그 아들 예수님을 믿지 않는 것은 큰 죄다. 어린 자녀가 부모를 거절하는 것은 자기 스스로 큰 죄를 짓는 것이다. 마찬가지로 죄인인 우리가 우리의 모든 죄를 해결해주신 메시아 예수님을 거절하는 것은 지옥에 들어갈 큰 죄다. 자녀의 최고 불효는 자신을 낳은 부모를 거부하는 일이다. 인간의 최고의 죄는 인간을 만드시고 인간을 위해 모든 것을 주신 하나님을 거부하는 것이다.

하나님께서 정말 원하시는 것은 하나님을 떠나 마음대로 살았던 죄를 회개하고 하나님께로 돌아오는 것이다. 하나님에게 돌아올 수 있는 방법은 하나님께서 보내주신 예수님을 주인으로 모시는 일이다. 그 예수님을 믿지 않는 것이 죄다. 그 죄를 회개해야 한다. "예수를 믿기만 하면 구원 얻는다"라고 말하기 전에 먼저 내 죄를 회개해야 한다. "그가 찔림은 우리의 허물 때문이요 그가 상함은 우리의 죄악 때문이라. 그가 징계를 받으므로 우리는 평화를 누리고 그가 채찍에 맞으므로 우리는 나음을 받았도다"(사 53:5). 그가 찔림은 바로 내 허물 때문이다. 그가 상함도 바로 내 죄악 때문이다.

내가 사형수로 죽어야 하는데 예수님은 십자가 위에서 나를 지명하면서 "하나님, 내가 이 사람을 대신하여 죽습니다. 이 사람을 용서해주옵소서" 하시면서 죽으셨다. 우리는 "예수님께서 내 죄 때문에 죽으셨으니 어찌할꼬" 하며 회개해야 한다. "우리가 아직 죄인 되었을 때에 그리스도께서 우리를 위하여 죽으심으로 하나님께서 우리에 대한 자기의 사랑을 확증하셨느니라"(롬 5:8). 예수님은 다른 사람이 아니라 바로 나의 죄 때문에 죽으셨다.

우리는 예수를 믿으면 구원을 받는다는 사실을 잘 알고 있다. 그러나 예수님이 바로 내 죄로 죽으셨다는 사실을 너무 쉽게 생각한다. 예수님을 죽인 자가 바로 나다. 내가 죄를 짓지 않았다면 결코 예수님이 십자가에서 죽지 않으셨을 것이다. 내가 예수님을 죽게 한 주범이다.

당신은 예수님을 믿고 있지만 예수님이 내 죄를 위해 죽으심에 대한 회개를 한 적이 있는가? 그냥 예수님이 내 죄를 위해 죽으셨음을 믿기만 하는가? 그것은 그냥 지적인 동의일 뿐이다. 회개 없이는 죄 사함이 없다. 회개 없이 구원 없다. 내가 지은 죄에 대해 회개를 해야 한다는 것은 율법이 아니다. 회개는 축복이다. 회개는 새로운 미래를 열게 한다.

우리 교회 한 자매는 한 달이 넘도록 계속 몸에 열이 나고 오한이 와서 약을 먹고 병원에 다녔지만 별 차도가 없었다. 한여름에도 그저 감기환자처럼 덜덜 떨며 지냈다. 그러다 셀장 모임에서 자신의 죄를 회개한 후 자신을 위해 중보기도를 해달라고 요청했다. 여러 셀장들이 그 자매 몸에 손을 대고 기도하기 시작했다. 그러자 기도하는 도중에 자매의 온몸이 더 뜨거워지더니 오한이 깨끗이 사라지고 병에서 치유함을 얻었다. 그 자매는 얼마는 감사했던지 나를 찾아와서 간증을 하였다. 이처럼 회개는 우리에게 새로운 은혜가 임하는 통로가 된다. 하나님과 우리 사이에 큰 막힘은 바로 죄 때문이다. 만약 우리가 우리 죄를 회개한다면 언제나 하나님과의 관계는 회복될 것이다.

영국의 요한 웨슬레는 대학에서 홀리 클럽을 만들었다. 홀리 클럽은 10명 안팎의 사람들이 매주 모여 자신들이 일주일 동안 지은 죄를 서로 고백하고 기도했다. 그 모임에서는 모일 때마다 회개가 있었고, 성령의 역사가 일어났다. 점점 이런 모임들이 많아졌다. 그것이 감리교회의 속회가 만들어지는 계기가 되었다. 회개가 있는 곳에는 성령께서 역사하신다.

초대교회 교인들은 모이면 회개하고 기도하였다. "정직한 곳에 성령님이 역사하시고, 거짓말을 하는 곳에 사탄이 역사한다." 그리고 초대교회는 복음을 전할 때 부활과 회개를 전하였다. "또 이르시되 이같이 그리스도가 고난을 받고 제삼일에 죽은 자 가운데서 살아날 것과 또 그의 이름으로 죄 사함을 받게 하는 회개가 예루살렘에서 시작하여 모든 족속에게 전파될 것이 기록되었으니 너희는 이 모든 일의 증인이라"(눅 24:46-48). 초대교회 성도들은 지금 살아계시는 부활하신 예수님을 전하였고, 또 그 예수님을 주인으로 모시지 않고 사는 죄를 회개하라고 전하였다. 우리도 예수님의 부활과 죄 사함을 얻게 하는 회개를 전해야 한다.

당신의 마음에 지금 살아계신 주님을 주인으로 모시고 살기 바란다. 예수를 믿는다 하여도 예수님이 주인이 아니고 내가 여전히 주인으로 사는 것을 회개해야 한다. 예수를 믿어도 내가 주인으로 사는 것은 예수님을 믿는 것이 아니라 나를 믿고 돈을 믿고 사는 것이다. 이것을 회개해야 한다. 회개하는 것을 미루지 마라.

1912년 4월 10일, 타이타닉호가 대서양을 횡단하기 위해 처음 항해에 나섰다. 그러나 타이타닉호는 항해를 시작한 지 4일 뒤인 4월 14일 23시 40분에 빙하와 부딪혔다. 다음날인 4월 15일 2시 20분쯤에 이 배는 대서양 200미터 해저로 사라졌다.

출항 당시 승선 인원 2,224명 가운데 1,514명이 사망한 대형 사고였는데, 당시 구명정은 20척밖에 없었기에 구명정에 타지 못한 채 바다로 뛰어든 수많은 사람들은 수 분 내에 저체온증으로 사망하였다(구명정을 타고 구조된 사람은 710명에 불과했다).

이 사고의 가장 큰 원인은 타이타닉호의 선장이었던 에드워드 존스미스의 방심이었다. 그는 배에 탄 선객과 기자들에게 이 배는 하나님도 침몰시킬 수 없다며 자만했다. 그는 빙산이 나타났다는 말에도 그 정도의 빙산은 끄떡도 없다며 선원들의 경고를 무시했다. 그는 배의 방향을 바꾸어야 하는 위급한 상황을 제대로 깨닫지 못하고 무시하자, 결국 그것이 모두에게 재앙이 되었다.

예수를 믿는 자에겐 선한 양심이 경고등이 되어 우리의 죄를 지적한다. 죄가 지적되면 빨리 회개하고 가던 길을 돌이켜야 한다. 그러기에 성경신학자 존 W. 로렌스 박사는 "만약 우리가 죄를 다루지 않는다면 죄가 우리를 다룰 것이다"라는 아주 무서운 경고를 남겼다.

예수를 믿어도 아직도 내가 주인 되어 살면서 내가 주인 되어 사는 것을 회개하지 않는 것은 저주이다. 빨리 회개하고 내가 주인 된 삶에서 예수님이 주인 된 삶으로 돌이켜야 한다. 예수를 믿어도 여전히 내가 주인 되어 사는 그리스도인에게는 능력이 없고 열정도 없으며 기적도 없다. 그러나 지금 내 죄를 회개하고 예수님을 정말 나의 주인으로 모시고 사는 자에게는 회복이 있다. 기적이 있다. 치유가 있다. 나는 매 순간 죽어야 한다. 지금 살아계신 예수님을 주인으로 모셔라.

당신이 예수님을 믿는다고 하여도 당신 안에 예수님은 없고 당신의 자아가 펄펄 살아 있는가? 그렇다면 당신은 진짜 예수님을 믿는 것이 아니다. "너희는 믿음 안에 있는가 너희 자신을 시험하고 너희 자신을 확증하라. 예수 그리스도께서 너희 안에 계신 줄을 너희가 스스로 알지 못하느냐. 그렇지 않으면 너희는 버림 받은 자니라"(고후 13:5). 예수님을 믿은 지 오래되었어도 내 안에 예수님이 주인으로 사는 것이 아니라 내가 살아서 혈기 부리고 내 마음대로 산다면 그는 예수님이 마음에 계신 자가 아니다. 즉 그는 버림받은 자다.

아침에 일어나자마자 "예수님, 예수님을 내 주인으로 모십니다. 오늘도 주인님 마음대로 저를 사용해주십시오" 하며 하루를 출발해보라. 무엇을 해도 당신의 주인이신 주님을 찾아보라. 무엇을 해도 주님이 원하시는 대로 해보라. 내 안에 주님이 살아 움직이면 천국이 된다. 혹시라도 내 안에 내가 살아날 때마다 회개하라. 내가 살아서 행한 모든 것에 대해 예수의 피로 씻어내라.

죄를 지었는가? 실수했는가? 회개하라. 지금 다시 살아계신 예수님을 주인으로 모셔라. 한 번 예수를 믿었으면 천국 간다는 무지한 구원의 확신을 갖지 마라. 천국 가는 그날까지 죄를 범할 때마다 회개하며 거룩함을 유지하라. 인간은 연약한 존재이다. 그러므로 매일 예수님을 주인으로 모시고 살아야 한다.

열매로 그 사람을 평가할 수 있다. 내 주위에 사람들이 나 때문에 살아나고 있는가? 내 주위에 있는 사람들이 나 때문에 하나님께로 더 가까이 가고 있는가? 그는 좋은 그리스도인일 것이다. 그러나 나 때문에 모든 사람이 상처를 입고 있다면 내가 진짜 그리스도인인지 살펴보아야 한다.

당신에게는 예수님이 주인이신가? 아니면 예수님이 당신의 종인가? 나는 독자들에게 묻고 싶다. 당신은 예수를 믿는가? 당신 자신을 믿는가? 지금 살아계신 예수님을 주인으로 모시고 승리의 삶을 살라. 그분에게 생명이 있다. 그분에게 사망을 이기신 능력이 있다. 지금 살아계신 예수님을 주인으로 모시는 만큼 당신의 인생은 부유해진다.

예수님을 주인으로 모신 만큼 당신의 인생은 풍성해진다. 예수님을 주인으로 모신 만큼 당신의 인생은 승리한다.

예수님은 우리에게 "너희는 마음에 근심하지도 말고 두려워하지도 말라"(요 14:27)고 말씀하셨다. 이 예수님을 믿지 않는 죄를 회개하기 바란다. 내가 지금 근심과 두려움이 많다면 예수님을 믿고 있지 않다는 증거이다. "너희는 마음에 근심하지 말라. 하나님을 믿으니 또 나를 믿으라"(요 14:1). 예수님을 정말로 믿는 자는 근심하지 않는다. 당신은 그 능력의 예수님을 주인으로 모시고 근심, 걱정 없는 인생, 두려움 없는 인생, 기대가 넘치는 인생을 살기 바란다.

아담과 하와는 죄를 범한 후 회개하지 않았다. 그들은 죄를 범한 후 하나님을 피하고 숨었다. 하나님이 그들을 찾아와도 그들은 회개하지 않았다. 그 결과 인류는 비참하게 되었다. 만약 아담과 하와가 죄를 범한 후 바로 회개하였다면 어떻게 되었을까? 모든 것이 회복되었을 것이다.

신약에 나오는 탕자의 비유에서는 탕자가 아버지의 재산을 가지고 마음대로 살다가 돼지우리 속에 사는 비참함을 깨닫고, 그는 아버지 앞으로 돌아와 자신이 주인 되어 마음대로 산 죄를 회개하였다. "아들이 이르되 아버지 내가 하늘과 아버지께 죄를 지었사오니 지금부터는 아버지의 아들이라 일컬음을 감당하지 못하겠나이다"(눅 15:21). 그 결과 생각지도 않은 잔치가 벌어졌다. 회개는 풍성한 삶을 예고한다. 만약 당신이 죄를 회개한다면 놀라운 미래가 펼쳐질 것이다.

하나님은 사랑의 하나님이시지만 죄는 벌하시는 공의의 하나님이시다. 혹자는 이런 말을 한다. "하나님은 죄는 미워하시지만 죄인은 사랑하신다." 아니다. 하나님은 죄를 미워하시고 죄인도 미워하신다. 그래서 죄인을 지옥에 넣으시는 것이다. 하나님은 죄인을 사랑하시지 않고 회개한 죄인을 사랑하신다. 죄에 대해 관대하면 안 된다. 현대인들은 죄에 대해 무감각해졌다. 죄의 심각성을 알아야 한다. 죄는 숨기지 말고 반드시 회개해야 한다. 회개할 기회를 미루지 마라. 회개하지 않는 만큼 좋은 미래가 낭비된다.

정모 자매의 간증을 소개한다.

학창시절 내 성적은 늘 전국 상위 3% 내에 들었다. 그러나 마음은 항상 불안했다. 공부에 대한 스트레스로 밤에는 잠도 잘 못 들어 환청이 들리기도 했고, 몸도 서서히 망가져갔다. 결국 지나친 긴장으로 수능에서 평소 점수보다 50점이나 떨어졌다. 베란다를 내려다볼 때 문득 뛰어내리고 싶다는 생각도 들었다. 부모님은 물론 교회 성도들의 권면으로 서울을 포기하고 춘천교육대학교에 차석으로 입학했다.

어릴 때부터 부모 따라 교회만 왔다 갔다 했던 나는 예수님이 부활하셨다는 말씀은 정말 믿을 수 없었다. 그래서 요한복음을 밤새 읽고, 사회과부도며 백과사전이며 온갖 자료를 뒤지면서 찾고 또 찾았다. 그러던 중 예수님의 제자들 이야기를 듣게 되었다. 제자들은 예수님이 십자가에 못 박힐 때 다 도망갔지만 부활하신 후에 비로소 그 모든 말씀과 성경을 믿었음을 보게 되었다. 그리고 부활을 전하다 순교한 사실도 알게 되었다. "예수님이 부활하신 게 정말 사실이구나!" 드디어 모든 의심이 사라졌다.

예배 중 목사님께서 "예수님을 믿지 않는 것이 근원적인 죄이다.

그 죄를 '회개' 하고 예수님을 '주인'으로 믿어야 한다. 그러지 않으면 구원이 없다"고 선포하셨다. 나는 여태 예수님을 잘 믿어 왔고, 지금도 믿고 있고, 또 우리 교회에 예수님을 안 믿는 사람이 대체 어디 있다고 저런 말씀을 하시는 건지 도무지 알 수 없었다.

내 인생을 놓고 이 문제를 고민하지 않을 수 없었다. 나름대로 그동안 열심히 했는데 나더러 예수님을 안 믿고 있다고, 회개하라고 하니까 너무 기가 막혔다. 납작 엎드렸다. 하나님께 회개해야 하는 그 죄가 뭔지 알려달라고, 나는 모르겠다고, 그리고 그 죄를 회개하게 해달라고 간구했다.

그러다 교회에서 예배를 드리고 있는데 갑자기 목사님 목소리가 하나님 음성처럼 벼락같이 떨어졌다.

"네가 주인이잖아!"

순간, 정말 헉 소리가 났고, 나는 그 자리에 고꾸라지고 말았다.

"아! 내가 부활하신 예수님 앞에서 지금 무슨 짓을 하고 있었지? 살아계신 하나님 앞에서…."

내가 꼬장꼬장 머리를 쳐들고 있었다. 전능자 하나님을 무시하고 있었다. 부활하신 예수님 앞에서, 나는 "내가 노력해서 하나님만큼 높아질 자신 있다, 당신은 필요 없다, 내가 주인이니 간섭하지 마라, 필요할 때만 하나님 찾겠다!" 하고 있었다.

하나님 앞에서 내 중심이 낱낱이 드러났다. 예수님께서 나의 주인 되어 깨든지 자든지 나와 함께하며 내게 모든 것을 다 주고 싶어 비참하게 죽으시고 부활하셨는데, 나는 그걸 무시하고 있었으니 이보다 더 지독한 죄인이 없었다. 온통 '나'였던 교만한 중심을 하나님께 회개하고 드디어 완전한 자유를 맛보았다.

예수님을 주인으로 모시니까 "예수님이 날 사랑하신 것처럼 생명 다해 아이들을 사랑하고, 그들을 위해 기도하는 교사가 되리라!"는 비전이 생겼다. 결국 하나님께서는 초등임용고사 1차 시험에서 강원도 수석이라는 결과를 선물로 주셨다. 과거에는 세상 지식만 머릿속에 꽉 꽉 채워 넣었지만 지금은 예수님의 사랑으로 가득하다. 회개할 기회를 주시고, 최고의 인생을 살게 하신 하나님께 모든 영광을 돌린다.

날마다 죽을 때
날마다 산다

> 형제들아 내가 그리스도 예수 우리 주 안에서 가진 바 너희에 대한 나의 자랑을 두고 단언하노니 나는 날마다 죽노라. 고린도전서 15:31

인류 최초의 조상인 아담과 하와의 죄는 사탄의 음성을 듣고 자기 마음대로 자기가 주인 되어 하나님께서 먹지 말라고 하신 선악과를 먹고 하나님과의 관계가 끊어진 것이다. 하나님은 선악과를 먹는 날에는 죽는다고 분명히 말씀하셨다. "선악을 알게 하는 나무의 열매는 먹지 말라. 네가 먹는 날에는 반드시 죽으리라 하시니라"(창 2:17).

하나님과 분리되어 자기 자신이 주인 되어 자기 마음대로 사는 사람은 정치인이든 의사든, 선생이든 과학자든, 많은 선행을 행한 사람이든 누구든지 간에 죽음에 이르게 된다. 아무리 착하게 살아도 그 사람도 여전히 아담의 피를 물려받은 원죄로 인하여 이 죽음을 피할 수 없다. 내가 주인이 되어 사는 사람은 누구나 다 지옥에 간다. 우리가 주인을 바꾸지 않는 한 아담의 운명이 우리의 운명이 되고 만다. 내가 주인이 되어 사는 삶에는 무엇을 해도 참 만족이 없고 언제나 죽음이 있을 뿐이다.

"그러므로 한 사람으로 말미암아 죄가 세상에 들어오고 죄로 말미암아 사망이 들어왔나니 이와 같이 모든 사람이 죄를 지었으므로 사망이 모든 사람에게 이르렀느니라"(롬 5:12). 여기에 한 사람은 아담을 말한다. 하나님을 떠나 내가 내 마음대로 사는 죄는 사망을 가져다준다. 아담이 물려준 이 죄는 모든 사람을 다 사망에 들어가게 한다. 내가 주인 되는 삶은 어둡고 칙칙하고 두렵고 공허하고 절망뿐이다. 무덤 속에 갇혀 사는 자처럼 되고 만다. 그래서 내가 주인 되는 삶을 중단하고 내려놓아야 한다. 내가 주인 되어 사는 삶에 희망 없음을 알고 주인을 바꾸어야 한다.

그리고 인류의 두 번째 아담인 예수님을 주인으로 모셔야 한다. "그런즉 한 범죄로 많은 사람이 정죄에 이른 것같이 한 의로운 행위로 말미암아 많은 사람이 의롭다 하심을 받아 생명에 이르렀느니라"(롬 5:18). 여기에 '한 의로운 행위'가 바로 예수님이시다. 아담 한 사람으로 모든 사람이 심판을 받고 지옥이 들어가지만 예수님 한 분으로 말미암아 모든 사람이 영원히 사는 생명을 가지게 된다.

다시 말하면 내가 주인이 되는 삶은 결국 지옥에 들어가지만 예수님을 주인으로 모시면 영원한 생명을 누리게 된다는 뜻이다. "아담

안에서 모든 사람이 죽은 것같이 그리스도 안에서 모든 사람이 삶을 얻으리라"(고전 15:22). "또 증거는 이것이니 하나님이 우리에게 영생을 주신 것과 이 생명이 그의 아들 안에 있는 그것이니라. 아들이 있는 자에게는 생명이 있고 하나님의 아들이 없는 자에게는 생명이 없느니라"(요일 5:11-12).

내가 주인 된 자는 하나님과 분리되어 생명이 떠나고 사망이 들어왔다. 그러나 예수님을 주인으로 모시면 사망이 떠나고 생명이 들어온다. 예수님을 영접하여 예수님을 믿고 구원을 받는 것은 나의 노력으로 되는 것이 아니라 하나님의 은혜이다. 은혜로 구원받은 우리가 또다시 내가 주인 되어 내 힘으로 사는 것은 은혜를 저버리는 죄악이다. 은혜로 구원받은 우리는 주님을 주인으로 모시고 주님의 힘으로 살아야 한다.

예수님을 주인으로 모시고 사는 사람은 이세상의 정욕과 욕심에 대해 죽어야 한다. "그리스도 예수의 사람들은 육체와 함께 그 정욕과 탐심을 십자가에 못 박았느니라"(갈 5:24). 예수를 믿는 예수의 사람들은 육체를 죽이고 정욕을 죽이고 탐심을 죽여야 한다. 예수를 믿는다고 말만 하면서 자기 마음대로 하고 싶은 죄 다 짓고, 하고 싶은 욕심 다 부리면 가짜 그리스도인이다. 그것은 예수님을 주인으로 모시고 사는 그리스도인의 삶이 아니다.

예수님을 주인으로 모신 사람은 세상에 대해 죽고 세상도 나에게 죽는 것이다. "그러나 내게는 우리 주 예수 그리스도의 십자가 외에 결코 자랑할 것이 없으니 그리스도로 말미암아 세상이 나를 대하여 십자가에 못 박히고 내가 또한 세상을 대하여 그러하니라"(갈 6:14).

예수님을 믿는 것은 예수님을 주인으로 모시는 것이다. 예수님을 모시면 예수님과 우리는 하나가 된다. 예수님은 내 안에 계시고, 나는 예수님 안에 있다.

그러면 어떻게 예수님을 주인으로 모시는가? "예수님, 내가 주인이 되어 살았던 것을 회개합니다. 이제 내 안에 오셔서 내 주인이 되어 주십시오" 하고, 그다음 내가 주인 되었던 자리를 내려놓으면 된다. 어떻게 내 자리를 내려놓는가? 내가 죽으면 된다. 내가 죽지 않고는 예수님이 주인 될 수 없다. 마음의 중심에 두 주인이 있을 수 없다. 예수를 믿기 전에는 지금까지 내 마음의 중심에 내가 있었으므로 이제는 내가 죽고 예수님을 주인으로 모시면 된다.

초대교회 교인들은 예수님을 믿게 되면 세례를 받았다. 세례를 받는 것은 예수님의 명령이었다. 이스라엘에는 물세례를 받을 만한 곳이 요단강밖에는 없다. 초대교회 교인들은 로마로부터 엄청난 핍박을 받았다. 그들에게 체포되면 다 죽었다. 로마 군인들은 초대교회 교인들이 요단 강가에 와서 세례를 받는다는 사실을 알고 그곳에서 기다렸다. 그럼에도 불구하고 초대교회 교인들은 위험을 무릅쓰고 요단 강가에 가서 세례를 받았다.

왜 예수님은 자신을 믿으면 위험천만한 세례를 받으라고 하셨을까? 세례는 물속에 들어갔다가 다시 나오는 것이다. 물속에 들어가는 것은 내가 죽었다는 뜻이고, 물속에서 나오는 것은 죽은 내가 예수와 함께 살아났다는 의미다. 그만큼 내가 죽는 것이 중요하기 때문이다. "그러므로 우리가 그의 죽으심과 합하여 세례를 받음으로 그와 함께 장사되었나니 이는 아버지의 영광으로 말미암아 그리스도를 죽은 자

가운데서 살리심과 같이 우리로 또한 새 생명 가운데서 행하게 하려 함이라"(롬 6:4). 예수님은 자신을 믿는 모든 자에게 세례를 명령하셨다(마 28:18-20). 이것은 모든 그리스도인은 내 안에 내가 죽어야 함을 말씀하신 것이다.

내 안에 내가 죽고 예수님을 주인으로 모시면 모든 것이 다 해결되는가? 우리는 예수님을 주인으로 모셨지만 여전히 죄가 생긴다. 그때 우리는 이런 고민을 하게 된다. 예수님이 주인 되셨는데, 왜 계속해서 죄를 짓게 되는가? 우리가 육체를 가졌기에, 육체를 가지고 있는 한 죄의 열매는 나오게 되어 있다. 그래서 예수님이 주인 되면 예수님이 주인 되신 것을 믿는 것처럼 내가 죽었다는 사도도 믿어야 한다. "우리가 알거니와 우리의 옛 사람이 예수와 함께 십자가에 못 박힌 것은 죄의 몸이 죽어 다시는 우리가 죄에게 종 노릇하지 아니하려 함이니 이는 죽은 자가 죄에서 벗어나 의롭다 하심을 얻었음이라"(롬 6:6-7).

당신은 예수님이 십자가에 죽으신 것을 믿는가? 그렇다면 예수님이 십자가에서 죽으실 때 나의 옛사람이 예수님과 함께 죽은 것을 믿어야 한다. 나의 옛사람은 아담이다. 아담은 바로 내 마음대로 살려고 하는 '나'다. 예수님이 혼자 십자가에 죽으시면 예수님의 십자가는 우리와 아무런 상관이 없다. 많은 그리스도인들이 그냥 "아, 예수님이 십자가에 죽으셨구나. 참 안됐어" 하는 정도로 끝난다. 이것은 성경이 말씀하는 십자가의 죽음이 아니다.

예수님의 십자가 죽음에 내 마음대로 살고자 하는 '나'도 함께 죽어야 한다. 예수님의 십자가 죽음에 예수님을 영접하기 전의 '나'도 죽어야 한다. 내 마음대로 사는 '내가' 함께 죽어야 한다. 십자가는 내 멋대로 사는 내가 죽는 장소이다. 십자가는 죄의 뿌리인 내가 죽는 곳 이다.

"그리스도의 사랑이 우리를 강권하시는도다. 우리가 생각하건대 한 사람이 모든 사람을 대신하여 죽었은즉 모든 사람이 (함께) 죽은 것이라"(고후 5:14). 예수님이 십자가에 죽으심은 예수님 혼자 죽으신 것이 아니다. 예수를 믿는 모든 사람이 함께 죽은 것이다. 나의 옛사 람이 예수님이 십자가에서 죽으실 때 함께 죽은 것은 나의 감정과 상 관없이 예수님께서 이미 2천 년 전에 이루어놓으신 영적인 사실이다. 내 안에 내 마음대로 살고자 하는 나의 옛사람을 내가 죽이려고 노력 하는 것이 아니라 나의 옛사람이 이미 예수님과 함께 십자가에 죽었 음을 알아야 한다. 예수님이 십자가에서 죽으실 때 나와 함께 죽으셨 다. 이것을 믿어야 한다. 이것은 영적인 진리다.

당신의 죄가 예수님이 십자가에 죽으실 때 함께 심판을 받았다. 이것을 믿는 자는 더 이상 정죄함이 없다. 그래서 예수 안에 있는 나 에게 정죄함이 없다고 말씀하는 것이다. "그러므로 이제 그리스도 예 수 안에 있는 자에게는 결코 정죄함이 없나니"(롬 8:1). 예수 안에 있 다는 표현은 내 안에 내가 죽고 예수님을 주인으로 모시고 산다는 의 미다. 그 사람에게 정죄가 없고, 심판도 없고, 지옥도 없다.

그런데 문제는 예수를 믿은 이후에 또 죄를 짓는다는 사실이다. 그럴 때 어떻게 해야 하는가? 나는 그 죄에 대해 죽었다. 그러니 죄에 대해 더 이상 반응하면 안 된다. 죄가 나타날 때 내가 반응하면 내 안 에 내가 살아나고, 죄에 대해 반응하지 않으면 내 안에 주인 되신 예수님이 사신다. 우리는 죄에 대해서는 죽고 예수님에 대해 하나님에 대해 살아야 한다. "그가 죽으심은 죄에 대하여 단번에 죽으심이요 그가 살아계심은 하나님께 대하여 살아계심이니 이와 같이 너희도 너희 자신을 죄에 대하여는 죽은 자요 그리스도 예수 안에서 하나님께 대하여는 살아 있는 자로 여길지어다"(롬 6:10-11). 여기에 "여길지어다"는 영어 성경에는 "Must be consider"(반드시 그렇게 여겨야 한다)로 기록되어 있다. 반드시 죄에 대해 죽은 자로 여기고 살아야 한다는 뜻이다.

어거스틴은 젊었을 때 하나님을 떠나 방탕한 삶을 살았다. 하루는 어린아이들의 울음소리가 들렸다. 그 울음소리가 "성경을 집어 읽어라"는 소리로 들렸다. 그래서 눈에 띄는 성경을 펴서 읽었는데, 그 말씀이 바로 로마서 13장 13절 말씀이었다. "낮에와 같이 단정히 행하고 방탕하거나 술 취하지 말며 음란하거나 호색하지 말며 다투거나 시기하지 말고"(롬 13:13).

그는 그 말씀에 깨어졌다. 그는 예수님을 영접하였다. 그 후 길을 가다가 예전에 같이 어울렸던 창녀를 만났다. 창녀가 그의 이름을 부르며 따라오자, 그는 "나는 죽었어. 이전의 어거스틴은 죽었어"라고 말하며 가버렸다. 이처럼 우리도 예수를 믿은 후 죄가 나타나면 죄에 대해 반응하지 말고, 죄에 대해 죽은 자로 믿고 행동해야 한다. 이것은 영적인 사실이고 진리이다.

러시아의 동물학자 파블로프가 개에게 먹이를 주면서 조건반사를 연구하였다. 그는 종을 치고 개에게 먹이를 주면 나중에는 종만 쳐도 침을 흘린다는 사실을 알게 되었다. 우리에게 죄가 나타날 때 우리가 반응하면 점점 더 죄의 힘은 세어진다. 그러나 우리가 죄에 대해 죽었음을 알고 반응하지 않으면 죄는 점점 힘을 잃게 된다. 그리고 예수님에게 자꾸 반응하게 되면 점점 더 내 안의 예수님이 살게 된다.

내 안에 있는 옛사람인 나에게 반응하지 말고 내 안에 주인으로 계신 예수님에게 반응하라. 나에게 반응하면 죄를 짓고 예수님에게 반응하면 생명이 나타난다. 특별히 죄를 지었을 때 또 죄를 지었구나 하며 중간에 포기하거나 좌절해서는 안 된다. 사탄은 우리에게 "너는 어쩔 수 없는 죄인이야" 하며 참소한다. 속지 마라. 예수님이 십자가에 죽으실 때 우리 옛사람도 함께 죽었음은 영적인 진리이다. 진리는 변하지 않는다.

죄를 지었을 때 양심에 찔림이 있다는 사실은 내 안에 주님이 계신다는 증거이다. 내가 넘어졌을 때 내가 십자가에 죽었음을 믿고 다시 회개하고 일어서면 된다. 내 감정, 내 느낌, 내 기분은 중요하지 않다. 영적인 진리가 중요하다. 사람은 믿는 대로 된다. 나는 죄인이라고 믿으면 죄인이 되고, 나는 의인이라고 믿으면 의인이 된다. 죄를 지었을 때는 회개하고 의인으로 일어서면 된다. 그리고 의인답게 살아가면 된다. 10번 넘어져도 좋다. 아니 일흔 번에 일곱 번 넘어져도 된다. 다시 일어서면 그만이다. 날마다 나를 죽이고 내 안에 예수님이 주인으로 살아계시면 된다. 예수님이 내 안에 주인으로 계심을 믿고 행하면 된다.

"만일 우리가 그리스도와 함께 죽었으면 또한 그와 함께 살 줄을 믿노니"(롬 6:8). 우리가 예수를 믿는 것은 내 자아가 예수님과 함께 죽고, 이제 내 안에 예수님이 사는 것이다. 죄를 안 지으려고 하지 말고 내 안에 예수님이 주인으로 살게 하면 된다. "내가 그리스도와 함께 십자가에 못 박혔나니 그런즉 이제는 내가 사는 것이 아니요 오직 내 안에 그리스도께서 사시는 것이라. 이제 내가 육체 가운데 사는 것은 나를 사랑하사 나를 위하여 자기 자신을 버리신 하나님의 아들을 믿는 믿음 안에서 사는 것이라"(갈 2:20). 예수를 믿는가? 그렇다면 내가 주인 되어 사는 '나'는 죽었다. 그 후는 내가 사는 것이 아니라 내 안에 예수님이 살아야 한다. 사도 바울은 나는 죽고 내 안에 예수님이 사신다고 고백했다. 우리도 그래야 한다. "이는 내게 사는 것이 그리스도니 죽는 것도 유익함이라"(빌 1:21). "내게 사는 것은 그리스도니." 이 바울의 고백이 당신의 고백이 되길 바란다. 예수님이 당신 삶의 전부가 되게 하라.

세상 사람들은 "내가 사는 것은 돈이니 죽는 것도 유익하니라"고 말한다. 세상 사람들은 "내가 사는 것은 성공이니 죽는 것도 유익하니라"고 말한다. 그것은 허무이다. 그것은 순간이다. 그것은 죽는 순간 모든 것이 끝나는 텅 빈 인생이다. 우리는 "내가 사는 것은 그리스도니"가 되어야 한다. 그래야 가치 있는 인생이 된다. "우리가 살아도 주를 위하여 살고 죽어도 주를 위하여 죽나니 그러므로 사나 죽으나 우리가 주의 것이로다"(롬 14:8). 예수를 믿기 전에 나를 위해 살고 나를 위해 죽었다. 그러나 이제 예수를 믿으면 나는 온데간데없고 예수님만 남아야 한다.

"우리가 항상 예수의 죽음을 몸에 짊어짐은 예수의 생명이 또한 우리 몸에 나타나게 하려 함이라"(고후 4:10). 한 번만 예수님이 주인이면 안 된다. 항상 예수님이 주인 되셔야 한다. 예수와 함께 죽은 자는 이제 살아계신 예수님의 생명이 나타나게 된다. "그가 모든 사람을 대신하여 죽으심은 살아 있는 자들로 하여금 다시는 그들 자신을 위하여 살지 않고 오직 그들을 대신하여 죽었다가 다시 살아나신 이를 위하여 살게 하려 함이라"(고후 5:15). 성경은 분명히 말씀한다. 예수님이 십자가에 죽으심은 우리를 위해 죽으시고 부활하신 예수님을 위해 살게 하기 위함이라고.

어떤 목사님이 이런 말을 했다. "성자가 되고 싶은가? 그렇다면 성자처럼 행동하라." 맞다. 예수님을 주인으로 모셨는가? 이제 예수님처럼 행동하라. 그렇게 믿고 행동하라. 그러면 점점 예수님처럼 살게 될 것이다. 필립 얀시는 이런 말을 했다. "신앙생활이란 하나님의 모든 말씀이 사실인 것처럼 믿고 그렇게 행동하며 사는 것이다."

당신이 예수를 믿었는가? 그렇다면 이제 내 주인은 내가 아니다. 내 주인은 예수님이시다. 당신의 주인 되신 예수님에게 모든 것을 다 말하라. 당신의 주인 되신 예수님이 하자는 대로 살라. 그것이 예수님이 주인 되신 자의 삶이다.

다시 한 번 더 읽어보자. "그가 모든 사람을 대신하여 죽으심은 살아 있는 자들로 하여금 다시는 그들 자신을 위하여 살지 않고 오직 그들을 대신하여 죽었다가 다시 살아나신 이(예수)를 위하여 살게 하려 함이라"(고후 5:15). 현대인들은 다 자기 자신을 위해 산다. 자신의 비전, 자신의 성공, 자신의 만족을 위해 살아간다. 그렇게 살면 살수록 허무해질 것이다. 자기를 위해 사는 사람은 모든 게 상처가 될 것이다. 자기를 위해 사는 사람은, 특히 그 사람 주위에 있는 사람들에게 큰 상처를 줄 것이다.

내 주위에 있는 사람들에게 날마다 상처를 주며 사는 사람은 자아가 충만한 사람이다. 그 사람은 반드시 자신이 죽는 날이 있어야 한다. 또 "나는 상처를 많이 받았다"라고 하는 사람도 다 자아가 충만한 사람이다. 그러나 예수님이 주인인 사람은 아무런 상처가 없다. 십자가를 지고 죽으신 분이 더 이상 무슨 상처가 있겠는가? 당신을 위해 죽고 부활하신 그분을 주인으로 모시고 그분을 위해 살아라. 당신이 예수님을 주인으로 모셨으면 날마다 나를 죽이고 대신 예수님이 주인인 자로 믿고 그렇게 행동하라.

"형제들아 내가 그리스도 예수 우리 주 안에서 가진 바 너희에 대한 나의 자랑을 두고 단언하노니 나는 날마다 죽노라"(고전 15:31). 사도 바울은 날마다 죽는 것을 자청하였다. 내가 스스로 죽으면 주님이 내 안에 주인으로 사신다. 예수님이 내 주인이 되는 방법은 내가 날마다 죽으면 된다. 한 번 죽는 것이 아니다. 한 달 죽는 것이 아니다. 일 년 죽는 것도 아니다. 매일 죽어야 한다. 내가 죽으면 그분이 나타나신다.

"우리 살아 있는 자가 항상 예수를 위하여 죽음에 넘겨짐은 예수의 생명이 또한 우리 죽을 육체에 나타나게 하려 함이라"(고후 4:11). 오늘도 나를 죽이고 그분이 주인이 되게 하라. 매일 내가 죽고 예수가 주인으로 사는 삶을 6개월만 살아보라. 6개월이 힘들다면 한 달만 그렇게 살아보라. 얼마나 좋은지 모른다. 정말 천국이 펼쳐진다. 내가 죽고 예수가 사는 삶을 한 달을 살 수 있다면 일 년 살 수 있다. 일

년을 살 수 있다면 10년을 살 수 있다. 10년을 살 수 있다면 평생을 그렇게 살 수 있다.

천국은 죽어서만 가는 것이 아니다. 내가 죽고 예수님이 내 안에 주인으로 사시면 이 땅에서도 천국이 이루어진다. 오늘이 당신 죄의 뿌리인 내가 죽는 날이 되길 바란다. 당신은 그렇게 오래 교회를 다녔는데 내가 죽은 날이 있었는가? 내가 죽어야 한다. 내가 죄의 뿌리다. 날마다 내가 죽기 바란다. 내가 죽으면 그곳이 천국이 된다.

나는 나를 구원할 수 없다. 나는 나를 살릴 수 없다. 나를 의지하지 마라. 대신 나를 죽여라. 죽으면 산다. 우리의 문제는 내가 죽지 않는 것이다. "자기 목숨을 얻는 자는 잃을 것이요 나를 위하여 자기 목숨을 잃는 자는 얻으리라"(마 10:39). 예수를 믿는다고 하여도 내가 살아 있는 자는 자기 목숨을 잃게 될 것이고, 내가 죽고 예수가 살아 있는 자는 진짜 살게 된다.

왜 예수님을 믿는다고 하면서도 그렇게 염려, 근심, 걱정이 많은가? 지금 살아계신 주님이 내 주인이 아니기 때문이다. 지금 나에게 염려, 근심, 걱정이 많다는 사실은 내가 예수님을 믿지 않는다는 방증이다. 예수님은 우리에게 근심하지 않는 비결을 말씀해주셨다. "너희는 마음에 근심하지 말라. 하나님을 믿으니 또 나(예수)를 믿으라"(요 14:1). 예수님은 분명 "근심하지 말고 예수를 믿으라"고 말씀하셨다. 당신이 예수를 주인으로 믿는다면 근심하지 않을 것이다. 말로만 예수님을 믿는다고 말하고, 사실은 나 스스로를 믿기 때문에 근심하는 것이다. 예수님을 주인으로 모시고 살면 근심이 없다.

사도 베드로도 동일한 말씀을 하였다. "너희 염려를 다 주께 맡기

라. 이는 그가 너희를 돌보심이라"(벧전 5:7). 모든 염려를 주인 되신 주님께 맡기라고 말씀하신다. 그러면 그 주인 되신 예수님께서 다 돌보아주신다. 사람은 내 결심으로 바뀌지 않는다. 결심은 오래가지 않는다. 정말 내가 바뀌길 원한다면 주인을 바꾸어야 한다. 오늘 주인을 바꾸라. 가지에서 새 잎사귀가 돋아나오면 옛 잎사귀는 자동적으로 떨어져 나가듯 내 안에 내가 죽고 예수가 살면 내 삶의 초라함은 사라질 것이다.

이민아 목사를 소개하고자 한다. 그분은 문화공보부 장관을 지낸 이어령 씨의 딸로 태어나 이화여대를 졸업하고, 김한길 국회의원과 결혼한 후 미국으로 가서 법대를 나와 LA에서 검사생활을 했다. 그러나 그녀의 인생은 평탄하지 않았다. 남편과 이혼, 첫아들의 사망, 그리고 암 투병….

그녀는 고난 속에서 예수님을 믿게 되었다. 그녀는 10년 동안 신앙생활을 했다. 제자반, 사역반, 큐티반, 성경통독반, 수많은 성경공부를 하였지만 정말 예수님을 주인으로는 모시지 않았다. "예수님은 내 주인이십니다"라고 고백만 했지 예수님이 주인이 아닌 그녀가 주인으로 살았다. 입으로만 고백한 종교생활이었다.

그렇게 살던 그녀가 2002년 6월 25일, 로마서 10장 9~10절 말씀을 통해 항복 선언을 했다. "네가 만일 네 입으로 예수를 주로 시인하며 또 하나님께서 그를 죽은 자 가운데서 살리신 것을 네 마음에 믿으면 구원을 받으리라. 사람이 마음으로 믿어 의에 이르고 입으로 시인하여 구원에 이르느니라"(롬 10:9-10).

그녀는 진심으로 고백했다.

"예수님이 나의 주인이십니다. 나를 다스려 주십시오."

예수님 앞에 항복 선언을 했다. 무조건 항복했다. 그 순간 성령님이 찾아오셨다. 그때 그녀는 깨달았다.

"나는 한번도 예수님을 내 인생에 주인으로 모신 적이 없었구나."

그날 그녀는 펑펑 울면서 주님께 전권을 이양했다.

"예수님, 오늘부터 당신이 오셔서 나를 다스려 주십시오."

그날부터 그녀에게 놀라운 일이 일어났다. 그녀는 초인적인 삶을 살았다. 수많은 교회와 단체로부터 초청을 받았다. 그 후 그녀는 2011년 8월에 위암으로 시한부 선고를 받았다. 그러나 그녀는 무거운 몸을 이끌고 말씀을 전하였다.

"하나님의 나라에 가는 그날까지 저로 인해 단 한 명이라도 더 구원을 받았으면 좋겠습니다. 우리에게 무슨 일이 일어날지 모릅니다. 복음 전도를 미루지 마십시오."

그녀의 관심은 건강이 아니었다. 그녀의 관심은 자녀가 아니었다. 그녀의 관심은 영혼 구원이었다. 그녀는 그다음 해 3월에 53세의 나이로 후회 없는 인생을 살다가 천국에 갔다.

빨리 죽는 것이 불행이 아니다. 내가 내 인생의 주인이 되어 나 자신만을 위해 살다가 단 한 명도 전도하지 못한 채 죽는 것이 불행한 일이다. 우리는 이 세상만을 위해 살도록 창조되지 않았다. 그러기에 우리는 매일 예수님을 주인으로 모시고 영원을 향해 살아야 한다. 그것이 구원받은 자의 삶이다. 그 사람의 인생은 결코 후회하지 않는 삶이 될 것이다.

부활 없이
구원 없다

부활하여 살아계신 주님과 동행하라

부활을 믿지 않으면 구원 없다 | 현실을 이기는 힘, 부활 신앙

부활하여 살아계신
주님과 동행하라

" 너희는 믿음 안에 있는가. 너희 자신을 시험하고 너희 자신을 확증하라. 예수 그리스도께서 너희 안에 계신 줄을 너희가 스스로 알지 못하느냐. 그렇지 않으면 너희는 버림받은 자니라. 고린도후서 13:5

우리 인생을 확 바꾸어주는 것은 내 힘으로 무엇을 하겠다는 순간의 결심이 아니라 내 안에 부활하신 주님이 살아계실 때이다. 이 부활은 십자가와 함께 우리 기독교 신앙의 뿌리이다. 예수를 믿는다는 것은 예수님의 주 되심과 부활하여 살아계신 주님을 분명하게 믿는 것이다. "네가 만일 네 입으로 예수를 주로 시인하며 또 하나님께서 그를 죽은 자 가운데서 살리신 것을 네 마음에 믿으면 구원을 받으리라"(롬 10:9). 이 두 가지가 되지 않으면 구원을 받을 수 없다.

예수님의 부활은 크리스마스만큼 중요한 사건이다. 신이신 예수님이 천하고 천한 인간의 몸을 입고 이 땅에 오신 것도 정말 획기적인 사건이다. 그러나 십자가에 매달려 죽은 사람이 살아나는 부활도 엄청나게 중요한 사건이다. 세상 사람들은 예수님이 태어나신 성탄에 대해서는 좋아하고 환영한다. 그래서 성탄절은 온 세상이 다 떠들썩하게 맞이한다. 그것은 사람이 태어나는 것이니까 머리로 이해가 되는 일이다. 그러나 부활절에 대해서는 일절 말하지 않는다. 그것은 불신자들의 머리로 이해가 되지 않는 일이다. 어떻게 죽은 사람이 다시 살아나겠는가?

사람들에게 죽음이란 마지막을 선언하는 것이다. 한 번 죽은 사람은 약사도, 의사도, 과학자도 아무도 살려내지 못한다. 죽은 사람을 살리는 일은 오직 하나님만이 하실 수 있다. 하나님은 사람의 생명을 창조하신 분이기에 죽은 자에게도 다시 생명을 불어넣어 살릴 수 있다.

예수님은 제자들에게 여러 번 자신이 죽어 삼 일 만에 살아날 것을 말씀하셨다. 그러나 제자들은 이 말씀을 들을 수 있는 귀가 없었고 또 그 말씀을 이해할 수도 없었다. 그래서 예수님이 자신의 죽음과 부활에 관하여 말씀하셔도 제자들은 그냥 흘려버렸다. 그러면 언제 제자들이 예수님의 죽으심과 부활에 대한 예언을 알게 되었는가? "죽은 자 가운데서 살아나신 후에야 제자들이 이 말씀하신 것을 기억하고 성경과 예수께서 하신 말씀을 믿었더라"(요 2:22). 제자들은 예수님의 부활 이후에야 예수님의 말씀을 진짜 믿게 되었다.

예수님이 누구신가? 예수님은 나사렛 동네의 요셉이라는 목수의 아들로 태어나 그 동네에서 30년을 지낸 평범한 유대인이셨다. 예수님은 그 당시 예루살렘성에서 태어난 왕족이나 귀족이 아니셨다. 더욱이 예수님은 그 당시 사람들이 존경하는 바리새인이나 제사장도 아니셨다. 그런데 어찌 허름한 시골에서 지내는 30대 청년 예수를 하나님의 아들로 믿겠는가? 만약 당신이 2천 년 전에 유대 땅에 살았다면 그 청년 예수를 하나님의 아들로 믿겠는가? 물론 그분은 말씀이 뛰어나고, 병든 자들을 고치시고, 귀신들을 물리치는 능력을 가진 분이기도 하다. 그렇다고 그분을 하나님의 아들이라고 하면 믿겠는가?

그러면 시골 청년 예수를 하나님의 아들이라고 믿게 된 결정적인 이유가 무엇인가? 예수님의 열두 제자들은 예수님에게 있는 특별한 능력에 반하여 그들의 직업을 버리고 예수님을 따라다니기 시작하였다. 3년 반이나 따라다녔다. 그러나 예수님이 십자가에 매달려 힘없이 죽어버리자 한걸음에 다 도망가 버렸다. 그들이 예수님을 따라다닌 것은 한낱 허황된 꿈이었다. 그런데 그들이 다시 예수님을 하나님의 아들이라고 외치는 자들로 변했다. 무엇이 이들을 이렇게 바꾸어 놓았을까?

제자들이 다시 예수님을 하나님의 아들이라고 믿게 된 것은 부활이 결정적인 원인이었다. 예수님이 진짜 구약의 이사야 선지자가 예언하신 처녀의 몸에서 태어난 하나님의 아들이라는 것을 어떻게 증명할 수 있는가? "성결의 영으로는 죽은 자들 가운데서 부활하사 능력으로 하나님의 아들로 선포되셨으니 곧 우리 주(인) 예수 그리스도시니라"(롬 1:4). 예수님이 죽은 자들 가운데서 부활하심으로써 하나님의 아들로 선포되셨다. 예수님이 하나님의 아들이라는 사실은 산상수훈 같은 주옥같은 설교 말씀이나, 좋은 인격이나, 불치병을 낫게 하는 기적을 일으켰기 때문이 아니라 성경의 예언대로 십자가에 죽으시고, 장사한 지 삼 일 만에 부활하셨기 때문이다.

예수님께서 우리의 죄를 위하여 십자가에서 죽고 부활하지 않으셨다면 결코 하나님의 아들이심을 증명할 수 없었다. 예수님께서 십자가에서 죽으시고 부활하신 사건이야말로 예수님을 정말 하나님의 아들이라고 믿을 수 있는 결정적인 증거가 되었다. "죽은 자 가운데서 다시 살리신 것으로 모든 사람에게 믿을 만한 증거를 주셨음이니라"(행 17:31).

유대인들은 모세의 율법이 선포된 이래로 안식일 날 예배를 드렸다. 예수님의 열두 제자들도 유대인들이었다. 그래서 그들도 안식일에 예배를 드렸다. 유대인들은 안식일을 목숨처럼 귀히 여기며 철저히 안식일을 지켰다. 왜냐하면 구약에 유대인들이 포로생활을 한 것이 안식일을 범했기 때문이라는 자기반성이 있었기 때문이다.

그런데 초대교회는 토요일에 지키던 안식일을 갑자기 주일로 바꾸었다. 초대 교인은 예수님이 부활하신 주일을 가장 중요하게 여겼기 때문이다. 그들은 안식 후 첫 날, 즉 예수님께서 부활하신 주일을 기념하면서 주일에 모임을 가졌다. 초대교회 교인들에게 부활이라는 것은 흥분과 감격과 행복이었다.

세상의 어느 종교도 부활의 종교는 없다. 부활은 이 세상에서 일어난 일 중 가장 충격적인 사건이다. 부활은 사람의 생명을 창조하신 하나님만이 하실 수 있는 일이다. 예수님께서 부활하셨다는 사실은 하나님께서 예수님을 하나님의 아들로 인정하셨다는 뜻이다. 죽은 자를 살리는 일은 하나님만이 하실 수 있는 일이다. 그래서 예수님 당시 제자들과 초대교회 교인들은 인간 예수를 천지를 창조하신 하나님의 아들로 고백하게 되었다. 예수님의 부활을 믿게 되면 왜 예수님이 나를 위해 죽으셨다고 하는지, 왜 2천 년 전에 십자가에 죽으신 예수님의 피가 내 죄를 해결해주시는 보배로운 피인지를 알게 된다.

예수님의 부활은 예수님이 하나님의 아들이심이 증명되는 것이다. 예수님이 하나님의 아들이시면 예수님의 피는 하나님의 피다. 성경은 예수님의 피가 하나님의 피라고 말씀한다. "하나님이 자기 피로 사신 교회를 보살피게 하셨느니라"(행 20:28). 하나님의 특징은 시간과 공간을 초월하시는 것이다. 하나님의 피는 2천 년 전에 십자가에서 흘린 피지만, 지금 2천 년이나 지난 후에도 시간과 공간을 초월하여 여전히 모든 사람의 죄를 씻기시는 능력을 가지고 있다.

부활은 성경의 여러 사건 중에 하나가 아니라 성경의 모든 말씀을 믿게 하는 근원이고, 기독교의 핵심이며, 기독교의 심장이다. 우리는 예수님의 태어나심과 가르치심, 기적을 일으키심과 십자가에 죽으심, 그다음에 부활하심을 차례대로 살펴볼 것이 아니라 부활을 가장 먼저 이해하고 깨닫고, 알고 체험한 후 부활이라는 프리즘을 통하여 예수님의 태어나심과 가르치심과 십자가 사건을 보아야 한다. 왜냐하면 부활이 없다면 우리의 믿음도 다 헛것이 되고, 우리의 죄 문제는 전혀 해결되지 않은 채 여전히 죄 가운데 있기 때문이다. "그리스도께서 다시 살아나신 일이 없으면 너희의 믿음도 헛되고 너희가 여전히 죄 가운데 있을 것이요"(고전 15:17). 그러므로 부활은 성경의 모든 것을 풀 수 있는 열쇠와 같다.

부활은 만들어진 허황된 이야기나 신화가 아니라 분명한 역사적인 사실이다. 그래서 바울은 고린도전서 15장에서 부활에 대해 정확히 말한다. "내가 받은 것을 먼저 너희에게 전하였노니 이는 성경대로 그리스도께서 우리 죄를 위하여 죽으시고 장사 지낸 바 되셨다가 성경대로 사흘 만에 다시 살아나사 게바에게 보이시고 후에 열두 제자에게와 그 후에 오백여 형제에게 일시에 보이셨나니 그중에 지금까지 대다수는 살아 있고 어떤 사람은 잠들었으며 그 후에 야고보에게 보이셨으며 그 후에 모든 사도에게와 맨 나중에 만삭되지 못하여 난 자 같은 내게도 보이셨느니라"(고전 15:3-8).

사복음서를 보면 부활하신 예수님은 40일 동안 여러 사람들에게 나타나셨다. 바울은 부활하신 주님이 5백여 형제들에게 나타나셨는데, 그중에 대부분이 지금 살아 있다고 말하고 있다. 만약 이 말이 거짓이라면 사람들이 그 부활의 증인을 데려오라고 하면 거짓으로 탄로 날 것이다. 그런데 바울은 부활의 증인들이 정확하게 살아 있었기에 자신만만하게 이런 말을 하고 있는 것이다. 부활은 정말 거짓이나 꾸며낸 이야기나 신화가 아니라 분명한 역사적인 사실이다.

그런데 문제는 2천 년 전에 예수님이 십자가에 죽었다가 부활하신 사건이 나와 무슨 상관이 있느냐 하는 것이다. 교회 안에 예수님의 부활을 아는 자는 많다. 예수님이 십자가에서 죽으시고 3일 만에 부활하신 것을 의심하지 않고 믿는다. 그러나 부활을 2천 년 전에 예루살렘에서 일어난 역사적인 한 사실로 아는 것만으로 안 된다. 그 부활하신 예수님이 지금 살아계심을 믿어야 한다. 예수님께서 십자가에서 죽으시고 부활하신 것을 역사적인 사실로 아는 것과 예수님께서 내 죄를 위해 죽으시고, 지금 부활하셔서 살아계심을 믿는 것은 전혀 다른 문제이다. 아무리 교회를 오래 다녔어도 지금 살아계신 예수님을 믿지 못한다면 구원을 받을 수 없다.

많은 기독교인들이 지금 부활하여 살아계신 예수님을 믿지 않고 경험하지도 못한다. 그래서 뜨뜻미지근한 신앙생활을 하는 것이다. 그 사람은 구원받을 수 없다. "너희는 믿음 안에 있는가. 너희 자신을 시험하고 너희 자신을 확증하라. 예수 그리스도께서 너희 안에 계신 줄을 너희가 스스로 알지 못하느냐. 그렇지 않으면 너희는 버림받은 자니라"(고후 13:5). 중요한 것은 부활하신 예수님이 지금 내 안에 살아계셔야 한다는 것이다. 그렇지 않으면 우리의 신앙이 가짜다. 내 안에 부활하신 예수님이 살아 있지 않는 그런 신앙생활을 하는 사람은 심각한 고민이 있어야 한다. 부활하신 예수님이 지금 내 안에 살아계시지 않는다면 신앙생활에 아무런 흥분도, 감격도, 행복도 없다.

기독교가 언제 타락하였는가? 초대교회는 로마의 엄청난 핍박이 있었다. 그때는 하루에 3천 명, 5천 명 셀 수 없는 무리로 부흥하였다. 그러다가 AD 313년 로마의 콘스탄틴 황제가 기독교를 국교로 공인하자, 그 후로 급속히 타락하여 종교개혁을 일으키기까지를 암흑시기(Dark age)라고 한다. 왜 그렇게 되었는가? 기독교가 국교가 되자 너도나도 기독교인이 되었다. 왜냐하면 황제가 믿는 교회에 가야 인정을 받고 교회에 가야 삶에 유익이 있었다. 그래서 그들은 부활하여 지금 살아계신 예수님을 믿지도 않고, 그냥 종교적으로 교회를 나간 것이다.

오늘날 교회가 왜 무력한가? 부활하여 지금 살아계신 예수님을 경험하지 못하기 때문이다. 초대교회 교인들이 예수를 믿는다는 말은 지금 부활하여 살아계신 예수님을 믿는다는 의미였다. 그들은 자기 안에 살아계신 예수님을 위해 순교하는 것도 주저하지 않았다. 그들은 자기 마음 안에 살아계신 주님을 조금도 의심하지 않고 믿었다. 당신도 초대 교인들처럼 지금 부활하여 살아계신 예수님을 믿는 자가 되길 바란다.

그렇다면 어떻게 하면 부활하여 지금도 살아계신 주님과 동행할 수 있을까?

부활하여 살아계신 예수님을 체험해야 한다

부활하신 주님을 체험하는 것은 일상생활 속에서 일어나는 일이다. 체험 없는 신앙은 힘이 없다. 체험 없이 그냥 지식적인 신앙생활만 하는 자는 바리새인처럼 비판만 늘어난다. 예수님을 믿는 자들을 심하게 핍박했던 사울은 부활하신 예수님을 만나기 전에는 체험 없는 신앙의 지식인으로만 살았다. 그는 누구보다도 비판적인 삶을 살았다. 그러다가 다메섹에서 부활하신 예수님을 만났다. 그는 부활하신 예수님을 보았고, 그분의 음성을 들었다. 그는 예수님을 보자마자 눈이 멀게 되었고, 아나니아가 찾아와서 안수해주자 눈을 뜨게 되는 체험을 했다. 그는 그 후 그의 모든 것이 바뀌고 말았다.

"사울이 길을 가다가 다메섹에 가까이 이르더니 홀연히 하늘로부터 빛이 그를 둘러 비추는지라. 땅에 엎드러져 들으매 소리가 있어 이르시되 사울아 사울아 네가 어찌하여 나를 박해하느냐 하시거늘 대답하되 주여 누구시니이까. 이르시되 나는 네가 박해하는 예수라"(행 9:3-5).

얼마 전 한 집사님이 찾아와서 자신의 간증을 들려주었다. 자신은 중국과 한국을 오가며 무역을 하고 있다고 소개한 집사님은 불교 집안에서 장손으로 태어나 오랫동안 불교 신자로 살았었다. 그런데 갑자기 할머니가 예수님을 믿고, 얼마 뒤에 돌아가시면서 유언으로 장손인 자신에게 교회를 다니라는 말씀을 남기셨다는 것이다. 그래서 그는 할머니의 유언이니 거절은 못하고 1년만 교회를 다니겠다고 하였다.

그래서 교회에 와 맨 앞자리에 앉아 "신이시여, 만약 정말 살아계신다면 저를 만나주십시오" 하고 기도를 하기 시작하였다고 한다. 그렇게 6개월이 되던 날 예배에 참석하였는데 갑자기 큰 목소리로 하나님께서 자신의 이름을 불렀다. 온 교회가 터져나갈 듯한 큰소리였다고 한다. 그는 깜짝 놀랐다. 그는 예배시간 내내 눈물을 흘렸다. 그 후 사업의 목표는 돈을 버는 것이 아니라 선교하는 것으로 바뀌고, 지금은 아주 열심으로 신앙생활을 하고 있다고 하였다. 이 집사님에게 하나님의 직접적인 음성이 들린 것은 아주 특별한 일이다. 꼭 이런 음성이 아니더라도 우리는 일상생활에서 살아계신 주님을 얼마든지 경험할 수 있다.

우리 교회의 한 셀은 네 커플이 모두 자녀가 없었다. 이상하게 셀이 그렇게 편성되었다. 한 분은 결혼한 지 7년, 한 분은 5년, 한 분은 3년, 한 분은 1년, 다 자녀가 없었다. 그 셀은 1년 내내 아이를 달라고 기도하였다. 참 신기한 일이다. 그 셀이 그해 11월이 되던 날 세 커플이 다 아이를 임신하였다. 딱 한 가정만 임신이 안 되었다. 셀장이었다. 그런데 그해 12월에 셀장 가정에도 아이가 임신되었다. 참 하나님이 하시는 일은 신묘막측하시다. 왜 셀장이 가장 늦게 아이를 임신하였을까? 셀장은 늦게 임신이 되어도 시험에 들지 않을 만큼 믿음이 있었던 것이다.

이 외에도 우리는 주변의 성도들을 통해서, 또는 책이나 방송을 통해서 얼마든지 일상에서 부활하신 주님을 체험한 사례들을 접할 수 있다. 이처럼 당신도 일상생활에서 부활하여 지금 살아계신 주님을 체험하길 바란다.

지금 살아계신 예수님과 동행하려면 성령의 도우심을 구해야 한다

엠마오로 가는 두 제자가 있었다. 그들은 예수님께서 부활하셨다는 말을 들었다. 그러나 그들과는 상관없는 일이었다. 그들은 여전히 두려움과 근심 속에 길을 걷고 있었다. 그들에게 갑자기 한 사람이 나타났다. 처음에 그들은 그분이 부활하신 예수님인 줄 알지 못했다. 하지만 그들에게 성경말씀에 대해 풀어주고 기도하신 후 사라졌을 때 비로소 그분이 예수님이신 것을 알게 되었다.

"그들이 서로 말하되 길에서 우리에게 말씀하시고 우리에게 성경을 풀어주실 때에 우리 속에서 마음이 뜨겁지 아니하더냐 하고"(눅 24:32). 부활하신 주님을 만났을 때 그들의 마음이 뜨거워졌다. 이런 것을 성령의 역사라고 말한다. 성령께서 역사하시면 말씀 중에, 기도 중에, 찬양 중에 뜨거움이 임하고 눈물이 흐르고 마음이 벅차오르기도 한다.

예수님의 제자들은 부활하신 예수님이 나타났다는 말을 들었지만 자신들과 멀리 떨어져 계신 예수님으로 불안하였다. 심지어 베드로는 부활하신 예수님을 보았지만 다시 물고기를 잡으려고 갈릴리 바다로 돌아가 버리고 말았다. 예수님은 베드로와 제자들에게 나타나 아버지께서 약속하신 성령을 받으라고 하셨다. 그들이 오순절 다락방에서 성령을 받게 되자 그들 마음속에 부활하신 주님이 거하시게 되었다. 그날 이후 그들은 날마다 부활하신 주님과 동행하는 삶을 살았다.

레나 마리아는 1968년 스웨덴의 중남부 하보 마을에서 태어난 소녀이다. 그녀는 태어날 때부터 두 팔이 없고, 왼쪽 다리도 짧고, 오른쪽 다리만 정상인 중증장애인이었다. 병원 측에서는 장애인 보호소에 맡기라고 하였다. 그러나 믿음이 좋은 부모는 레나에게는 가족이 필요하다며 그녀를 가정에서 키우기로 하였다.

그녀는 세 살 때부터 수영을 배웠고, 발로 글을 쓰는 법도 배우며, 피아노 건반을 누르는 것과 노래도 하였다. 한번은 그녀가 학교를 갔다 온 후 자신의 처지를 생각하며 한없이 울고 있었다. 그때 엄마가 조심스레 물었다.

"레나야, 표정이 좋지 않구나."

"엄마, 왜 난 친구가 없죠?"

엄마는 레나를 무릎에 앉히고 꼭 안아주면서 대답했다.

"친구가 없긴 왜 없어. 레나를 늘 지켜주는 친구가 있지?"

"누구지요?" 깜짝 놀라 돌아보는 레나에게 말해주었다.

"예수님이시지. 늘 레나와 함께하시고 레나를 돌보고 계신단다."

레나는 무엇인가 알았다는 듯이 고개를 끄떡였다.

하루는 음악을 가르치는 선생님이 레나에게 말했다.

"노래는 목이 아니라 마음으로 부르는 거야. 그렇지 않은 노래는 생명이 없어. 오늘은 그만 해야겠구나."

선생님이 나간 후 레나는 얼굴을 무릎에 파묻고 울었다. 레나의 마음에는 기쁨이 없었다. 레나의 마음에는 늘 슬픔만 있었다.

'외로워하는 마음으로는 아름다운 노래를 부를 수 없다면 어떻게 해야 하나?' 하고 우울함에 빠져 있을 그때 전화벨이 울렸다. 겨우 눈물을 닦고 발로 수화기를 들었더니 "여보세요" 하며 따뜻한 목소리가 들려왔다.

"레나지요? 저는 당신을 위해 기도하는 사람이에요. 주님이 저에게 당신에게 전화하라는 마음을 주셨어요. 힘들고 외로울 때 당신을 위해 기도하는 사람이 많다는 사실을 기억하세요."

레나 마리아는 그 전화를 받고 고백하였다.

"그랬습니다. 예수님이 함께 계셨습니다. 내 눈물도 예수님이 닦아주고 계셨습니다." 그리고 레나는 다시 일어났다.

누가 레나에게 바로 그 시간에 전화를 하라는 감동을 주었는가?

성령님께서 하신 것이다.

레나 마리아는 말했다.

"누군가 나에게 예수님이 부활하셨고, 지금도 살아계시다는 증거를 대보라고 하면 나는 나의 약한 육신과 날마다 주님을 찬양하는 나의 입술을 당당하게 보여줄 것입니다."

그녀는 지금 전 세계에 다니면 가스펠 싱어로 해같이 밝은 얼굴로 찬양하고 있다.

누가 레나같이 중증장애인으로 태어난 사람을 온 세계에 다니면서 자신은 장애인이기에 감사한다고 노래를 부르게 하겠는가? 누가 레나를 절망과 외로움과 우울에서 건져내겠는가? 바로 성령님의 역사이다.

예수님이 십자가 위에서 죽으셨을 때 그 죽은 몸을 살리신 분이 누구신가? 바로 성령이시다. "예수를 죽은 자 가운데서 살리신 이의 영이 너희 안에 거하시면 그리스도 예수를 죽은 자 가운데서 살리신 이가 너희 안에 거하시는 그의 영으로 말미암아 너희 죽을 몸도 살리시리라"(롬 8:11).

성령님은 우리와 멀리 계신 분이 아니다. 우리가 성령님을 찾으면 그분이 말씀하시고 감동을 주시고 마음을 뜨겁게 하신다. 예수님께서 승천하신 후 제자들은 각기 다른 장소에서 사역을 하면서 성령님을 만났다. 베드로는 기도하다가 환상 중에 보자기가 내려오는 것을 보고, 이것이 무엇인가 생각할 때 성령께서 이방인들에게 복음을 전하라는 깨달음을 주셨다.

빌립은 가사라는 광야에 가서 병거를 타고 가고 있는 에티오피아 내시를 만났다. 그때 성령께서 병거 가까이에 가라고 하여 가까이에 갔다. 그 에티오피아 내시가 읽고 있는 성경 말씀이 바로 어린양으로 끌려가는 자였다. 내시가 빌립에게 이 어린양이 누구냐고 물었다. 빌립은 그 어린양이 바로 예수님이라고 하였다. 그래서 내시가 빌립에게서 세례를 받았다.

사도 바울과 바나바는 성령께서 선교를 떠나라고 말씀하셔서 선교여행을 떠났다. 사도 요한은 해골이 가득한 밧모섬에 유배되어 있다가 성령의 감동으로 해처럼 빛나는 예수님을 보았고 예수님의 음성을 들었다(계 1:10). 그래서 요한계시록을 기록하게 되었다.

지금도 부활하신 예수님은 성령으로 우리에게 역사하신다. 부활하신 예수님을 만나는 것은 특별한 사람에게만 일어나는 일이 아니다. 예수님의 부활을 제일 먼저 본 사람은 막달라 마리아였다. 예수님 당시에는 법정에 증인으로는 여자는 세울 수가 없었다. 또 여자는 숫자에도 넣지 않았다. 더구나 막달라 마리아는 과거에 귀신들렸던 자였다. 그럼에도 불구하고 막달라 마리아가 예수님의 부활을 본 첫 번째 증인이 되었다.

어떻게 막달라 마리아는 부활하신 주님을 제일 먼저 만나는 축복을 누렸는가? 그녀가 예수님을 뜨겁게 사랑했기 때문이다. 무엇을 말하는가? 부활하신 예수님을 만나는 일은 신분이나 지위나 실력이 아니라 예수님을 사랑하면 된다. 지금 살아계신 부활하신 예수님을 만나길 원하는가? 성령의 도움을 구하라. 지금 이 책을 읽는 중에도 성령님의 감동이 있길 바란다.

지금 살아계신 예수님과 동행하려면
예수님을 주인으로 모셔야 한다

도마는 여러 제자들이 있는 곳에 부활하신 예수님이 나타났다고 하여도 믿지 않았다. 아니 자기만 빼고 나머지 11명의 제자들이 다 부활하신 예수님을 만났다고 하면 믿어야 되지 않겠는가? 그런데 그는 믿지 않았다. 왜냐하면 부활은 그렇게 쉽게 믿을 수 있는 일이 아니었기 때문이다. 아무리 다른 사람이 부활하신 예수님을 보았다고 해도 자신이 보지 않았기에 도마는 믿지 못한다는 것이었다. 우리도 마찬가지다. 아무리 예수님의 부활을 역사적인 사실이라 해도 내가 부활하신 예수님을 직접 만나지 못한다면 믿기 어려울 것이다.

도마는 자기 고집이 강한 사람이었다. 도마는 자기 이성을 믿는 자였다. 요한복음에는 그의 이름이 디두모로 되어 있다. 디두모의 뜻은 쌍둥이다. 쌍둥이들은 어릴 때부터 확실한 것을 좋아했다. 매번 동생을 보고 형이라 말하고 형을 보고 동생이라 말하기 때문이다.

"열두 제자 중의 하나로서 디두모라 불리는 도마는 예수께서 오셨을 때에 함께 있지 아니한지라. 다른 제자들이 그에게 이르되 우리가 주를 보았노라 하니 도마가 이르되 내가 그의 손의 못 자국을 보며 내 손가락을 그 못 자국에 넣으며 내 손을 그 옆구리에 넣어보지 않고는 믿지 아니하겠노라 하니라"(요 20:24-25).

도마가 이렇게 말하자 부활하신 예수님께서 그에게 나타나셨다. "도마에게 이르시되 네 손가락을 이리 내밀어 내 손을 보고 네 손을 내밀어 내 옆구리에 넣어보라. 그리하여 믿음 없는 자가 되지 말고 믿는 자가 되라"(요 20:27).

도마가 예수님의 못자국난 손을 만져보았을까? 예수님의 옆구리에 손을 넣어보았을까? 아마 예수님의 옆구리에 손을 넣지 않았을 것이다. 도마는 부활하신 예수님이 나타나셔서 도마 자신의 입으로 한 말을 예수님께서 직접 말씀하실 때 그 앞에 꼬꾸라졌다. 도마는 부활하신 예수님을 만난 뒤 예수님을 주인으로 모시게 된다. "도마가 대답하여 이르되 나의 주님이시요 나의 하나님이시니이다"(요 20:28).

도마에게는 더 이상 예수님이 인간 예수나 랍비 예수가 아니었다. 그는 부활하신 예수님을 만나자 예수님을 "나의 주님"으로 고백하였다. 그는 자신이 주인 되었던 삶을 버렸다. 예수님을 진짜 자신의 주인으로 모시게 되었다. 전승에 의하면 도마는 오직 예수님을 주인으로 모시고 인도에 가서 순교하였다고 전해진다.

지금 살아계신 주님을 만나길 원하는가? 예수님을 주인으로 모시고 살라. 그러면 매일 매 순간 지금 살아계신 예수님을 체험하게 된다. 도마처럼 지금 살아계신 예수님을 체험해야 주로 모시는 사람이 있지만, 거꾸로 예수님을 주인으로 모시면 매 순간 지금 살아계신 예수님을 체험하게 되어 있다. 아니 특별한 사건이 없어도 그분이 살아계심이 그냥 믿어진다. 성경 말씀도 아무런 의심 없이 그냥 믿어진다.

나는 최근에 예수님을 주인으로 모시라는 말씀을 전한 후, 다시 예수님을 주인으로 모시자 특별한 일이 일어났다. 그것은 온 우주보다 크신 예수님이 내 앞에 턱 서게 되니 내일에 대한 걱정이 싹 사라졌다. 큰 기대가 생겼다. 그분이 나의 주인 되시니 굉장한 평안이 몰려왔다.

매 순간 나를 죽이고, 매 순간 예수님을 주인으로 모셔라. 예수님은 "아무든지 나를 따라오려거든 자기를 부인하고 날마다 제 십자가를 지고 나를 따를 것이니라"(눅 9:23)고 하셨고, 바울은 "나는 날마다 죽노라"(고전 15:31)고 하였다. 예수님이 주인 되는 것은 날마다 내가 죽어야 함을 의미한다.

사실 우리는 매일 죽는 연습을 하고 있다. 매일 밤마다 잠 잘 때 우리는 죽는다. 잠을 자는 것은 모든 것을 놓는다는 의미다. 돈도 내려놓고, 걱정도 내려놓는다. 사랑하는 가족도 내려놓는다. 그러면 온몸이 살아난다. 치유가 된다. 회복이 된다. 생기가 돈다. 이것이 역설이다. 사람은 진짜 죽어야 살아난다. 하나님은 매일 밤 우리를 죽게 하신다. 하루에 6~7시간씩 죽는 연습을 꼭 한다. 우리는 죽을 수 있다. 우리가 죽으면 내 안에 예수가 사신다.

그러면 내가 죽고 예수가 살면 어떻게 되는가? 예수님이 주인 되는 바로 그 순간 예수님이 가지신 모든 것을 다 갖게 된다. "근심하는 자 같으나 항상 기뻐하고 가난한 자 같으나 많은 사람을 부요하게 하고 아무것도 없는 자 같으나 모든 것을 가진 자로다"(고후 6:10).

김용구 성도가 쓴 간증을 소개하고자 한다.

어린 시절 아버지의 빚보증이 잘못되어 집안은 매우 어려웠다. 매일 빚쟁이들에게 시달리는 부모님을 바라보며 끓어오르는 분노를 참을 수 없었다. 학교에 납부금을 내지 못해 겨울에도 교무실 복도에서 손을 들고 있는 고통도 겪었다.

커 가면서 나는 조금씩 이상해졌다. 참아왔던 분노가 부모님과 동생들에게 폭발하기 시작했다. 분노 조절이 안 되니 대인관계도 힘들고 직장도 이리저리 옮겨 다녔다. 이런 삶을 벗어나 보려고 교회도 다녀보고 기도원에도 갔지만 해결되지 않았다. 그런 가운데 결혼을 하고 아들 둘을 두었다.

어느 날 유치원을 다니는 아들이 "아빠는 성질만 고치면 된다"며 통곡을 하였다. 어린 아들에게 이런 말을 들으니 이 분노를 꼭 고치리라는 다짐을 했다.

어느 날 교회에서 예수님을 주인으로 모시라는 말씀에 바로 이거다 싶었다. 모든 사람이 믿을 만한 증거가 바로 부활이었다. 부활을 통해 이 땅에 사람으로 오신 예수님을 하나님과 주인으로 믿는 것인데, 그동안 나는 느낌과 감정을 통해 믿으려고 했던 것이다.

성경의 예언대로 이 땅에 사람으로 오셔서 십자가에 죽으시고 부활하셔서 우리의 주인이 되어 주셨고 확실한 증거까지 주셨음에도 나는 예수님을 주인으로 믿지 않고 있었다. 그동안 분노 때문에 힘들었던 것이 아니라 예수님을 주인으로 믿지 않았기 때문에 그렇게 힘들었던 것이다.

부활하신 예수님 앞에 서니 내 죄가 보였다. 주님 앞에서 내 모습은 암흑 그 자체였다. 그런 나를 주님은 지금 모습 그대로 받아주시며 나를 여전히 사랑한다고 하셨다. 나는 부활하신 예수님을 주인으로 믿지 않은 죄를 회개하고 예수님을 내 마음의 주인으로 믿었다. 그와 동시에 새 피조물의 은혜가 임했다. 예수님과 함께 죽고 함께 부활하여 새 피조물이 되었고, 나를 창조하신 주님과 한 생명으로 연합된 것이다.

부활하신 예수님이 항상 나와 함께하시니 모든 분노가 사라졌다. 예수님은 분노뿐만 아니라 나머지 모든 문제를 해결해주셨고, 무엇보다 기쁨으로 매일 복음을 들고 나가는 부활의 증인이 되게 하셨다 (김용구 성도는 지금 농업기술센터에서 운영하는 농기계 사업을 하고 있다).

초대교회 교인들은 사자에게 먹혀도 믿음을 버리지 않았고, 화형으로 죽어도 믿음을 저버리지 않았다. 그들은 어떻게 그런 믿음을 지킬 수 있었을까? 그들 안에 부활하여 살아계신 주님이 계셨기 때문이다. 지금 당신의 삶에 어려움이 있는가? 부활하신 주님 때문에 그 모든 어려움을 넉넉히 이기는 성도가 되길 바란다. "그러나 이 모든 일에 우리를 사랑하시는 이로 말미암아 우리가 넉넉히 이기느니라" (롬 8:37).

부활 사건을 2천 년 전에 일어난 역사적인 사실이라고 동의하는 것으로만 끝내서는 안 된다. 지금 부활하여 살아계신 예수님을 믿고 그분과 동행하는 삶을 살아야 한다. 그러기 위해서는 먼저 일상에서 살아계신 예수님을 체험해야 한다. 둘째, 매 순간 성령의 도움을 구해야 한다. 셋째, 매 순간 나를 죽이고 예수님을 주인으로 모셔야 한다. 이 세 가지는 따로따로 일어나지만 함께 일어나기도 한다. 지금 책을 읽는 중에 마음에 뜨거움이 있길 바란다. 지금 성령의 터치가 있길 바란다. 지금 예수님을 주인으로 모시길 바란다. 그러면 지금 살아계신 예수님을 경험하게 되고, 늘 동행하게 될 것이다.

부활을 믿지 않으면
구원 없다

" 형제들아 내가 너희에게 전한 복음을 너희에게 알게 하노니 이
는 너희가 받은 것이요 또 그 가운데 선 것이라. 너희가 만일 내가 전
한 그 말을 굳게 지키고 헛되이 믿지 아니하였으면 그로 말미암아 구
원을 받으리라. 내가 받은 것을 먼저 너희에게 전하였노니 이는 성경
대로 그리스도께서 우리 죄를 위하여 죽으시고 장사 지낸 바 되셨다가
성경대로 사흘 만에 다시 살아나사 게바에게 보이시고 후에 열두 제자
에게와 그 후에 오백여 형제에게 일시에 보이셨나니 그중에 지금까지
대다수는 살아 있고 어떤 사람은 잠들었으며 그 후에 야고보에게 보이
셨으며 그 후에 모든 사도에게와 맨 나중에 만삭되지 못하여 난 자 같
은 내게도 보이셨느니라. 나는 사도 중에 가장 작은 자라. 나는 하나님
의 교회를 박해하였으므로 사도라 칭함 받기를 감당하지 못할 자니라.

그러나 내가 나 된 것은 하나님의 은혜로 된 것이니 내게 주신 그의 은혜가 헛되지 아니하여 내가 모든 사도보다 더 많이 수고하였으나 내가 한 것이 아니요 오직 나와 함께하신 하나님의 은혜로라. 그러므로 나나 그들이나 이같이 전파하매 너희도 이같이 믿었느니라. 그리스도께서 죽은 자 가운데서 다시 살아나셨다 전파되었거늘 너희 중에서 어떤 사람들은 어찌하여 죽은 자 가운데서 부활이 없다 하느냐. 만일 죽은 자의 부활이 없으면 그리스도도 다시 살아나지 못하셨으리라. 그리스도께서 만일 다시 살아나지 못하셨으면 우리가 전파하는 것도 헛것이요 또 너희 믿음도 헛것이며 또 우리가 하나님의 거짓 증인으로 발견되리니 우리가 하나님이 그리스도를 다시 살리셨다고 증언하였음이라. 만일 죽은 자가 다시 살아나는 일이 없으면 하나님이 그리스도를 다시 살리지 아니하셨으리라. 만일 죽은 자가 다시 살아나는 일이 없으면 그리스도도 다시 살아나신 일이 없었을 터이요 그리스도께서 다시 살아나신 일이 없으면 너희의 믿음도 헛되고 너희가 여전히 죄 가운데 있을 것이요. 고린도전서 15:1-17

세상 사람들이 기독교인들을 가장 이해할 수 없는 점이 바로 부활을 말한다는 것이다. 어찌 죽은 자가 살아나는가? 이것은 상식에 맞지 않는 일이며, 의학적으로 말이 안 되고, 과학적으로 있을 수 없는 얘기며, 정상적인 사람이 믿을 수도 없는 이야기다.

교회를 다녀도 "나는 예수님은 믿어도 부활은 믿지 않는다"는 성도가 있는가? 부활을 의심하는 성도가 있다면 죄송하지만 그 사람은 아무리 교회를 오래 다녀도 구원을 받지 못한다. 다시 말하면 천국에 가지 못한다. 왜냐하면 예수님의 부활을 믿지 못한다는 말은 그 교인이 믿고 있는 신은 죽었기 때문이다. 죽은 신을 믿는 것은 미신과 같다.

우리가 믿는 예수님은 죽은 분이 아니다. 죽음에서 부활하여 지금도 살아계신 분이다. 성경은 분명히 말한다. "그리스도께서 다시 살아나신 일이 없으면 너희의 믿음도 헛되고 너희가 여전히 죄 가운데 있을 것이요"(고전 15:17). 예수님의 부활이 없으면 그 믿음이 헛되다는 것이다. 그러므로 부활을 믿지 않는 사람은 그리스도인이 아니요, 부활을 믿지 않는 사람은 헛된 믿음이다. 다시 말하지만 예수님께서 지금 부활하셔서 살아계심을 의심하거나 믿지 않는다면 구원은 없다.

기독교는 다른 종교에 없는 분명한 복음이 있다. 복음이 무엇인가? 복음은 기쁜 소식이다. 인간에게 무엇이 기쁜 소식인가? 돈이 없는 자에게는 돈을 주는 것이 기쁜 소식이고, 병든 자에게는 병을 치유해주는 것이 기쁜 소식이며, 빚진 자에게는 빚을 갚아주는 것이 기쁜 소식이다. 이런 기쁜 소식은 살아 있을 때만 도움이 되지 죽은 이후에는 아무런 소용이 없다. 그러므로 인간에게 진짜 기쁜 소식은 살아 있을 때뿐만 아니라 영원히 죽지 않게 해주는 그런 소식이다.

모든 인간은 죄로 인해 고통을 당하고, 결국에는 영원히 죽게 된다. 인간에게는 이 죄 문제를 해결해주는 것이 가장 큰 기쁜 소식이며 영원한 기쁜 소식이다. 예수님이 태어나실 때 천사는 목동들에게 큰 기쁜 소식을 전해주겠다면서 예수가 태어날 것을 말해주었다. "천사가 이르되 무서워하지 말라. 보라. 내가 온 백성에게 미칠 큰 기쁨의 좋은 소식을 너희에게 전하노라"(눅 2:10).

여기에 '큰'이라는 단어는 '메가'라는 단어이다. 즉 메가톤급의 큰 기쁨의 소식을 말한다. 이 기쁨의 소식은 일시적인 기쁨의 소식이 아니다. 온 인류를 살리는 그리고 영원히 지속되는 큰 기쁨을 말한다. 무엇이 인류에게 큰 기쁨의 소식인가? 인간의 죄 문제를 해결하여 영원한 천국에 들어가게 하는 것이다.

우리에게 복음이 무엇인가? 예수님이시다. 예수님은 어떤 분이신가? 우리의 죄를 위해 십자가를 지시고 죽으시고 삼 일 만에 부활하신 분이시다. 고린도전서 15장을 잘 읽어보면 복음이 무엇인지 분명하게 기록하고 있다. "형제들아 내가 너희에게 전한 복음을 너희에게 알게 하노니 이는 너희가 받은 것이요 또 그 가운데 선 것이라. 너희가 만일 내가 전한 그 말을 굳게 지키고 헛되이 믿지 아니하였으면 그로 말미암아 구원을 받으리라. 내가 받은 것을 먼저 너희에게 전하였노니 이는 성경대로 그리스도께서 우리 죄를 위하여 죽으시고 장사 지낸 바 되셨다가 성경대로 사흘 만에 다시 살아나사"(고전 15:1-4).

사도 바울은 고린도교회 교인들에게 복음을 전하였다. 고린도교회는 AD 50년경에 바울이 제2차 전도여행 때 이곳에서 1년 6개월 동안 머물면서 세워진 교회이다. 그러니까 예수님이 죽으시고 부활하신 지 20년 정도 지나서 세워진 교회이다. 고린도교회 교인들은 이 복음을 받고 그 복음 위에 든든히 서게 되었다.

바울은 자신이 받은 그 복음을 먼저 그들에게 전하였다. 그러면 먼저 받은 복음이 무엇인가? 바로 성경대로 그리스도께서 우리 죄를 위해 죽으시고 장사 지낸 바 되셨다가 성경대로 사흘 만에 살아나신 것이다.

우리가 전도할 때 불신자에게 예수를 믿는다고 하면 영접기도를 시킨다. 그 영접기도에 "예수님이 내 죄를 위해 죽으시고 삼 일 만에 부활하신 것을 믿습니다"라는 말을 꼭 하게 한다. 즉 복음은 예수님이 내 죄를 위해 죽으시고 삼 일 만에 부활하신 것이다.

우리 기독교에 부활을 뺀다면 심장이 뛰지 않는 시체가 되는 것과 같다. 그래서 사탄은 온갖 수단방법을 다 동원하여 부활을 믿지 못하게 한다. 혹시 독자 중에 예수님의 부활에 대해 조금이라도 의심하는 사람이 있다면 이 말씀을 통해 확실한 부활 신앙을 갖기 바란다.

대부분의 교회가 부활의 중요성을 깊이 알지 못하고 그냥 수박 겉 핥기식으로 지나가는 것은 사탄의 공격이다. 십자가는 굉장히 중요하게 생각한다. 그래서 사순절을 지키기도 하고, 고난주간에 특별새벽 기도회도 한다. 그러나 부활절은 대충 지나간다. 우리에게는 십자가나 부활이나 이 둘 중에 어느 것 하나도 중요하지 않은 것이 없다. 부활은 십자가만큼이나 중요하다.

초대교회 교인들은 복음을 전할 때 언제나 예수님의 부활을 전하였다. 예수님의 제자들은 가룟 유다가 죽고 가룟 유다 대신 한 사람을 뽑을 때 학력이나 재력이나 유명인을 뽑은 것이 아니라 예수님의 부활을 전할 사람을 뽑았다. "항상 우리와 함께 다니던 사람 중에 하나를 세워 우리와 더불어 예수께서 부활하심을 증언할 사람이 되게 하여야 하리라 하거늘"(행 1:22). 이런 구절은 초대교회 교인들이 부활을 얼마나 중요하게 여겼는지를 잘 보여준다.

예수님의 제자들은 틈만 나면 예수님의 부활을 전하였다. 심지어 예수님을 죽인 장본인들이 사는 성전 안에 들어가서도 예수님의 부활을 전하자 제사장들은 베드로와 요한을 체포하였다. "예수 안에 죽은 자의 부활이 있다고 백성을 가르치고 전함을 싫어하여"(행 4:2).

베드로와 요한은 40년 된 앉은뱅이를 일으키고 대제사장에게 체포되어 누구의 이름으로 이런 일을 하느냐 하며 심문 당했다. 그때 베드로는 이렇게 대답하였다. "너희와 모든 이스라엘 백성들은 알라. 너희가 십자가에 못 박고 하나님이 죽은 자 가운데서 살리신 나사렛 예수 그리스도의 이름으로 이 사람이 건강하게 되어 너희 앞에 섰느니라"(행 4:10).

하나님이 죽은 자 가운데서 살리신, 즉 부활하신 예수의 이름으로 이 사람이 건강하게 되었다고 담대히 말하였다. 지금 베드로는 그냥 조용히 제사장에게 불려가서 꾸중을 듣는 것이 아니다. 그들은 며칠 전에 예수님을 십자가에 못 박은 자들이다. 그들은 산헤드린 종교회의를 열고 그 가운데 베드로와 요한을 세워놓고 심문을 하고 있다. 이 산헤드린 종교회의가 바로 예수님을 십자가에 못 박도록 결정한 회의이다. 이들은 예수를 죽인 살기등등한 분위기로 베드로를 심문하고 있었다. 그래도 베드로는 조금도 두려워하거나 기가 죽지 않고, 오히려 그들을 꾸짖는 듯한 목소리로 담대하게 말씀을 전하였다. 어디에서 그런 용기가 나왔는가? 바로 부활하신 주님이 그들의 마음에 살아 계셨기 때문이다.

대제사장과 유대 장로들은 베드로와 요한을 그냥 풀어주었다. 베드로와 요한은 성전에서 풀려나와 초대교회 교인들이 모여 있는 곳에 와서 성전에서 일어난 일을 말하고, 또 예수님의 부활을 증거하였다. "사도들이 큰 권능으로 주 예수의 부활을 증언하니 무리가 큰 은혜를 받아"(행 4:33). 초대교회 사도들의 설교의 주된 내용은 언제나 부활이었다.

초대교회 교인들은 안식일이 원래 토요일인데 그들은 안식 후 첫날, 즉 주일날 모여 예배를 드리기 시작하였다. 그 이유는 안식 후 첫날에 부활하신 예수님을 기념하기 위함이었다. 즉 주일날 예배를 드림은 예수님의 부활을 증거하는 것이다. 예수님의 부활 사건은 2천 년 전에 일어난 일이다. 그런데 2천 년 전에 일어난 그 부활을 지금 우리가 어떻게 믿게 되는가?

성경 말씀으로 믿게 된다

당신은 온 세상이 하나님의 말씀으로 창조되었다는 사실을 어떻게 믿게 되었는가? 성경의 기록된 말씀으로 믿게 되었다. 당신은 예수님이 처녀의 몸인 동정녀 마리아에게서 태어난 사실을 어떻게 믿게 되었는가? 성경의 기록된 말씀으로 믿게 되었다. 예수님이 십자가에 죽으시고 삼 일 만에 부활하신 것을 믿는 것도 똑같다. 예수님의 부활은 성경에 기록된 말씀이기에 믿는다. "이는 성경대로 그리스도께서 우리 죄를 위하여 죽으시고 장사 지낸 바 되셨다가 성경대로 사흘 만에 다시 살아나사"(고전 15:3-4).

예수님이 우리 죄를 위해 죽으실 것은 이사야 53장, 시편 22편과 40편에 예언되어 있다. 마찬가지로 시편 16편에 보면 예수님이 죽으시고 부활하실 것을 예언하고 있다. "이는 주께서 내 영혼을 스올에 버리지 아니하시며 주의 거룩한 자를 멸망시키지 않으실 것임이니이다"(시 16:10). 이 구절을 베드로는 사도행전에서 정확히 해석하였다. "미리 본 고로 그리스도의 부활을 말하되 그가 음부에 버림이 되지 않고 그의 육신이 썩음을 당하지 아니하시리라 하더니"(행 2:31).

예수님께서 죽으시고 부활하실 것은 이미 예수님이 오시기 천 년 전에 시편에서 예언된 사건이었다. 또 예수님께서도 자신의 입으로 십자가에 죽으시고 부활하실 것을 복음에서에 약 20번 정도 말씀하셨다. 마태복음에서 6번(12:40, 16:4,21, 17:9,23, 20:19), 마가복음에서 3번(8:31, 9:31, 10:31), 누가복음에서 3번(9:22, 24:7,46), 요한복음에서 7번(2:19, 13:19, 14:29, 16:16,19,20,22) 말씀하셨다.

예수님은 자신이 십자가에 죽으시기 전에 분명히 제자들에게 자신이 십자가에 죽으시고 삼 일 만에 부활하실 것을 말씀하셨다. 예수님은 성경의 예언대로 십자가에 죽으셨고 삼 일 만에 부활하셨다. 예수님은 그 당시 종교지도자들이 예수님에게 기적을 보여달라고 하자 너희들에게는 요나의 표적밖에 보여줄 것이 없다고 하며, 요나의 표적에 대해 마태복음 12장과 16장에 걸쳐 두 번이나 말씀하셨다.

요나의 표적은 요나가 바닷물에 빠져 죽었는 줄 알았는데 물고기 배 속에 들어가 삼 일 만에 살아난 것이다. 즉 예수님 당시 종교지도자들은 어떤 기적을 보여주어도 믿지 않는데 예수님이 부활하신 것을 보게 되면 그때 예수님을 믿게 된다는 것이다. 정말 나중에 예수님이 부활하신 후에 제사장들 중에서도 예수님을 믿는 자들이 나타났다. "하나님의 말씀이 점점 왕성하여 예루살렘에 있는 제자의 수가 더 심히 많아지고 허다한 제사장의 무리도 이 도에 복종하니라"(행 6:7).

우리가 부활을 어떻게 믿게 되었는가? 성경대로 예수님이 죽으시고 성경대로 부활하셨다고 성경에 기록되었기에 믿는 것이다. 예수님께서 직접 십자가를 지시기 전에 이미 앞서서 십자가에 죽으시고 부활하실 것을 말씀하셨다. 예수님의 부활은 초대교회 교인들이 만들어 낸 신화나 교리가 아니다. 예수님의 부활은 구약의 시편에서 예언하셨고 예수님의 입으로 직접 말씀하신 사건이다.

누가복음 24장에 보면 예수님께서 엠마오로 가는 두 제자를 만난 사건이 기록되어 있다. 이 두 사람 중 글로바라는 한 사람의 이름만 기록되어 있고, 또 다른 한 사람의 이름은 기록되어 있지 않다. 이 두 명은 예루살렘에서 11킬로미터 정도 떨어진 엠마오라는 마을에 들어가고 있었다. 그들이 서로 최근에 일어난 예수님의 부활사건에 대해 심각하게 대화를 나누고 있는 도중에 예수님께서 그들에게 다가와서 말을 걸었다.

예수님은 그들에게 무슨 얘기를 나누고 있는지 하고 묻자, 그들은 예수라는 선지자가 삼 일 전에 죽었는데 그를 따르던 여자들이 그 예수님이 살아났다고 말하고, 제자 몇 사람도 무덤으로 가서 그 예수님이 묻혔던 무덤이 비었다고 말을 한다고 대답하였다.

예수님은 제자들에게 "왜 성경에 이미 예수가 고난을 당하고 그다음에 영광을 받을 것을 기록하고 있는 것을 모르는가?" 하며 모세오경에서부터 예언자들의 성경과 그리고 모든 성경에 예수님에 대해 기록한 것을 말씀해주셨다. "이에 모세와 모든 선지자의 글로 시작하여 모든 성경에 쓴 바 자기에 관한 것을 자세히 설명하시니라"(눅 24:27).

여기에서 우리는 주목할 것이 있다. 왜 예수님은 이 두 제자에게

"내가 부활한 예수다"라고 간단하게 말씀하시지 않고, 성경을 풀어주고 계시는가? 우리가 생각할 때는 이것은 더딘 방법이고 복잡한 방법인데, 왜 그러셨는가? 이것은 2천 년이나 지난 오늘날 우리를 위해 성경을 통해 부활을 믿으라는 사실을 가르쳐주시는 것이다.

우리는 성경에 기록된 말씀을 일점일획도 의심 없이 믿는다. 우리의 눈으로 직접 부활을 보지 않아도 성경 말씀을 통해 부활을 믿기 바란다. 사실 부활은 증명할 필요가 없다. 성경이 예수님의 부활을 말씀하고 있고, 예수님께서 죽으시고 부활하실 것을 말씀하셨기 때문에 그냥 믿으면 된다.

부활하신 예수님을 만난 자들의 증언으로 믿게 된다

"게바에게 보이시고 후에 열두 제자에게와 그 후에 오백여 형제에게 일시에 보이셨나니 그중에 지금까지 대다수는 살아 있고 어떤 사람은 잠들었으며"(고전 15:5-6). 예수님의 부활은 게바에게 보이셨는데 이 게바는 베드로이고, 또 예수님의 부활은 예수님의 열두 제자와 오백여 형제들에게 보이셨다. 여기에 여자들은 빠져 있다. 예수님의 부활을 본 자들 중에는 여자들도 많았다. 막달라 마리아, 야고보와 요한의 어머니 마리아, 살로매, 요안나…. 다 기록하지 않았지만 엄청난 숫자의 여자들도 분명 부활하신 예수님을 보았다. 사도 바울이 오백여 형제라고만 한 것은 그 당시 증인은 여자를 세우지 않았기 때문이다.

"그 후에 야고보에게 보이셨으며 그 후에 모든 사도에게와"(고전 15:7). 여기에 야고보는 예수님의 친동생 야고보다. 예수님에게는 요셉과 마리아 사이에서 태어난 동생들이 있었다. "이는 그 목수의 아들이 아니냐. 그 어머니는 마리아, 그 형제들은 야고보, 요셉, 시몬, 유다라 하지 않느냐"(마 13:55). 남동생 4명이 나오는데 아마 여동생도 있었을 것이다. "그 누이들은 다 우리와 함께 있지 아니하냐"(마 13:56).

야고보는 예수님의 친동생 중에 첫째였다. 그러니까 예수님 바로 밑에 동생이었다. 그는 예수님과 한집에서 한솥밥을 먹고 자랐기에 절대로 예수님을 하나님의 아들로 믿지 않았다. 어느 날 당신의 형이 "내가 하나님의 아들이다"라고 말하면 믿겠는가? 야고보는 형 예수로 인해 스트레스를 많이 받았다. 자신의 친형 예수가 사람들에게 인기가 있는 것은 좋은데, 들리는 소문에 대제사장과 바리새인들이 예수를 십자가에 못 박아 죽이려 한다는 것이다. 그것 때문에 어머니 마리아가 밥도 먹지 못하고 밤잠도 설치고 있었다.

그는 형 예수를 조용히 만나 "형이 자꾸 하나님의 아들이라는 말을 하지 마라"는 말과 또 위험하니 도망가길 권했지만 형 예수는 야고보의 말을 듣지 않고 십자가 형틀에 비참하게 못 박혀 죽었다. 어머니 마리아는 자신의 아들이 매달린 그 십자가 앞에서 오열을 하고 기절하고 말았다. 야고보는 누구보다도 형 예수를 잘 알고 있었다. 그는 절대로 예수를 하나님의 아들로 믿지 않았다. 그런데 그 형 예수가 부활하여 자기 앞에 나타났다.

야고보는 자신의 모든 생각이 산산이 부서졌다. 그는 모든 편견과

오만이 다 사라졌다. 그는 형 예수 앞에 엎드렸다. 그는 형 예수가 아니라 하나님의 아들 예수를 만나게 되었다. 그날 이후 그는 초대교회를 이끌어가는 강력한 리더가 되었고, 야고보서를 기록하였다. "하나님과 주 예수 그리스도의 종 야고보는 흩어져 있는 열두 지파에게 문안하노라"(약 1:1).

야고보는 예수님을 자신의 주인이라 고백하고, 자기 자신을 예수님의 종이라 스스로 고백하였다. 그는 나중에 예수는 하나님의 아들이라고 외치다가 돌에 맞아 죽게 된다. 더 놀라운 것은 그의 시체를 조사하였을 때 그가 기도를 얼마나 많이 하였는지 그의 무릎이 낙타 무릎처럼 되어 있었다는 사실이다.

"맨 나중에 만삭되지 못하여 난 자 같은 내게도 보이셨느니라"(고전 15:8). 예수님의 친동생 야고보가 예수님을 하나님의 아들로 믿었다는 사실도 놀라운 일이지만, 사도 바울은 자신이 직접 예수님의 부활을 보았다고 말한다. 많은 사람들 중에 바울이 예수님을 믿었다는 사실은 정말 놀라운 일이다. 왜냐하면 그는 예수님이 부활하였다고 말하는 기독교인들을 모두 잡아 죽이는 데 앞장섰기 때문이다.

그는 유대교 열심이 가득한 바리새인이었기에 유대 나라에 유대 종교 외에 예수교를 전하는 자들이 있다는 사실에 견딜 수가 없었다. 그는 유대 땅 유대 문화에 예수를 전하는 자들을 돌로 쳐 죽이는 데 앞장섰다. 그런 그가 더 이상 기독교인들을 핍박하지 않았다고 말하는 것도 대단한 일인데, 그것이 아니라 이제는 예수의 부활을 증거하는 자가 되었고, 나중에는 성경 13권을 쓰는 사도가 된 것이다. 그는 예수의 부활을 본 후 모든 것이 다 바뀌었다. 그의 철학도, 그의 사상도, 그의 비전도, 그의 꿈도, 그의 관심도, 그의 미래도 다 송두리째 바뀌었다. 그는 종교도, 직업도, 가문도, 이름까지도 바꾸었다.

무엇이 예수님을 믿는 자들을 핍박하는 자였던 사울을 이렇게 급진적인 변화를 가져오게 하였는가? 무엇이 핍박자였던 사울이 예수님은 부활하셨다고 외치는 자로 바꾸었는가? 누가 그를 이렇게 완전히 다른 사람으로 바꾸었는가? 갈릴리 나사렛에서 온 청년 예수의 설교 때문인가? 수많은 사람들의 병을 고친 예수 때문인가? 십자가에 죽은 예수 때문인가? 아니다. 그는 부활하신 예수님을 만났기 때문이다.

우리가 아는 대로 바울은 뛰어난 학자였다. 그는 바보가 아니었다. 그는 감정적인 사람도 아니었다. 그는 성경 13권을 쓸 수 있는 아주 이성적인 사람이었다. 그런 그가 왜 예수님의 부활을 말하고 있는가? 그가 부활하신 예수님을 직접 경험했기 때문이다.

고린도전서 15장에만 등장하는 부활의 증인이 몇 명인가? 12제자, 5백여 형제, 야고보, 바울, 여자들…. 여자는 남자 숫자만큼 더 있었고, 어린아이들도 있었다. 대충 잡아도 예수님의 부활을 본 자는 1천여 명이 넘는다. 목격자의 숫자가 많을수록 그 사건은 더 분명해지는 것이다.

우리가 부활하신 예수님을 어떻게 알 수 있는가? 부활하신 예수님을 본 사람들을 통해 알 수 있다. 부활의 증인이 꼭 성경에만 등장하는 건 아니다. 이 부활을 믿기만 하면 그 부활하신 예수님은 지금도 우리 안에 살아 역사하셔서 우리도 부활의 증인이 된다.

우리는 예수님의 부활을 직접 눈으로 보지 못했다. 그러나 성경을 통해 예수님의 부활을 믿는다. 그리고 부활하신 예수님을 만난 수많은 사람들의 증언을 통해 예수님의 부활을 믿는다. 예수님은 부활의 주님을 직접 눈으로 보지 않고 믿음으로 믿는 자가 더 복되다고 말씀하신다. "도마에게 이르시되 네 손가락을 이리 내밀어 내 손을 보고 네 손을 내밀어 내 옆구리에 넣어보라. 그리하여 믿음 없는 자가 되지 말고 믿는 자가 되라"(요 20:27). 꼭 부활을 직접 눈으로 보고 믿는 것이 아니다. 믿으면 부활하신 주님이 보인다. 이것이 성경 전체가 말하는 믿음이다.

사도행전 2장에 보면 베드로가 유대인들 앞에서 예수님의 부활을 증거하면서 특별한 말을 한다. "그가 하나님께서 정하신 뜻과 미리 아신 대로 내준 바 되었거늘 너희가 법 없는 자들의 손을 빌려 못 박아 죽였으나 하나님께서 그를 사망의 고통에서 풀어 살리셨으니 이는 그가 사망에 매여 있을 수 없었음이라"(행 2:23-24).

나는 이 말씀이 정말 마음에 큰 은혜가 되었다. 베드로의 설교는 좀 특이한 표현이 있다. 그는 예수님은 사망에 매여 있을 수 없었다고 말한다. 예수님은 십자가에 죽어 무덤에 들어갔다. 사망이 예수님의 몸을 붙잡은 것이다. 사망이 예수님의 몸을 꽁꽁 묶어버린 것이다. 누구도 사망에 묶이게 되면 풀 수 없다. 그런데 예수님은 원래 생명이시기에 사명이 묶을 수 없다는 것이다.

예수님은 자신을 소개할 때 나는 부활이며 생명이라고 하셨다. "예수께서 이르시되 나는 부활이요 생명이니 나를 믿는 자는 죽어도 살겠고"(요 11:25). 또 예수님은 자신이 이 땅에 오심을 생명을 주기 위함이라고 하셨다. "내가 온 것은 양으로 생명을 얻게 하고 더 풍성히 얻게 하려는 것이라"(요 10:10). 여기에 생명은 80세, 100세를 살다가 죽는 목숨이 아니다. 이 '생명'이라는 단어는 헬라어로 '조에'라는 단어인데, 이는 '영원히 사는 생명'을 말한다.

예수님은 생명을 만드신 분이시오 생명의 주인이시다. 생명의 주인이신 예수님이 부활하시는 것은 당연한 일 아닌가? 사망이 어찌 생명이신 예수님을 묶을 수 있겠는가? 생명을 가진 새싹은 흙도 뚫고 나오고 바위도 뚫는다. 생명은 아무리 세월이 흘러도 살아난다. 나는 예수님의 부활을 직접 눈으로는 보지 않았지만 생명의 근원이신 예수님이 사망을 이기고 부활하셨다는 사실이 진실로 믿어진다.

부활하신 예수님이 내 마음에 살아 있는 성도는 언제나 이기는 인생을 살 것이다. "우리 주(인) 예수 그리스도로 말미암아 우리에게 승리를 주시는 하나님께 감사하노니"(고전 15:57). 혹시 이 글을 읽는 독자 중에 나는 예수를 믿어도 왜 이기는 인생을 살지 못하는가 하며 고민하는 자가 있는가? 부활하여 지금 살아계신 예수님을 주인으로 모시고 살라. 그러면 날마다 이기는 인생을 살게 될 것이다. 우리 인생에 일어나는 모든 문제에 부활하신 예수님이 주인 되시면 모든 문제가 다 해결될 것이다.

예수님을 당신의 주인으로 모시면 그 자체가 하나님께 영광이 된다. "이러므로 하나님이 그를 지극히 높여 모든 이름 위에 뛰어난 이름을 주사 하늘에 있는 자들과 땅에 있는 자들과 땅 아래에 있는 자들로 모든 무릎을 예수의 이름에 꿇게 하시고 모든 입으로 예수 그리스도를 주라 시인하여 하나님 아버지께 영광을 돌리게 하셨느니라"(빌 2:9-11).

부활하여 지금 살아계신 예수님을 주로 모시고 살라. 예수님께서 십자가에 죽으시고 부활하신 이유는 우리가 그분을 주인으로 모시기 위함이다. "이를 위하여 그리스도께서 죽었다가 다시 살아나셨으니 곧 죽은 자와 산 자의 주가 되려 하심이라"(롬 14:9).

베드로는 초대교회를 이끌어 가면서 로마 황제들로부터 극심한 핍박과 박해를 받았다. 나는 얼마 전 성지순례를 하면서 지금 터키에 있는 갑바도기아에 가서 초대교회 교인들이 땅속 100~200m 깊은 곳에 숨어 살았던 곳에 들어가 보았다. 얼마나 캄캄한지 바로 옆에 있는 사람조차 보이지 않았다. 초대 교인들은 그곳에서 약 200년이 넘도록 숨어 살았다.

무엇이 그들로 하여금 그 불 같은 박해를 피해 계속 그곳에 숨어 살면서 신앙을 유지하게 하였는가? 바로 부활하신 예수님 때문에 산 소망을 가졌던 것이다. "우리 주(인) 예수 그리스도의 아버지 하나님을 찬송하리로다. 그의 많으신 긍휼대로 예수 그리스도를 죽은 자 가운데서 부활하게 하심으로 말미암아 우리를 거듭나게 하사 산 소망이 있게 하시며"(벧전 1:3). 부활하여 살아계신 예수님을 주인으로 모시면 아무리 어두운 가운데 있어도 산 소망이 넘치게 된다.

한국이 OECD 국가 중 자살률 1위라고 한다. 왜 자살을 하는가? 희망이 없어서 그렇다. 그러나 믿는 자에게는 산 소망이신 주님이 계시기에 언제나 희망이 넘친다. 병이 생겼는가? 병원에서 큰 병이라고 진단을 하였는가? 어둠이 몰려오는가? 지금 생각지 않았던 어려운 일이 생겼는가? 지금 당신 안에 살아계신 예수님을 바라보고 절망 대신 희망을 품으라. 사망 권세 이기신 예수님이 당신 안에 살아계신다. 생명의 근원이신 그분이 당신 안에 살아계신다. 그러기에 무슨 일을 만나든지 주만 바라보면 소망을 갖기 바란다.

미국 북장로교회 선교사로 한국에 파송된 민로아, 부례선 선교사 부부의 이야기다. 1892년 11월 15일, 낯선 한국 땅에 도착한 민로아 선교사 부부는 자녀가 없어 고민하던 중 입국 6년 만에 첫 아들이 태어났다. 그런데 그로부터 8개월 뒤에 첫 아들이 그만 하늘나라로 떠나고 말았다. 아들의 시신을 양화진에 묻고 나오는 선교사 부부의 마음은 찢어질 듯 아팠다.

3년 뒤 아들의 슬픔을 잊어갈 때쯤 둘째 아들이 생겼다. 열 달을 배 속에 품고 세상 밖으로 나올 날을 기다렸다. 1902년 3월 7일 둘째 아들이 태어났다. 그런데 그 아기도 태어난 지 하루 만에 천국으로 떠나고 말았다. 1년 뒤 아기를 잃은 슬픔을 이기지 못한 채 사랑하는 아내마저도 천국으로 가버렸다. 민로아 선교사는 불과 몇 년 사이에 사랑하는 아내와 더불어 두 아들을 하늘나라로 떠나보낸 것이다.

이 모든 일을 지켜보았던 조선 사람들이 선교사님에게 물었다.

"당신이 전하는 예수님은 누구이기에 이렇게 당신을 힘들게 하는 겁니까?"

그들의 물음에 선교사님은 대답 대신 찬양을 지어서 부르기 시작했다.

"예수님은 누구신가 우는 자의 위로와
없는 자의 풍성이며 천한 자의 높음과
잡힌 자의 놓임 되고 우리 기쁨 되시네."

어떻게 민로아 선교사는 이 엄청난 고난을 원망이 아닌 감사의 찬양으로 부를 수 있었는가? 그의 마음 안에는 죽은 예수가 아닌 부활하여 지금도 살아계신 예수님이 계셨기 때문이다.

민로아 선교사는 충북 최초의 선교사였고, 예수교 학당의 책임자였으며, 연동교회의 기초를 마련한 분이셨다. 그가 직접 작곡한 찬송가 다섯 곡이 현재 우리가 사용하는 찬송가에 실려 있다. 그는 45년 동안 한국에서 선교를 하다가 1937년 71세의 나이로 소천하였다. 그는 죽을 때 "내가 죽게 되면 내가 제일 사랑하는 청주에 묻어달라"는 유언을 남기기도 하였다.

부활하신 주님이 당신 안에 계시는가? 예수님의 생명이 당신 안에 넘칠 것이다. 생명은 질병을 이긴다. 생명은 죽음을 이긴다. 생명은 어려운 환경을 이긴다. 생명은 사망조차도 이긴다. 지금 부활하신 살아계신 예수님을 주인으로 모신 성도는 언제나 찬양하는 인생을 살 것이다.

예수님의 부활은 믿어도 되고 안 믿어도 되는 일이 아니다. 예수님의 부활을 믿지 않는 자에게는 구원이 없다. 성경은 분명하게 구원받는 자는 반드시 부활을 믿어야 한다고 말씀한다. "네가 만일 네 입으로 예수를 주로 시인하며 또 하나님께서 그를 죽은 자 가운데서 살리신 것을 네 마음에 믿으면 구원을 받으리라"(롬 10:9). 예수님의 부활을 믿고, 주위에 있는 사람들에게 부활의 증인이 되기 바란다. 예수님은 죽음을 이기고 부활하셨다. 예수님은 지금 살아계신다. 그분이 당신의 주인이시다.

03

큐리오스 예수스 _ Part 2

현실을 이기는 힘,
부활 신앙

> " 안식 후 첫날 일찍이 아직 어두울 때에 막달라 마리아가 무덤
에 와서 돌이 무덤에서 옮겨진 것을 보고 시몬 베드로와 예수께서 사랑
하시던 그 다른 제자에게 달려가서 말하되 사람들이 주님을 무덤에서
가져다가 어디 두었는지 우리가 알지 못하겠다 하니 베드로와 그 다른
제자가 나가서 무덤으로 갈새 둘이 같이 달음질하더니 그 다른 제자가
베드로보다 더 빨리 달려가서 먼저 무덤에 이르러 구부려 세마포 놓인
것을 보았으나 들어가지는 아니하였더니 시몬 베드로는 따라와서 무덤
에 들어가 보니 세마포가 놓였고 또 머리를 쌌던 수건은 세마포와 함께
놓이지 않고 딴 곳에 쌌던 대로 놓여 있더라. 그때에야 무덤에 먼저 갔
던 그 다른 제자도 들어가 보고 믿더라. (그들은 성경에 그가 죽은 자
가운데서 다시 살아나야 하리라 하신 말씀을 아직 알지 못하더라). 이

에 두 제자가 자기들의 집으로 돌아가니라. 마리아는 무덤 밖에 서서 울고 있더니 울면서 구부려 무덤 안을 들여다보니 흰 옷 입은 두 천사가 예수의 시체 뉘었던 곳에 하나는 머리 편에, 하나는 발 편에 앉았더라. 천사들이 이르되 여자여 어찌하여 우느냐. 이르되 사람들이 내 주님을 옮겨다가 어디 두었는지 내가 알지 못함이니이다. 이 말을 하고 뒤로 돌이켜 예수께서 서 계신 것을 보았으나 예수이신 줄은 알지 못하더라. 예수께서 이르시되 여자여 어찌하여 울며 누구를 찾느냐 하시니 마리아는 그가 동산지기인 줄 알고 이르되 주여 당신이 옮겼거든 어디 두었는지 내게 이르소서. 그리하면 내가 가져가리이다. 예수께서 마리아야 하시거늘 마리아가 돌이켜 히브리 말로 랍오니 하니(이는 선생님이라는 말이라) 예수께서 이르시되 나를 붙들지 말라. 내가 아직 아버지께로 올라가지 아니하였노라. 너는 내 형제들에게 가서 이르되 내가 내 아버지 곧 너희 아버지, 내 하나님 곧 너희 하나님께로 올라간다 하라 하시니 막달라 마리아가 가서 제자들에게 내가 주를 보았다 하고 또 주께서 자기에게 이렇게 말씀하셨다 이르니라. 요한복음 20:1-18

우리의 일상에서 부활하여 지금 살아계신 예수님을 망각한다면 현실의 모든 고난을 이기는 힘을 망각하는 것이다. 2천 년 전에 부활하신 예수님이 나와 무슨 상관이 있냐고 하는 사람은 잘못된 믿음을 가진 사람이다. 왜냐하면 그 사람은 죽은 예수를 믿기 때문이다. 부활하여 지금 살아계신 예수님을 믿는다면 현실에 일어나는 모든 고난을 이기는 힘을 가지게 된다. 예수님은 지금 살아계신다.

이번 장에서는 예수님을 믿고 따르다가 크게 슬픔에 빠진 한 여인을 소개하고자 한다. 그녀의 이름은 막달라 마라아다. 그녀의 원래 이름은 마리아지만, 당시 여인들의 이름에 마리아라는 이름이 흔해서 태어난 지역명을 함께 불러 사람을 구분하였다. 막달라라는 지역은 갈릴리 호수 북서쪽 5km에 위치한 지역으로써 염색업과 직물업, 생선 절임이 발달한 갈릴리를 대표하는 4대 도시 중의 하나이다.

예수님의 공생애의 초기 사역은 주로 갈릴리 지역에서 일어났다. 예수님은 갈릴리에서 신하의 아들을 고치시고, 회당에서 귀신 들린 자를 고치시고, 문둥병자를 고치시고, 중풍병자를 고치시고, 손 마른 자를 고치시고, 백부장의 하인을 고치시고, 나인 성 과부의 죽은 아들을 살리시고, 갈릴리 여러 마을을 다니셨다.

누가복음 8장에 보면 이때 예수님의 일행을 따라다니면서 모든 재정을 후원하는 사람들이 나온다. "또한 악귀를 쫓아내심과 병 고침을 받은 어떤 여자들 곧 일곱 귀신이 나간 자 막달라인이라 하는 마리아와 헤롯의 청지기 구사의 아내 요안나와 수산나와 다른 여러 여자가 함께하여 자기들의 소유로 그들을 섬기더라"(눅 8:2-3). 예수님을 따라다니면서 재정을 후원하는 여자들 중에는 막달라 마리아도 있었고, 정치적 재력가인 헤롯 대왕의 청지기 요안나도 있었다.

우리는 이 구절에서 막달라 마리아가 예수님을 따라다니면서 재정적 후원을 하였다는 것과 어느 정도 나이가 든 중년여성이라는 사실을 알 수 있다. 예수님의 십자가 죽음에 끝까지 따라간 여인들을 소개하는데 그녀들은 주로 제자들의 어머니였다. 이것은 막달라 마리아의 나이가 그녀들과 비슷하거나 그녀들보다 더 많았던 것 같다. 왜냐하면 막달라 마리아를 제일 먼저 기록하고 있기 때문이다.

혹자는 막달라 마리아가 누가복음 7장에 나오는 창녀로 살다가 예수님에게 치유를 받아 그 고마움으로 예수님의 발에 향유를 부은 자라고 말하는데, 이것은 전혀 근거 없는 말이다. 이것은 요한복음 11장에 나오는 예수님의 발에 향유를 부은 나사로의 누이 마리아로 오해한 것이다. 이런 해설은 중세기에 성경을 잘못 해석한 것에서 비롯되었다. 특히 얼마 전 「다빈치 코드」라는 책에서는 예수님과 막달라 마리아를 연인으로 부각하고 있는데, 이것은 정말 어처구니없는 해석이며 신성모독이다. 예수님 당시에는 젊은 여성이 제자들 무리와 함께 다닐 수 없었다. 더욱이 예수님은 그 당시에 뜨는 랍비였기에 더더욱 젊은 여성들과는 함께 다니지 않았다.

분명한 것은 그녀는 과거에 귀신 들린 여인이었다. 그냥 귀신에 들린 정도가 아니라 일곱 귀신에 들렸다고 되어 있는데, 이는 그녀의 상태가 아주 심각하였다는 점을 말하고 있다. 그녀는 정신적, 육체적, 영적으로 모든 것이 다 무너진 상태였다. 그녀는 모든 인격이 다 파괴되어 아무런 비전도 열정도 없이 그냥 죽지 못해 살아가는 지옥 같은 삶을 살고 있었다. 그녀에게는 오늘의 태양이 떠올라도 아무런 의미가 없었다. 그녀에게는 계절이 바뀌어도 아무런 의미가 없었다. 그녀는 모든 여성이 꿈꾸는 아름다운 결혼조차도 상상할 수 없었다.

복음서에는 귀신 들린 자들은 자신의 몸을 불에도 던지고, 물에도 던지는 자로 나오고, 또 마을에서 추방되어 무덤을 오가는 미친 사람으로 기록되고 있다. 다행히 막달라 마리아는 돈이 좀 많은 부자였던 것 같다. 그녀는 예수님을 만나 병이 치유되자(그녀가 언제 어디에서 예수님을 만나 치유되었는지는 성경에 기록되어 있지는 않다), 그녀가 가졌던 돈을 가지고 예수님을 후원하게 되었고, 그 일을 행복으로 여겼다.

막달라 마리아는 예수님을 만난 이후 모든 것이 달라졌다. 그녀는 자신이 치유된 것만으로 만족할 수 없었다. 그녀는 예수님을 따르기 시작했다. 그녀는 예수님에게 모든 것을 다 걸었다. 그녀는 언제나 예수님을 돕는 일에 제일 앞장섰다. 복음서에서 예수님을 돕는 여성들을 기록할 때는 언제나 막달라 마리아의 이름이 제일 먼저 나온다.

그녀는 예수님이 행하시는 기적을 수없이 보았다. 그녀는 날마다 새로운 기적을 보았다. 그녀는 예수님 바로 곁에서 예수님께서 직접 말씀하시는 설교를 들었다. 예수님의 설교는 들어도 들어도 너무나 좋았다. 그녀는 예수님과 사역을 하면 할수록 기쁨이 넘치고 끊임없이 솟아나는 기쁨이 가득했다.

막달라 마리아에게 예수님은 삶의 이유이자, 목적이며, 비전이었다. 그런데 그런 예수님이 십자가에 달려 돌아가셨다. 물론 예수님께서 이미 자신이 십자가에 죽으시고 삼 일 만에 부활하신다고 여러 번 말씀하셨지만 그 말을 전혀 이해할 수 없었다.

예수님이 십자가에 못 박히실 때 사도 요한을 제외한 다른 모든 제자는 도망가 버렸다. 예수님이 십자가에 못 박히실 때 끝까지 예수님 곁에 있었던 자가 누구인가? "그중에는 막달라 마리아와 또 야고보와 요셉의 어머니 마리아와 또 세베대의 아들들의 어머니도 있더라"(마 27:56). 또 두 명, 즉 예수님의 어머니 마리아와 요한, 이렇게 5명이 있었다. 막달라 마리아는 예수님의 죽음을 직접 보았다. 막달라 마리아는 예수님이 십자가에서 아무런 힘도 없이 죽으심에 너무나 놀라고 충격을 받았다.

금요일 아침 9시에 십자가에 매달린 예수님은 오후 3시에 십자가 위에서 죽으셨다. 수많은 죽은 자들을 살리시던 분이 힘없이 죽으셨다. 막달라 마리아의 얼굴에는 눈물만 하염없이 흐르고 있었다. 어쩌면 막달라 마리아는 예수님이 십자가에 죽는 순간 살아나실 것을 기대했는지도 모른다. 그러나 예수님의 죽음으로 모든 것이 끝났다. 이제 막달라 마리아가 다시 꿈을 꾼다는 것은 있을 수 없는 일이었다. 이제 막다라 마리아가 다시 열정을 가진다는 것은 불가능한 일이었다.

유대인들은 안식일이 곧 시작된다는 이유로 십자가에서 죽으신 예수님의 시신을 급히 치우길 원했다. 유대인들은 금요일 저녁부터 토요일 저녁까지는 안식일로 지키기 때문에 저녁이 되기 전에 예수님의 시신을 치우길 원했다. 예수님의 시신은 급히 갈보리 언덕에서 가까운 아리마대 요셉의 무덤에 안치되었다.

예수님께서 생전에 십자가에 죽으시고 삼 일 만에 부활하신다는 말씀을 여러 번 하셨으나 제자들은 믿지 않았는데, 대제사장과 유대 종교지도자들은 오히려 그 말씀을 믿고 예수님의 부활을 두려워했다. 그래서 예수님의 시신이 묻혀 있는 무덤을 1~2톤 정도 되는 돌문으로 막은 후 로마 병정들을 세워 지키게 했고, 빌라도의 인장까지 찍어 두었다. 그래야 아무도 예수님의 시신을 훔쳐가지 못할 것이라 생각하고 안심하였다.

유대인들은 안식일 날에는 아무도 일을 하지 않았고 멀리 움직이지도 않았다. 막달라 마리아는 집으로 돌아가 향유와 향품을 준비하였다. "돌아가 향품과 향유를 준비하더라. 계명을 따라 안식일에 쉬더라"(눅 23:56). 안식 후 첫 날 새벽에 막달라 마리아는 예수님이 묻혀 있는 무덤으로 갔다. "안식 후 첫날 일찍이 아직 어두울 때에 막달라 마리아가 무덤에 와서 돌이 무덤에서 옮겨진 것을 보고"(요 20:1).

막달라 마라아와 또 다른 마리아가 이른 새벽에 예수님이 묻힌 무덤에 간 이유는 병이 낫고자함도 아니고, 돈을 벌기 위함도 아니며, 성공하기 위함도 아니었다. 그녀가 향유와 향품을 들고 이른 새벽에 예수님의 무덤에 찾아간 이유는 예수님을 사랑하였기 때문이다.

그렇다면 여기서 제자들과 막달라 마리아의 차이가 무엇인가? 제자들은 늘 예수님을 통해 무엇인가를 얻기 원했다. 쉽게 말하면 세상적인 성공을 원했다. 예수님 곁에 있으면 세상적으로 한자리할 줄 알았다. 불과 일주일 전만 해도 예수님께서 나귀를 타고 예루살렘에 입성할 때 예수님이 왕이 될 줄 알고 신이 났다. 그들은 최후의 만찬 때 누가 예수님 오른편에 앉을 것인가를 두고 다툰 자들이다. 그들은 예수님을 통해 무슨 이익을 바라고 있었다. 그런데 예수님이 죽자 모든 것을 다 버리고 도망가 버렸다.

그러나 마리아는 예수님을 통해 아무런 유익을 원치 않았다. 그녀는 대가를 바라지 않는 순수한 사랑을 하고 있었다. 예수님을 향한 대가를 바라지 않는 헌신에는 언제나 큰 은혜가 있었다. 마리아와 같은 돌려받길 기대하지 않는 진실한 헌신에는 언제나 더 큰 은혜가 부어진다.

하나님은 막달라 마리아가 이른 새벽에 예수님의 시신이 있는 무덤을 향해 가는 것을 알고 계셨다. 하나님은 그녀가 산길을 걸어오는 것을 지켜보고 계셨다. "큰 지진이 나며 주의 천사가 하늘로부터 내려와 돌을 굴려 내고 그 위에 앉았는데 그 형상이 번개 같고 그 옷은 눈 같이 희거늘 지키던 자들이 그를 무서워하여 떨며 죽은 사람과 같이 되었더라"(마 28:2-4). 이 말씀을 자세히 읽어보면 천사가 돌을 굴려 낸 이유가 설명되어 있다.

누구를 위해 돌문을 열었는가? 바로 막달라 마다아를 위한 것이었다. 예수님의 부활하신 몸은 시간과 공간을 초월하는 몸이다. 제자들이 방에 문을 걸고 숨어 있었을 때 부활하신 예수님은 쑥 나타나셔서 또 쑥 사라지셨다. 예수님은 무덤 문을 여실 필요가 없었다. 그런데 왜 천사는 돌을 굴려냈을까? 천사는 막달라 마리아에게 무덤 속을 보라고 말한다. "와서 그가 누우셨던 곳을 보라"(마 28:6).

막달라 마리아는 빈 무덤에서 급히 나와 제자들이 있는 곳으로 뛰어가서 빈 무덤 소식을 알렸다. 막달라 마리아가 베드로와 요한에게 사람들이 예수님의 시신을 무덤에서 가져갔다고 전하였다. "시몬 베드로와 예수께서 사랑하시던 그 다른 제자에게 달려가서 말하되 사람들이 주님을 무덤에서 가져다가 어디 두었는지 우리가 알지 못하겠다 하니"(요 20:2).

베드로와 요한은 급히 무덤을 향해 달려갔다. "베드로와 그 다른 제자가 나가서 무덤으로 갈새 둘이 같이 달음질하더니 그 다른 제자가 베드로보다 더 빨리 달려가서 먼저 무덤에 이르러"(요 20:3-4). 요한이 무덤에 먼저 도착하였는데, 베드로가 먼저 무덤 안에 들어가도록 배려하였다. "시몬 베드로는 따라와서 무덤에 들어가 보니 세마포가 놓였고 또 머리를 쌌던 수건은 세마포와 함께 놓이지 않고 딴 곳에 쌌던 대로 놓여 있더라. 그때에야 무덤에 먼저 갔던 그 다른 제자도 들어가 보고 믿더라"(요 20:6-8).

이 구절은 마치 번데기에서 나비가 나간 것처럼 세마포는 그대로 있고 머리 쪽만 따로 개켜져 있는 것이다. 만약 누군가가 예수님의 시신을 훔쳐 갔다면 온몸을 감쌌던 세마포가 그대로 있을 수 없다. 이 장면을 본 베드로와 요한은 예수님이 부활하셨다는 사실을 알았다.

두 제자는 무덤 안에서 나오고, 막달라 마리아는 무덤 밖에서 울고 있다가 무덤 안을 쳐다보았다. 그곳에서 흰 옷 입은 두 천사가 있었다. 두 천사는 베드로와 요한에게는 나타나지 않았다. 막달라 마리아가 무덤에 들어갔을 때 두 천사가 나타났다. 천사는 막달라 마리아에게 "어찌하여 우느냐"라고 물었다. 그러자 막달라 마리아는 예수님의 시신이 없어져서 너무 슬퍼 운다고 대답했다(요 20:13).

그런데 막달라 마리아가 천사와 대화하고 뒤를 돌아다보니 어떤 사람이 서 있는 것이 보였다. 그 사람은 막달라 마리아에게 천사가 한 말과 똑같은 말을 하였다. "예수께서 이르시되 여자여 어찌하여 울며 누구를 찾느냐 하시니 마리아는 그가 동산지기인 줄 알고 이르되 주여 당신이 옮겼거든 어디 두었는지 내게 이르소서. 그리하면 내가 가져가리이다"(요 20:15). 막달라 마리아는 누가 보아도 울고 있었다. 그녀에게는 지금 엄청난 슬픔이 밀려왔다. 그녀는 '혹시 이 사람이 예수님의 시체를 옮긴 것 아닌가?' 하며 "예수님의 시신을 어디 두었는지 알려달라"고 청했다. 그녀는 슬픔이 너무 커서 예수님께서 바로 곁에 와 계신데도 알지 못했다.

"예수께서 마리아야 하시거늘 마리아가 돌이켜 히브리 말로 랍오니 하니(이는 선생님이라는 말이라)"(요 20:16). 막달라 마리아는 예수님께서 그녀의 이름을 부르실 때야 비로소 그 사람이 예수님이신 것을 알았다. 기뻐서 마리아는 예수님을 붙잡으려고 했다. 그러자 "예수께서 이르시되 나를 붙들지 말라. 내가 아직 아버지께로 올라가지 아니하였노라. 너는 내 형제들에게 가서 이르되 내가 내 아버지 곧 너희 아버지, 내 하나님 곧 너희 하나님께로 올라간다 하라 하시니"(요 20:17).

막달라 마리아는 부활하신 예수님을 만나자 순간 모든 슬픔이 사라졌다. 막달라 마리아는 슬픔이 변하여 기쁨이 넘쳤다. 그녀는 제자들에게 가서 주님을 보았다고 증거하였다. "막달라 마리아가 가서 제자들에게 내가 주를 보았다 하고 또 주께서 자기에게 이렇게 말씀하셨다 이르니라"(요 20:18).

우리는 이처럼 예수님을 향해 한없이 순수하고 진실된 막달라 마리아의 사랑을 통해 현실을 이기는 힘이 어디에서 오는지 생각해보고자 한다.

현실을 이기는 힘은
예수님을 사랑하는 것이다

막달라 마리아는 누구보다도 예수님을 사랑했다. 그녀는 예수님을 사랑했기에 섬김에도 앞장섰다. 그녀는 언제나 제일 앞에서 섬겼다. 그녀는 예수님을 사랑했기에 자신의 것을 아낌없이 드렸다. 그녀는 새벽 미명에 무덤을 향해 갔다. 불과 삼 일 전에 예수님을 죽인 살벌한 분위기였다. 대제사장과 종교 지도자들은 예수님을 따르는 제자들도 다 체포하여 죽일 분위기였다. 그곳에는 로마 병정들이 무덤을 지키고 있었다.

그녀는 여자의 몸으로 1~2톤이나 되는 돌문을 열 수도 없었다. 그녀가 무덤을 향해 뛰어간 것은 그냥 대책 없는 사랑이었다. 계산하지 않는 사랑이었다. 무모한 사랑이었다. 이런 사랑에 은혜가 임한다. 사랑에는 두려움이 없다(요일 4:18).

하나님은 막달라 마리아의 예수님을 향한 순수한 사랑을 아셨다. 하나님은 그녀를 위해 무덤의 돌문을 열어주셨고, 그녀에게 부활하신 예수님을 처음으로 만나는 큰 은혜를 베푸셨다. 막달라 마리아는 전 인류의 희망인 부활을 첫 번째로 목격한 산 증인이 되었다. 막달라 마리아는 일평생 이 사건을 잊지 못할 것이다.

막달라 마리아는 예수님의 부활을 몰랐다. 예수님이 부활하실 것을 말씀하셨지만 그녀는 믿지 않았다. 그녀는 예수님이 자기의 죄를 위해 죽으심을 몰랐다. 그러나 그녀는 예수님을 헌신적으로 사랑했다. 그녀는 예수님을 사랑했기에 자신이 지금 겪는 어떤 어려움도 큰 문제가 되지 않았다. 그녀의 순수하고 헌신적인 사랑은 그녀로 하여금 부활하신 예수님을 처음 만나는 은혜의 사람이 되게 하였다.

정략결혼을 한 사람의 이야기다. 그 남자는 부모끼리 어릴 적부터 정혼한 상태라 어쩔 수 없이 마음에도 없는 여인과 결혼하게 되었다. 그런데 첫날밤을 지나고 보니 생각한 것보다 부인이 너무 못생겨서 그때부터 부인을 구박하기 시작했다. 그렇게 부인은 영문도 모른 채

구박만 받으며 살았다.

어느 날 남편은 불의의 사고로 눈을 다쳤고, 그만 실명하게 되었다. 갑자기 앞을 못 보게 된 남자는 사는 게 사는 것이 아니었다. 암흑 같은 삶이 싫었다. 주변에서는 목숨을 구한 것이 기적이라고 위로했지만 그 마저도 조롱처럼 여겨졌다. 답답함은 말할 것도 없이 차라리 죽는 게 낫다는 생각조차 들었다. 모든 게 싫었다. 자신이 아내를 너무 구박해서 이런 일을 당하는 것은 아닌지 자책도 해보았지만, 이내 박복한 아내 때문에 이런 일이 생겼다고 간호하는 아내를 더 심하게 구박했다. 그렇게 시간은 흘러 남자에게 희망 없는 나날이 계속되었다.

그런데 뜻밖의 소식이 들려왔다. 누군가 자기에게 한쪽 눈을 주겠다는 사람이 나타났다는 것이다. 그는 어떻게 표현할 수 없는 감사와 기쁨을 느꼈다. 인생에 새로운 한줄기 광명이 비추는 것만 같았다. 수술을 마치고 눈을 떴을 때 그는 새생명을 얻은 느낌이었다. 비록 한쪽 눈이었지만 세상을 볼 수 있다는 게 너무나 행복했다. 세상을 다 가진 기분이었다. 새롭게 태어나자 그는 그렇게 구박했던 아내가 보고 싶었다. 그런데 아내의 한쪽 눈에 붕대가 감겨져 있었다. 그는 아내 앞에서 어린 애처럼 펑펑 울었다. 평생 자신을 그렇게 구박했던 남편을 위해 아내는 자신의 한쪽 눈을 망설임 없이 내준 것이다. 그 남편은 여생을 아내를 보며 감사하는 마음으로, 사죄하는 마음으로 깊이 더 깊이 사랑하며 살았다.

이렇게 한쪽 눈만 주어도 깊이 감사하며 사랑하는데 예수님은 우리의 죄를 해결하시기 위하여 온몸과 생명을 다 주셨다. 그런데 우리가 어떻게 예수님을 사랑하지 않을 수 있겠는가? 우리는 당연히 무덤을 찾아간 막달라 마리아보다 더 뜨겁게 주님을 사랑해야만 한다.

당신의 삶이 어려운가? 예수님을 뜨겁게 사랑하면 현실의 어떤 문제도 문제가 되지 않는다. 남 탓하거나 환경을 탓하면서 주의 일을 그만두는 것은 내 안에 예수님을 향한 사랑이 식은 것이다. 우리의 마음에 예수님을 향한 사랑이 가득하게 되면 모든 문제를 다 이길 수 있다. 사랑은 현실의 모든 문제를 이기게 하는 힘이다. 사랑은 두려움을 없애 준다. 사랑은 기적을 일으킨다. 당신의 마음을 세상으로 채우지 말고 예수님의 사랑으로 가득 채우라. 그 사랑이 생각하지 않은 길을 열어줄 것이다.

예수님을 가장 사랑하는 자에게는 예수님이 나타나신다. 예수님을 가장 사랑하는 자에게는 예수님께서 특별한 은혜를 부어주신다. 부활하신 예수님께서 베드로에게 나타나서 물으신 것은 "네가 날 사랑하느냐?"라는 말씀이셨다. 예수님을 향한 사랑이 가득한 자만이 어린양을 먹일 수 있는 사명을 이룰 수 있다. 예수님을 향한 사랑이 식지 않도록 주의하라. 무엇보다도 당신의 마음 안에 예수님을 향한 사랑이 가득하게 하라. 모든 것을 이기게 될 것이다.

부활하여 지금도 살아계신
예수님을 믿는 것이다

예수님께서 십자가에 죽으시자 막달라 마리아는 누구보

다도 슬픈 여인이 되었다. 그녀는 삶의 목적이 사라졌다. 그녀는 삶의 의미가 사라졌다. 아무런 꿈도 비전도 희망도 열정도 없었다. 그저 눈물만 흐를 뿐이었다. 눈물만이 그녀에게 전부인 것 같았다. 천사도 그녀에게 "어찌하여 우느냐?"며 물었고, 부활하신 예수님도 "어찌하여 우느냐?"고 말씀하실 정도였다.

그러나 막달라 마리아가 부활의 주님을 만난 바로 그 순간, 슬픔이 사라지고 눈물이 기쁨으로 바뀌었다. "그 여자들이 무서움과 큰 기쁨으로 빨리 무덤을 떠나 제자들에게 알리려고 달음질할새"(마 28:8). 여기에 무서움은 부활하신 예수님을 만난 경외심을 말한다. 막달라 마리아는 부활하신 예수님을 만나자 그렇게 멈추지 않고 흐르던 눈물이 사라지고 큰 기쁨이 생겼다. 막달라 마리아는 제자들이 있는 곳을 향해 뛰어갔다. 사라졌던 열정이 생긴 것이다. 그녀의 세계가 온통 어둠이었는데 다시 태양이 솟아났다. 부활하여 지금 살아계신 예수님을 만나자 모든 슬픔이 사라지고 기쁨이 솟아났다.

부활의 능력은 나중에 예수님이 다시 오실 때, 예수님이 재림하실 때 나타나는 게 아니다. 지금 바로 현실에서 나타난다. 부활하신 예수님을 만난 도마는 의심에서 확신으로 바뀌었다. 부활하신 예수님을 만난 베드로는 두려움에서 용기로 바뀌었다. 부활하신 예수님을 만난 막달라 마리아는 슬픔에서 큰 기쁨으로 바뀌었다.

부활하신 예수님에게는 생명이 있다. 생명은 사망의 세력을 없애 버린다. "죽음을 통하여 죽음의 세력을 잡은 자 곧 마귀를 멸하시며 또 죽기를 무서워하므로 한평생 매여 종노릇하는 모든 자들을 놓아주려 하심이니"(히 2:14-15). 예수님이 십자가에서 죽으시고 부활하신 것은 죽음의 세력을 잡고 있는 마귀를 멸하시기 위함이다. 예수님이 십자가에 죽으시고 부활하신 것은 한평생 죽음을 두려워하며 마귀의 종노릇하는 자들을 해방시키시기 위함이다.

우리 주위에 평생 두려움 속에 붙잡혀 두려움의 종노릇하는 자들이 가득하다. 눈만 뜨면 두려움에 사로잡혀 산다. 돈에 대해 두려워하고, 건강에 대해 두려워하고, 미래에 대해 두려워하며 살아간다. 이것은 하나님께서 우리에게 원하시는 게 아니다. "하나님이 우리에게 주신 것은 두려워하는 마음이 아니요 오직 능력과 사랑과 절제하는 마음이니"(딤후 1:7).

하나님은 우리에게 생명이신 예수님을 보내주셨다. 그러기에 우리는 모든 두려움의 뿌리인 죽음을, 사망을 두려워할 필요가 없다. "사망아 너의 승리가 어디 있느냐. 사망아 네가 쏘는 것이 어디 있느냐. 사망이 쏘는 것은 죄요 죄의 권능은 율법이라"(고전 15:55-56). 사망은 죄에만 역사할 수 있다. 그래서 우리는 죄를 멀리해야 한다.

부활하신 예수님은 두려움의 뿌리인 사망을 다 물리치고 승리를 주신다. "(부활하신) 우리 주(인) 예수 그리스도로 말미암아 우리에게 (현재의) 승리를 주시는 하나님께 감사하노니"(고전 15:57). 여기에 '승리를 주시는' 이라는 동사는 미래시제가 아니라 현재시제를 쓰고 있다. 즉 부활하신 예수님은 지금 현재의 모든 문제를 이기게 하신다는 뜻이다.

세상에서 가장 힘이 센 존재는 죽음이다. 죽음은 과학자도, 철학자도, 권력자도 그 누구도 이길 수 없다. 세상의 모든 사람이 죽음 앞에 무력하다. 그러나 예수님은 그 사망을 이기셨다. 최고의 강자인 사망을 이기신 예수님을 우리 주인으로 삼는다면 우리는 우리의 모든 현실의 문제를 다 이기게 된다. 내가 이기는 것이 아니라 나의 주인이신 예수님께서 이기게 하신다.

고린도교회는 문제가 많은 교회였다. 고린도는 항구도시였기에 음란했다. 고린도교회 안에도 음란한 자들이 많았다. 고린도교회는 바울파, 아굴라파, 게바파, 그리스도파라고 하는 여러 파당으로 분열되어 있었다. 고린도교회는 성도들끼리 민사소송이 있어서 교인들의 문제를 세상 법정에 들고 가는 일도 있었다. 고린도교회에는 바울의 사도권을 정면으로 시비 거는 사람들도 있었다. 또 고린도교회는 은사를 받는 사람들끼리 자기가 옳다, 네가 옳다고 하며 은사 분열의 다툼도 있었다.

사도 바울은 이런 고린도교회의 문제를 해결하기 위해 고린도전서를 기록하였고, 그 고린도전서 마지막 결론을 부활장인 고린도전서 15장으로 답하였다. 바울은 고린도교회에 아무리 많은 문제가 있어도 부활하신 예수님이 계시기에 승리하게 된다는 것이다. "(부활하신) 우리 주(인) 예수 그리스도로 말미암아 우리에게 (현재의) 승리를 주시는 하나님께 감사하노니"(고전 15:57). "그러므로 내 사랑하는 형제들아 견실하며 흔들리지 말고 항상 주(인)의 일에 더욱 힘쓰는 자들이 되라. 이는 너희 수고가 주(인) 안에서 헛되지 않은 줄 앎이라"(고전 15:58).

당신은 부활하여 지금도 살아계신 예수님을 주인으로 모시고 있는가? 그렇다면 현실의 문제로 흔들리지 마라. 그분이 당신의 인생을 최고의 길로 인도하실 것이다. 당신의 주인이신 예수님을 기쁘시게 하는 일에 힘써라. 그러면 정말 후회하지 않는 인생이 될 것이다. 예수님을 매 순간 주인으로만 모셔라.

예수님을 믿는다고 하면서도 무능한 그리스도인으로 살아가는 이유가 무엇인가? 예수님을 한낱 인생에 도움을 주시는 선생님 정도로만 믿고 있기 때문이다. 막달라 마리아는 처음 부활하신 주님을 보았을 때는 그냥 자기도 모르게 예수님을 '랍비'라고 불렀다. 우리가 믿는 예수님은 삶의 지혜를 주는 정도이거나 인격 수양에 도움을 주는 정도의 랍비가 아니시다. 우리가 믿는 예수님은 죽음도 이기시고, 지금 부활하여 살아계신 주님이시다.

막달라 마리아는 부활하신 예수님을 만난 후 예수님을 단순한 랍비에서 주님으로 모시고 열정이 넘치는 삶을 살았다. "막달라 마리아가 가서 제자들에게 내가 주를 보았다 하고 또 주께서 자기에게 이렇게 말씀하셨다 이르니라"(요 20:18). 막달라 마리아는 예수님을 만나기 전에는 세상에서 버림받는 일곱 귀신 들린 자였다. 그녀는 세상 신분으로 보면 어쩌면 가장 천한 여인이었다. 그녀는 세상의 모든 문제를 다 가진 전혀 희망 없는 여인이었다.

그러나 예수님을 만난 그녀는 새로운 인생을 사는 여인이 되었다. 하지만 그 예수님이 십자가를 지시고 힘없이 죽자 모든 것이 무너졌다. 그녀는 너무나 큰 슬픔이 밀려왔다. 울어도 울어도 끝이 없는 눈물이 흘렀다. 그때 부활하신 예수님이 마리아에게 다가와 마리아의 이름을 부르시며, 부활하신 자신을 보여주셨다. 마리아는 부활하신 예수님을 만나자 모든 슬픔이 사라지고 큰 기쁨이 흘러넘쳤다. 그녀가 만난 예수님은 그냥 좋은 분이 아니셨다. 죽음을 이기신 부활하신 예수님이셨다. 더 이상 예수님은 인간이 아니셨다. 신이셨다. 그녀는 예수님을 자신의 삶의 주인으로 모셨다.

당신이 정말 예수님을 믿는다면 부활하여 지금 살아계신 예수님을 주인으로 모셔라. 그러면 당신의 모든 삶에 생명이 넘치게 될 것이다. 예수님을 믿는데도 내 삶에 활력이 없고, 생기도 없으며, 열정도 없다면 뭔가 잘못된 것이다. 그 사람은 예수를 믿는다고 고백만 하였지 예수님을 진정한 주인으로 모신 것이 아니다. 부활하여 지금도 살아계신 예수님을 주인으로 모신 사람은 현실에 아무리 큰 문제가 일어나도 별문제가 되지 않는다. 주인이신 예수님께서 다 해결해주실 것을 믿기 때문이다.

이 세상은 슬픔도 많고, 억울한 일도 많으며, 힘든 일도 많고, 이해할 수 없는 일도 많이 벌어진다. 그래도 우리는 절대로 좌절할 수 없다. 왜냐하면 부활하신 예수님이 우리의 주인이시기 때문이다. 지금 부활하여 살아계신 예수님께서 우리의 주인 되시면 현실의 모든 어려움을 견뎌 이기게 된다.

폴 투르니에는 스위스의 유명한 저술가이자, 의사요, 학자이기도 하다. 그가 쓴 신앙 간증집이 하나 있는데 「듣는 귀」라는 제목의 책이다. 그와 아내는 금실 좋은 부부로 소문날 정도로 행복한 나날을 보내고 있었다. 그런데 어느 날 그리스에 휴가를 갔다가 아내가 갑자기 심장마비를 일으켜 세상을 떠나게 되었다. 죽기 직전, 아내는 평화로운 미소를 띠며 남편에게 이런 말을 남겼다.

"여보, 오늘 천국에 도착하면 먼저 가 계신 시부모님을 만나 정말 즐거울 것 같아요."

그 말을 들은 투르니에 박사는 굉장한 감동을 받았다. 그는 아내가 죽음을 마치 기차를 타고 제네바에 다시 돌아가는 것처럼, 사랑하는 가족을 재회하는 것처럼 태연하게 받아들이는 것을 보고 부활이요 생명이신 예수님을 새롭게 체험할 수 있었다. 아내를 천국으로 떠나보낸 후에 그의 믿음은 점점 더 강해졌다.

부활이요 생명이신 주님에 대한 믿음이 강해질수록 그는 근심과 걱정으로부터 해방되는 놀라운 자유를 체험할 수 있었다. 그는 이렇게 말한다.

"나는 아내와 육체적으로만 결혼한 부부였던 것이 아니라 아내의 소망과 믿음 속에 한 몸이 되어 있었던 것을 알게 되었다."

부활을 2천 년 전의 추억으로 여기지 마라. 부활하신 예수님은 지금 살아계셔서 당신의 삶을 주관하길 원하신다. 천국은 죽어서만 가는 곳이 아니다. 지금 부활하신 주님이 내 안에 살아계시는 그곳이 어디든지 생명 넘치는 천국이다.

당신에게 문제가 있는가? 문제를 바라보지 말고 지금 살아계신 부활의 주님을 바라보라. 부활의 주님을 당신 인생에 주인이 되게 하라. 부활하신 주님이 당신 인생의 주인이 되면 모든 문제는 작아진다. 세상에 빼앗긴 시선을 부활하신 주님에게 돌려라. 날마다 기대가 넘치는 삶이 될 것이다. 부활 신앙이 세상의 모든 어려움을 이기게 해준다.

성령 없이
능력 없다

약속하신 성령을 기다려라 | 오로지 기도에 힘을 썼다
다 성령의 충만함을 받았다 | 성령 충만 이후, 무슨 일이?

약속하신 성령을
기다려라

" 데오빌로여 내가 먼저 쓴 글에는 무릇 예수께서 행하시며 가르치시기를 시작하심부터 그가 택하신 사도들에게 성령으로 명하시고 승천하신 날까지의 일을 기록하였노라. 그가 고난 받으신 후에 또한 그들에게 확실한 많은 증거로 친히 살아계심을 나타내사 사십 일 동안 그들에게 보이시며 하나님 나라의 일을 말씀하시니라. 사도와 함께 모이사 그들에게 분부하여 이르시되 예루살렘을 떠나지 말고 내게서 들은 바 아버지께서 약속하신 것을 기다리라. 요한은 물로 세례를 베풀었으나 너희는 몇 날이 못되어 성령으로 세례를 받으리라 하셨느니라. 그들이 모였을 때에 예수께 여쭈어 이르되 주께서 이스라엘 나라를 회복하심이 이때니이까 하니 이르시되 때와 시기는 아버지께서 자기의 권한에 두셨으니 너희가 알 바 아니요 오직 성령이 너희에게 임하시면 너희가 권능을 받고 예루살렘과 온 유대와 사마리아와 땅끝까지 이르러 내 증인이 되리라 하시니라. 이 말씀을 마치시고 그들이 보는데 올려져 가시니 구름이 그를 가리어 보이지 않게 하더라. 올라가실 때에 제자들이 자세히 하늘을 쳐다보고 있는데 흰 옷 입은 두 사람이 그들 곁에 서서 이르되 갈릴리 사람들아 어찌하여 서서 하늘을 쳐다보느냐. 너희 가운데서 하늘로 올려지신 이 예수는 하늘로 가심을 본 그대로 오시리라 하였느니라. 제자들이 감람원이라 하는 산으로부터 예루살렘에 돌아오니 이 산은 예루살렘에서 가까워 안식일에 가기 알맞은 길이라. 들어가 그들이 유하는 다락방으로 올라가니 베드로, 요한, 야고보, 안드레와 빌립, 도마와 바돌로매, 마태와 및 알패오의 아들 야고보, 셀롯인 시몬, 야고보의 아들 유다가 다 거기 있어 여자들과 예수의 어머니 마리아와 예수의 아우들과 더불어 마음을 같이하여 오로지 기도에 힘쓰더라. 사도행전 1:1-14

　부활하신 예수님은 40일 동안 계속 나타나시다가 하늘로 승천하셨다. 40일 동안 나타나심은 부활에 대한 확신을 주기 위함이다. "그가 고난 받으신 후에 또한 그들에게 확실한 많은 증거로 친히 살아계심을 나타내사 사십 일 동안 그들에게 보이시며 하나님 나라의 일을 말씀하시니라"(행 1:3). 예수님은 부활하신 후 곧바로 승천하셔도 되셨다. 그런데 일부러 40일 동안 이 땅에 머무시며 10번이나 여러 사람들에게 나타나셔서 성경대로 십자가에 죽으시고 성경대로 부활하심을 보여주셨다.

　예수님께서 십자가에 죽으시고 삼 일 만에 부활하셔서 한 번만 제자들에게 나타났다면 제자들은 혹시 내가 착각했나, 아니면 헛것을 보았나 하며 부활을 의심할 수도 있었을 것이다. 그래서 예수님은 부활에 대한 확신을 주시기 위해 40일 동안 계속 나타나셨다.

부활하신 예수님은 40일 동안 제자들에게 계속 나타나셨다가, 이제 떠나시기 위한 마지막 날이 되었다. 예수님은 제자들에게 마지막 말씀을 하신다. "사도와 함께 모이사 그들에게 분부하여 이르시되 예루살렘을 떠나지 말고 내게서 들은 바 아버지께서 약속하신 것을 기다리라"(행 1:4). 이 말씀은 누가복음 마지막 장에도 똑같이 기록되어 있다. "볼지어다. 내가 내 아버지께서 약속하신 것을 너희에게 보내리니 너희는 위로부터 능력으로 입혀질 때까지 이 성에 머물라 하시니라"(눅 24:49).

아버지께서 약속하신 것이란 말씀은 요엘서의 예언을 두고 하신 말씀이다. "그 후에 내가 내 영을 만민에게 부어주리니 너희 자녀들이 장래 일을 말할 것이며 너희 늙은이는 꿈을 꾸며 너희 젊은이는 이상을 볼 것이며 그때에 내가 또 내 영을 남종과 여종에게 부어줄 것이며"(욜 2:28-29).

예수님은 제자들에게 예루살렘성을 떠나지 말고 아버지께서 약속하신 성령을 기다리라고 말씀하였다. 예루살렘은 불과 40일 전에 예수님을 십자가에 못 박아 죽인 장본인들이 시퍼렇게 살아 있는 살벌한 곳이다. 더욱이 십자가에 못 박힌 예수님의 시신이 사라지고 부활하셨다는 소문으로 대제사장과 종교 지도자들이 예수님의 제자들을 체포하려고 곳곳에 군사를 풀어 추적하고 있는 곳이다.

예루살렘은 제자들의 고향도 아니었다. 제자들은 대부분 갈릴리 사람이었다. 그런데 왜 예수님은 제자들에게 예루살렘을 떠나지 말고 아버지께서 약속하신 성령을 기다리라고 하셨을까? 성령의 부으심은 성전이 있는 예루살렘에서 시작되기 때문이다. 이것은 에스겔 47장에서 이미 예언한 말씀이다. 예수님은 성령이 임하여 복음이 전파되는 계획을 갖고 계시는데, 그 복음이 예루살렘에서 시작되어 온 유대와 땅 끝까지 전해지는 것이다.

예수님께서 예루살렘을 떠나지 말고 성령을 받으라고 하신 것은 아버지 하나님께서 약속하신 성령을 받지 않고는 아무리 부활하신 예수님을 보아도 능력 있는 그리스도인으로 살 수 없기 때문이다. 나를 정말 살리는 힘은 내 스스로에게 있는 것이 아니다. 나를 살리는 힘은 내가 긍정적인 마음을 가진다거나 내가 용기를 내는 것이 아니라 내가 아닌 밖에서 들어와야 한다. 그것이 바로 성령의 능력이다.

예수님의 십자가와 부활은 우리에게 죄 문제를 해결해주는 것이다. 죄 문제가 해결되었다고 능력 있는 인생을 사는 것은 아니다. 감옥에 갇힌 죄수가 감옥에서 풀려 나왔다고 성공적인 인생을 사는 것은 아니다. 감옥에서 나온 죄수들 중 대부분의 사람들이 재범을 하고 또다시 감옥에 들어간다. 감옥에서 나왔다고 다 성공하는 것은 아니다. 감옥에서 나온 것과 성공적인 인생을 사는 것은 별개의 문제이다.

우리가 예수님의 십자가와 부활로 죄의 문제가 해결되었다고 다 승리하는 인생을 사는 것은 아니다. 우리가 이 땅에서 승리하는 인생을 살려면 이 세상을 능히 이기는 능력이 필요하다. 그 능력이 바로 성령이시다.

예수님은 제자들을 떠나시면서 마지막으로 하신 말씀이 하나님께서 약속하신 성령을 기다리라는 것이었다. "사도와 함께 모이사 그들에게 분부하여 이르시되 예루살렘을 떠나지 말고 내게서 들은 바 아버지께서 약속하신 것을 기다리라. 요한은 물로 세례를 베풀었으나 너희는 몇 날이 못 되어 성령으로 세례를 받으리라 하셨느니라"(행 1:4-5). 세례 요한은 요단강에서 물로 세례를 베풀었으나 예수님은 제자들에게 성령으로 세례를 부어주시겠다고 약속하셨다. 이 말씀은 예수님의 마지막 유언이었다.

예수님께서 성령을 받으라고 하신 말씀은 이때가 처음은 아니다. 요한복음 13장에 보면 최후의 만찬 때 예수님께서 십자가를 지시기 전에 하신 말씀이 나온다. 예수님은 제자들의 발을 씻어주시고, 그다음 요한복음 14~16장에 걸쳐서 "내가 떠나면 너희에게 성령을 보내주실 것이라"고 말씀하셨다. 십자가의 죽음을 눈앞에 두고, 마지막으로 제자들에게 부탁하신 말씀은 다름 아닌 성령에 대한 말씀이셨다.

예수님은 최후의 만찬을 하시면서 자신이 십자가에 죽을 것을 말씀하셨다. 그때 제자들의 마음은 걱정을 넘어 비통함에 빠졌다. 즉 사랑하는 사람을 잃었을 때 오는 아픔과 절망이었다. 예수님은 그들의 마음을 아시고 "마음에 근심하지 말라"고 하시면서 "너희들을 고아처럼 내버려두지 않겠다"고 말씀하셨다. "너희는 마음에 근심하지 말라. 하나님을 믿으니 또 나를 믿으라"(요 14:1). "내가 너희를 고아와 같이 버려두지 아니하고 너희에게로 오리라"(요 14:18).

우리는 이런 말씀을 제3자의 입장에서 성경을 통해 보고 있지만, 직접 그 말씀을 처음 들었던 제자들의 심정을 헤아려보라. 고아라는 말에 그들의 마음이 울컥했을 것이다. 3년이 넘도록 예수님과 함께 먹고 함께 자고 함께 다녔다. 제자들이 아침에 눈을 뜨면 예수님이 곁에 계셨고, 누가 찾아와서 어려운 질문을 하면 예수님께서 옆에서 대답해주셨다. 먹을 것이 없으면 예수님이 먹을 것을 해결해주셨고, 배를 타고 가다 풍랑이 일면 풍랑을 잠잠하게 해주셨던 분이 바로 예수님이셨다.

제자들에게 예수님은 모든 것을 해결해주시는 분이었다. 그래서 제자들은 예수님에게 모든 것을 다 걸었다. 제자들에게 예수님은 그들의 미래이자 그들의 비전이요, 그들의 희망이었다. 그런 예수님이 떠나신다는 것을 생각해본 적도 없고, 또 그들에게 있을 수도 없는 일이었다. 그런데 지금 예수님께서 떠나신다니 갑자기 고아가 된 기분이었다. 열두 제자들은 예수님을 중심으로 모인 자들이었다. 만약 예수님이 죽으신다면 제자들의 구심점이 사라진다. 그들은 더 이상 같이 식사를 할 이유가 없고, 같이 다닐 이유도 없다.

제자들의 그 허탈한 마음을 아신 예수님은 엄청난 말씀을 하신다. "내가 진실로 진실로 너희에게 이르노니 나를 믿는 자는 내가 하는 일을 그도 할 것이요 또한 그보다 큰일도 하리니 이는 내가 아버지께로 감이라"(요 14:12). 예수님은 자신을 믿는 자는 예수님이 하신 일을 하게 될 것이요, 또한 예수님보다 더 큰일도 할 것이라고 말씀하신다. 그 이유는 예수님이 하나님께로 가기 때문이라고 말씀하신다.

아니, 예수님이 가시는데 어떻게 제자들이 예수님이 하신 일을 하게 되고, 예수님보다 더 큰일을 하게 되는가? 그것은 예수님이 가시고 성령님을 보내주시기 때문이라는 것이다. 예수님은 분명하게 말씀하신다. "내가 아버지께 구하겠으니 그가 또 다른 보혜사를 너희에게 주사 영원토록 너희와 함께 있게 하리니"(요 14:16).

예수님의 몸은 예수님 한 분이기에 육체적인 제한을 받으신다. 예수님은 한 번에 한 사람밖에 만나실 수가 없다. 그러나 성령님이 오시면 모든 사람을 동시에 다 만나실 수가 있다. 예수님은 육체를 가지고 계시는 한 항상 함께하실 수가 없다. 그러나 성령님은 영원히 우리 안에서 함께하신다.

예수님은 성령님이 오시면 일상생활에 필요한 모든 것을 가르쳐주신다고 말씀하신다. "보혜사 곧 아버지께서 내 이름으로 보내실 성령 그가 너희에게 모든 것을 가르치고 내가 너희에게 말한 모든 것을 생각나게 하리라"(요 14:26). 제자들이 예수님과 함께 있었을 때는 예수님에게 무엇이든 묻고 답을 들었다. 그런데 이제 성령님이 오시면 예수님께 질문하고 답을 얻었던 것과 같이 모든 것을 가르쳐주신다고 말씀해주신다.

요한복음 15장에서는 포도나무와 가지의 비유로 말씀해주셨다. 포도나무는 예수님이시고 가지는 예수님을 믿는 자들이다. 포도나무 가지가 포도나무를 떠나면 살 수 없듯이 예수님을 믿는 우리는 예수님을 떠나서는 살 수가 없고 아무런 열매도 맺지 못한다. 포도나무 가지는 포도를 맺기 위해 존재한다. 우리 또한 열매 맺는 삶을 살아야 한다. 우리가 열매 맺는 것은 예수님을 증언하는 것이다.

예수님은 요한복음 15장의 결론을 성령으로 말씀하신다. "내가 아버지께로부터 너희에게 보낼 보혜사 곧 아버지께로부터 나오시는 진리의 성령이 오실 때에 그가 나를 증언하실 것이요"(요 15:26). 열매

맺는 그리스도인이 되기 위해서는 무엇보다 성령이 오셔야 함을 말씀하시는 것이다. 그리고 요한복음 16장에도 여전히 성령의 중요성을 말씀하신다. 예수님은 자신이 아버지께로 가고 제자들에게 성령을 보내시는 것이 더 유익하다고 말씀하신다. "그러나 내가 너희에게 실상을 말하노니 내가 떠나가는 것이 너희에게 유익이라. 내가 떠나가지 아니하면 보혜사가 너희에게로 오시지 아니할 것이요 가면 내가 그를 너희에게로 보내리니"(요 16:7).

이런 말씀들은 제자들이 이해할 수 없는 말씀이었다. 어찌 예수님이 떠나가시는 게 더 유익한가? 예수님이 계시면 먹는 것도 해결되고, 예수님이 계시면 어떤 문제도 다 해결되는데 어찌 가시는 게 더 유익한가? 만약 예수님이 제자들을 떠나지 아니하시고 계속 이 땅에 머물러 계신다면, 예수님은 육체를 가지고 계시기에 언제나 시간적이나 공간적으로 제한을 받으시게 된다.

예수님이 계속 육체를 가지고 계신다면, 예수님이 갈릴리에 머물러 계시면 예루살렘에 있는 자들은 예수님을 만날 수 없고, 예수님이 예루살렘에 계시면 갈릴리에 있는 자들은 예수님을 만날 수 없다. 그러니 예수님이 떠나시고, 시간적이나 공간적으로 제한을 받지 않으시는 성령께서 오심이 더 유익한 일이다. "그러나 진리의 성령이 오시면 그가 너희를 모든 진리 가운데로 인도하시리니 그가 스스로 말하지 않고 오직 들은 것을 말하며 장래 일을 너희에게 알리시리라"(요 16:13). 성령이 오시면 제자들에게 장래 일도 알게 하시는 축복도 임한다.

예수님은 십자가를 지시기 직전에 최후의 만찬을 하시면서 제자들에게 성령을 보내주실 것을 요한복음 14~16장에 걸쳐 긴 시간 동안 말씀해주셨다. 왜 예수님은 죽음을 앞두고 이토록 제자들이 알지도 못하고, 이해할 수도 없는 성령에 대해 말씀하셨을까? 이것은 성령의 중요성을 말씀하고 있는 것이다. 그리고 요한복음 17장에 겟세마네 동산에서 중보기도를 하시고, 요한복음 18장에 체포되셨으며, 요한복음 19장에 십자가에서 돌아가셨다. 그리고 요한복음 20장에서 부활하셨다.

부활하신 예수님은 막달라 마리아에게 보이시고, 곧바로 안식 후 첫날 제자들에게 나타나셨다. "이날 곧 안식 후 첫날 저녁 때에 제자들이 유대인들을 두려워하여 모인 곳의 문들을 닫았더니 예수께서 오사 가운데 서서 이르시되 너희에게 평강이 있을지어다. 이 말씀을 하시고 손과 옆구리를 보이시니 제자들이 주를 보고 기뻐하더라"(요 20:19-20).

예수님은 제자들에게 십자가에 못 박히신 손과 창에 찔리신 옆구리를 보여주셨다. 제자들은 예수님이 부활하신 것을 보고 기뻐하였다. 예수님은 곧바로 성령을 받으라고 말씀하셨다. "예수께서 또 이르시되 너희에게 평강이 있을지어다. 아버지께서 나를 보내신 것같이 나도 너희를 보내노라. 이 말씀을 하시고 그들을 향하사 숨을 내쉬며 이르시되 성령을 받으라"(요 20:21-22).

예수님은 십자가에 죽으시고 삼 일 만에 부활하셔서 제자들에게 나타나셨다. 얼마나 놀랐는지 모른다. 얼마나 당황하였는지 모른다. 부활하신 예수님이 하루도 아니고 40일 동안 계속 나타나셨다. 이제 놀란 가슴이 조금 안정되는 듯하였다.

부활하신 예수님은 제자들에게 부활에 대한 확신을 주시고, 십자가를 지시기 전에 강조하신 성령을 또다시 말씀하셨다. "예루살렘을 떠나지 말고 내게서 들은 바 아버지께서 약속하신 것을 기다리라"고 하셨다. 예수님은 십자가를 지시기 전에도 그토록 긴 시간 동안 성령을 말씀하셨고, 부활하신 직후에도 제일 먼저 성령을 받으라고 말씀하셨으며, 부활하신 후 40일 동안 계속 나타나시다가 마지막으로 제자들을 떠나시면서 또 예루살렘을 떠나지 말고 성령으로 세례를 받으라고 말씀하셨다.

왜 예수님은 십자가에서 죽기 전에, 부활하신 직후에, 또 하늘로 승천하시기 전에 거듭 성령을 말씀하셨을까? 예수님이 나무 십자가에서 죽으심은 하나님에게 저주를 받은 것이다. 그 저주는 예수님이 지은 죄에 대한 저주가 아니라 온 인류의 죄를 대신 한 저주였다. 예수님께서 십자가에서 죽으심으로 우리의 모든 죄가 다 없어졌다. 우리가 예수님을 믿으면 우리의 모든 죄가 다 없어진다. 그러면 예수를 믿은 이후에 더 이상 죄를 짓지 않는가? 우린 예수를 믿기 전이나 예수를 믿은 후나 여전히 죄를 짓고 산다. 그것은 무능한 크리스천이요, 무력한 크리스천이요, 무지한 크리스천이다.

그렇다면 우리가 예수님처럼 능력 있는 크리스천으로 살 수 있는 방법이 없는가? 우리가 죄를 이기고, 사탄을 물리치고, 열매 넘치는 크리스천으로 살 수 있는 방법은 바로 성령으로 세례를 받는 것이다. 여기서 '세례'를 뜻하는 헬라어 '밥티조마'라는 단어는 옷에 물감을 들이기 위해 옷을 색이 있는 물에 푹 잠기게 하여 하얀 옷이 완전히 색깔에 물들게 하는 것이다. 즉 우리가 성령으로 세례를 받는다는 말은 몸과 마음이 전부 성령으로 물들어 충만해진다는 뜻이다.

우리가 예수님을 믿는다고 하지만 성령님을 모르면 예수 믿기 전이나 별 차이가 없다. 교회에 보면 다른 말씀은 잘 받아들이는데 이 성령에 대한 말씀만 하면 알레르기 반응을 나타내는 사람들이 있다. 정말 안타까운 일이다. 이 성령은 하나님께서 마지막 시대에 부어주시겠다고 약속하신 것이고, 예수님께서 십자가에 달리시기 전에 유언으로 강조하신 것이며, 부활하신 이후 하늘로 승천하시기 전에 다시 강조하신 것이다. 그런데도 이 성령을 모르거나 무시하는 사람들이 많다. 이것은 사탄의 전략이고 사탄의 술책이다. 이것은 음악을 들으려고 연주회에 오지만 귀는 막는 일이며, 음식을 먹으려고 식당에 오지만 입은 막는 것이고, 그림을 관람하려 오지만 눈을 감는 것과 같은 행위다.

성경을 누가 기록하였는가? 성령의 감동을 받은 자들이 성령으로 기록하였다. 예수님은 어떻게 잉태되었는가? 성령의 능력으로 잉태되었다. 당신에게 예수님이 어떻게 들어오셨는가? 성령의 능력으로. 당신이 하나님의 말씀을 들을 때 어떻게 감동을 받고 은혜를 받는가? 성령의 능력으로. 우리가 무엇을 할까, 어떻게 할까 고민할 때 누가 지혜를 주고 누가 문제를 해결해주시는가? 성령께서 지혜를 주시고 성령께서 갈 길을 가르쳐주신다. 오늘날 성도를 성도답게 해주는 모든 능력은 성령으로 비롯된다.

성령님이 계시지 않는다면 우리가 갖고 있는 성경책은 한낱 소설책에 불과할 것이고, 성경을 읽어도 아무런 감동을 받지 못할 것이다. 성령님이 계시지 않는다면 설교를 들어도 그냥 인격 수양에 도움을 주는 정도이지 영적으로 아무런 힘을 줄 수도 없다. 그러므로 성도는 반드시 성령으로 충만해야 한다. 내가 충만하거나 세상이 충만한 사람은 죄가 충만한 것이다. 이런 사람은 예수님을 믿어도 믿는 것이 아니다. 우리는 반드시 하나님의 영, 예수님의 영이신 성령으로 충만해져야 한다.

그렇다면 우리가 성령으로 충만해지면 어떻게 되는가? "오직 성령이 너희에게 임하시면 너희가 권능을 받고 예루살렘과 온 유대와 사마리아와 땅끝까지 이르러 내 증인이 되리라 하시니라"(행 1:8). 여기에 성령이 임하여 복음이 전해지는 순서가 나온다. 이것은 사도행전의 진행을 보여준다. 사도행전 1장에서 7장까지 예루살렘에 복음이 전파되고, 8장에서 11장 18절까지 온 유대와 사마리아에 복음이 전파되며, 11장 19절부터 28장까지는 땅끝까지 복음이 전파되었다. 이렇게 복음이 땅끝까지 전파된 것에는 성령이 임하셨을 때 두 가지 능력이 함께 일어났기 때문이다.

성령이 임하시면 세상을 이길 권능을 받는다

여기에 권능은 '두나미스'라는 단어인데, 이는 '다이너마이트'와 같은 폭발적인 힘을 말한다. '다이너마이트'는 바위를 터뜨리고 산을 무너뜨려 길을 낸다. 즉 권능은 사람에게 있는 힘이 아니다. 이것은 하나님의 속성 중에 하나이다. 이 권능은 천지를 창조하신 능력이다. 이 권능은 홍해를 가르신 능력이다. 이 권능은 애굽의 노예를 살았던 이스라엘 백성을 출애굽시킨 능력이다. 이 권능은 포로를 자유하게 하고, 가난한 자를 부유하게 하며, 마음이 상한 자를 고치는 능력이다. 이 권능은 죽은 예수님을 다시 살리신 엄청난 능력이다.

성령의 권능은 알코올 중독자를 순식간에 치유하고, 도박에 빠진 자를 순식간에 치유하며, 마약에 빠진 자를 순식간에 고치신다. 성령의 능력은 병든 자를 치유하고, 우울에 빠진 자를 자유하게 하고, 깨어진 가정을 회복시킨다. 심지어 죽은 자도 살리신다. 성령의 능력은 두려움을 깨어버리고, 절망을 희망으로 바꾸어주며, 허무를 충만으로 바꾸어주고, 슬픔을 기쁨으로 바꾸어버린다. 성령의 능력은 모든 죄를 이기는 힘을 준다. 성령 충만하게 되면 죄에 대해 민감해지고, 죄를 보면 더럽게 느껴지며, 죄를 가까이하지 않는다.

성령은 모든 고난을 이기게 한다. 성령은 모든 무력함을 부수어버리고 열정적인 인생을 살게 해준다. 성령은 무능함을 떠나게 하고, 하나님의 전능이 들어오게 한다. 성령이 임하면 평생 한 번도 전도하지 않는 사람에게 매일 예수를 전할 수 있는 힘을 주신다.

평생 교회를 다녀도 아무런 능력도 없는 사람, 평생 교회를 다녀도 일 년에 전도 한 명 못하는 사람, 평생 교회를 다녀도 똑같은 죄를 계속 짓는 사람, 그 사람에게 성령 충만이 꼭 필요하다. 우리는 성령으로 충만하지 않으면 절대로 세상을 이길 수 없고, 메마른 영혼을 채울 수도 없다.

현대인들은 겉은 화려하지만 속은 시들은 마른 풀처럼 메말라 있다. 사람은 원래 하나님과 친밀한 교제를 하도록 창조되었기에 세상의 것으로는 만족할 수가 없다. 세상의 것을 가지면 가질수록 더 공허해지는 것이 당연하다. 사람은 돈으로, 성공으로 만족되지 않는다. 마치 어린아이가 엄마 품을 떠나 어떤 장난감을 가져도 만족하지 않는 것처럼 사람은 하나님의 품에 안겨 그분과의 친밀감을 나누기 전에는 절대로 채워지지 않는다. 더 이상 헛된 것, 공허한 것을 추구하지 말고 하나님과의 친밀감을 주시는 성령 충만을 구하라.

요한 웨슬리는 영국 엡워드라는 지역의 영국성공회 목사 가정에서 태어났다. 그는 19남매 중에 15번째로 태어났다. 특히 그의 어머나 수산나 여사는 아이들을 모두 홈 스쿨로 신앙과 교육에 뛰어난 자녀로 양육했다. 그래서 요한 웨슬리는 영국의 명문 옥스퍼드대학에 들어갔다. 그는 부모의 영향을 받아 신앙심이 좋았고, 대학에서 홀리 클럽을 만들어 성경 공부와 기도운동을 펼쳐나갔다.

그는 25세에 목사가 되어 교도소 수감자, 병원 환자, 공장 노동자, 거리의 빈민들을 돌보면서 열심히 복음을 전했고, 그 후 미국 조지아주의 선교사로 나갔다. 그러나 선교사로서는 아무런 열매가 없었다.

그는 선교에 실패하고 허탈한 심정으로 영국으로 귀국하던 중 큰 풍랑을 만나 배가 좌초될 위기에 처했다. 깊은 두려움에 빠져 절망 상태였는데, 어디선가 무서운 폭풍우를 뚫고 찬송 소리가 들렸다. 그 소리를 따라가 보니 그곳에 30여 명의 성도들이 죽음의 절망적 상황에서도 웃는 얼굴로 찬송을 부르고 있었다.

"당신들은 누구인데 이 풍랑 중에 기쁨으로 찬송을 부릅니까?"라고 묻자, "우리는 모라비안 교도들입니다. 혹시 오늘 죽어도 천국에 갈 텐데 무엇이 두렵습니까?"라고 대답했다.

그 대답에 웨슬리는 너무나 큰 충격을 받았다. 다행히 풍랑은 멈추었고, 웨슬리는 무사히 영국으로 돌아올 수 있었다.

영국에 돌아온 웨슬리는 자신의 믿음을 점검하며 고민에 빠졌다. 그는 성경 공부도 열심히, 설교도 열심히, 사역도 열심히 하였지만 속은 텅 빈 무능한 자였다. 그는 은혜받을 수 있는 곳을 찾아 다녔는데, 올더스 케잇의 조그만 집회에 참석하여 예배드리던 중 성령의 뜨거운 임재를 경험하였다. 온몸이 뜨거워지며 한없이 눈물이 흘렀다. 마치 바울 사도가 다메섹 도상에서 주님을 만난 것 같은 체험을 하게 되었다.

성령을 체험한 후 그의 모든 것이 달라졌다. 그의 메시지와 목회가 달라졌다. 그가 설교할 때면 사람들이 구름처럼 많이 모여 들었고, 통회와 변화의 역사가 일어났다. 그 당시 타락한 영국이 회개하고 기도하는 운동이 일어났다.

하루는 모교인 옥스퍼드대학으로부터 설교 요청을 받았다. 그는 성령에 대한 설교를 하겠노라고 허락했다. 그러자 옥스퍼드대학 교수회의에서는 성령에 대한 설교는 절대 할 수 없다고 설교 내용을 바꾸어달라는 요청이 왔다. 하지만 웨슬리는 그럴 수 없다고 강하게 설득하였고, 결국 성령에 관한 설교를 하여 수많은 학생들이 성령을 체험하는 놀라운 역사가 일어났다. 그 후 요한 웨슬리는 영국과 유럽, 미국에 엄청난 영향을 끼친 인물이 되었다.

성령은 죄에 빠진 영혼을 살려내고, 죄를 이기게 하고, 모든 무능을 떠나가게 한다.

십자가, 부활, 성령 충만, 이 세 가지는 어느 것 하나 중요하지 않는 게 없다. 이 세 가지는 다 꼭 필요한 것이다.

무능한 삶을 사는 사람, 예수를 믿지만 자꾸만 죄에 빠지는 사람, 세상을 능히 이기고자 하는 사람들은 성령으로 충만해야 한다.

죽은 예수님의 몸을 살리신 분이 누구인가? "예수를 죽은 자 가운데서 살리신 이의 영이 너희 안에 거하시면 그리스도 예수를 죽은 자 가운데서 살리신 이가 너희 안에 거하시는 그의 영으로 말미암아 너희 죽을 몸도 살리시리라"(롬 8:11). 십자가에 죽은 예수님의 몸을 살리신 분이 성령이시다. 성령님은 지금도 죽은 육체를 살리신다. 성령님은 어떤 질병도 다 고치신다. 성령님은 어떤 가정도 다 고치신다. 성령님은 어떤 나라도 다 고치신다. 성령님은 지혜 없는 자에게 지혜를 주시고, 무엇을 해야 할지 알지 못하는 자에게 무엇을 해야 할지 가르쳐주신다. 잠시 여기서, 우리는 '성령' 하면 능력으로 착각하는 경향이 있다. 성령은 능력이 아니라 인격이시다. 예수님은 자신이 떠나시면서 대신 성령 하나님을 보내주신 것이다.

성령이 임하시면 증인이 된다

성령께서 임하시면 예수님을 전하는 증인이 된다고 하였

다(행 1:8). 예수님의 제자들은 예수님의 죽음도 보고, 예수님의 부활도 보았다. 그러나 그들은 예수님을 전할 증인이 되지 못했다. 아니 그들은 예수님의 부활을 직접 보지 않았는가? 물론 예수님의 부활을 보았다. 그러나 여전히 예루살렘 성전에는 40일 전에 예수님을 십자가에 못 박아 죽게 한 장본인들이 시퍼렇게 살아 있었다. 제자들도 언제 체포되어 죽을지 몰랐다. 그래서 제자들은 지금 숨죽이고 숨어 있는 것이다.

예수님은 제자들의 마음을 다 아시고 성령으로 세례를 받으라고 말씀하셨다. 성령께서 임하시면 권능을 받게 되고, 예수님을 전할 증인이 된다고 말씀하셨다. 정말 제자들이 예루살렘을 떠나지 않고 10일 동안 간절히 기도하자 성령 충만을 받았고 예수님을 전하는 증인이 되었다.

10일 전만 해도 다락방에서 꼼짝도 하지 않던 그들이 대제사장이 있는 성전에 가서 너희가 죽인 예수를 하나님이 부활하게 하셨다고 외치는 자가 되었다. "그런즉 이스라엘 온 집은 확실히 알지니 너희가 십자가에 못 박은 이 예수를 하나님이 주와 그리스도가 되게 하셨느니라 하니라"(행 2:36). 무엇이 그들을 이렇게 바꾸었는가? 그들에게 임한 성령께서 그들을 바꾼 것이다.

사도행전 4장에 보면 베드로와 요한이 복음을 전한다는 이유로 체포되어 산헤드린 공회원들에게 빙 둘러 싸여 심문을 받는 장면이 나온다. 그 당시 종교지도자들은 베드로와 요한을 불러놓고 "누구의 이름으로 40년 된 앉은뱅이를 고쳤는가" 하며 다그쳤다.

그때 베드로는 거침없이 말했다. "이에 베드로가 성령이 충만하여 이르되 백성의 관리들과 장로들아 만일 병자에게 행한 착한 일에 대하여 이 사람이 어떻게 구원을 받았느냐고 오늘 우리에게 질문한다면 너희와 모든 이스라엘 백성들은 알라. 너희가 십자가에 못 박고 하나님이 죽은 자 가운데서 살리신 나사렛 예수 그리스도의 이름으로 이 사람이 건강하게 되어 너희 앞에 섰느니라"(행 4:8-10).

베드로가 어떻게 이렇게 담대한 자가 되었는가? 그는 예수님이 체포되었을 때 계집종 앞에서 예수님을 세 번이나 부인한 겁쟁이였다. 그는 갈릴리 어촌에서 평생 물고기만 잡은 평범한 어부였다. 그런데 그는 담대할 뿐만 아니라 아주 논리적으로 증거했다. 베드로의 말을 들은 그들은 서로 이렇게 말하였다. "그들이 베드로와 요한이 담대하게 말함을 보고 그들을 본래 학문 없는 범인으로 알았다가 이상히 여기며 또 전에 예수와 함께 있던 줄도 알고"(행 4:13). 성령이 임하면 담대함을 주시고, 세상의 지식 있는 자를 압도하는 지혜를 주시고, 할 말을 가르쳐주시고, 예수님의 증인된 삶을 살게 해주신다.

대게 평범한 사람들은 법정 앞에 서면 두려워서 할 말을 잘 못할 뿐더러 해야 할 말도 잘 생각나지 않는다. 더더구나 예수님을 죽인 자들이 죽일듯한 기세로 공세를 퍼부으면 주눅 들게 되어 있다. 그런데 베드로는 그 어떤 위축됨도 없었다. 살기등등한 산헤드린 공회원들 앞에서 기조차 죽지 않았다.

성령이 임하시면 하늘이 주시는 능력으로 증인된 삶을 살게 된다. 증인이라는 것은 무엇인가를 보고, 본 그것을 사실 그대로 말하는 사람이다. 우리는 2천 년 전에 죽은 예수님을 보지 못했다. 2천 년 전에 죽은 예수님이 부활하신 것을 보지 못했다. 그런데 어떻게 2천 년 전에 죽은 예수님의 십자가와 부활에 대해 증인이 되겠는가? 성령께서 우리 안에 들어오시면 예수님의 죽음과 부활이 조금도 의심이 안 되고 다 믿어지며, 마치 내 눈으로 똑똑히 본 것보다 더 분명하게 그분을 전하는 증인이 된다.

이 성령님은 우리에게 오셔서 영원히 우리 안에 계신다. 예수님은 1세기에 제자들에게 부어진 그 성령님이 우리에게도 부어지길 원하신다. 예수님은 초대교회에 부어진 그 성령님이 21세기를 살아가는 우리에게도 동일하게 부어지길 원하신다.

예수님은 오직 성령이 임하면 권능을 받고 증인이 된다는 말씀을 남기신 후 하늘로 승천하셨다. "이 말씀을 마치시고 그들이 보는데 올려져 가시니 구름이 그를 가리어 보이지 않게 하더라"(행 1:9). 제자들은 예수님과 함께 계실 때 모든 문제를 해결할 수 있었다. 그런데 이제 그 예수님께서 하늘로 올라가셨다. 제자들은 닭 쫓던 개처럼 텅 빈 마음이 되었다.

제자들은 아직 성령을 받지 못했다. 그들은 감람산에서 예루살렘으로 내려와 혼란스러운 마음으로 예루살렘을 떠나지 않고, 그들이 늘 모이던 다락방에 모였다. "들어가 그들이 유하는 다락방으로 올라가니 베드로, 요한, 야고보, 안드레와 빌립, 도마와 바돌로매, 마태와 및 알패오의 아들 야고보, 셀롯인 시몬, 야고보의 아들 유다가 다 거기 있어"(행 1:13).

성경에는 예수님의 제자들의 이름이 기록된 곳은 네 곳이다. 마태복음 10장, 마가복음 6장, 누가복음 9장, 사도행전 1장이다. 마태, 마가, 누가복음에서는 열두 제자 중에 가룟 유다가 기록되어 있지만 사도행전에서는 가룟 유다의 이름은 없다. 한 번 예수님을 믿는 것이 중요한 것이 아니다. 끝까지 예수님을 믿는 것이 더 중요하다.

세상에 제일 안타까운 사람은 예수님을 믿다가 중간에 빠지는 자들이다. 예수 믿다가 중간에 세상에 빠져 살지 말고, 오직 성령을 받고 이 세상을 바꾸는 능력 있는 그리스도인이 되길 바란다. 특별히 제자였던 가룟 유다의 이름이 빠진 것을 보면서 교회 리더들은 경각심을 가져야 한다.

예수님의 유언대로 제자들과 120명의 성도들은 다락에 모여 기도하였다. "여자들과 예수의 어머니 마리아와 예수의 아우들과 더불어 마음을 같이하여 오로지 기도에 힘쓰더라"(행 1:14). "모인 무리의 수가 약 백이십 명이나 되더라"(행 1:15). 모인 사람들은 누구인가?

가룟 유다를 뺀 11명의 제자와 예수님의 어머니와 예수님의 아우들 4명, 그리고 여자들…. 여기에 여자들은 예수님이 십자가에 달리실 때 갈릴리에서 따라온 여자의 무리였다. 이 무리 속에는 예수님의 제자들의 어머니들이 있고, 막달라 마리아도 있었다.

이곳에 모인 사람들은 너무나 평범한 사람들이었다. 그들은 예수님의 부활을 보았다. 예수님의 부활을 확신했다. 그들은 예수님의 부활을 의심하지 않았다. 그러나 세상을 이길 수 있는 힘은 없었다. 그들은 세상을 변화시키기는커녕 하루하루 생존하기에도 버거운 사람들이었다. 그들은 예수님의 부활을 보고, 부활에 대한 확신은 있었지만 여전히 초라한 제자였고, 무능한 제자였고, 무지한 제자들이었다.

12명 중에 7명이 어부였다. 베드로는 예수님을 세 번이나 부인한 자다. 도마는 의심 많은 자였고, 빌립은 머리만 앞선 자였다. 시몬은 이스라엘이 로마로부터 정치적인 독립을 바라는 열심당원이었고, 마태는 로마의 앞잡이 세리였다. 어디 세상적으로 인물이 될 만한 사람은 아무도 없었다. 그러나 예수님은 이들에게 기대하셨고, 약속하신 성령이 부어지길 기다리라고 하셨다.

당신은 평범한 사람인가? 당신은 세상적으로 볼 때 별로 특별히 내세울 것이 없는가? 돈이 없는가? 학력이 없는가? 실력이 없는가? 건강이 없는가? 당신의 뒤를 봐줄 백이 없는가? 제자들이 그랬다. 그런데 예수님은 그 제자들에게 기대를 거셨다. 예수님은 오늘 당신에게 기대를 걸고 계신다.

제자들이 성령으로 충만하게 되자 모든 것이 달라졌다. 당신도 성령으로 충만하면 모든 것이 달라진다. 하나님은 성령으로 충만한 자를 쓰신다. 하나님은 마지막에 성령을 부어주길 원하신다. 당신이 하나님께서 약속하신 성령을 환영하고 사모하여 충만하길 바라신다. 당신이 아무리 예수님을 믿어도 자신으로 충만하면 사람 냄새만 날 뿐이다. 당신이 아무리 예수님을 오래 믿었어도 세상으로 충만하면 세상 냄새만 날 뿐이다. 우리는 예수님으로 충만해져야 한다. 그 예수 충만이 바로 성령 충만이다. 당신의 삶을 탁월하게 만들어줄 방법이 있다. 그것은 바로 성령으로 충만하게 하는 것이다.

오로지 기도에
힘쓰더라

> 제자들이 감람원이라 하는 산으로부터 예루살렘에 돌아오니 이 산은 예루살렘에서 가까워 안식일에 가기 알맞은 길이라. 들어가 그들이 유하는 다락방으로 올라가니 베드로, 요한, 야고보, 안드레와 빌립, 도마와 바돌로매, 마태와 및 알패오의 아들 야고보, 셀롯인 시몬, 야고보의 아들 유다가 다 거기 있어 여자들과 예수의 어머니 마리아와 예수의 아우들과 더불어 마음을 같이하여 오로지 기도에 힘쓰더라. 사도행전 1:12-14

그렇다면 어떻게 해야 성령 충만함을 받는가? 성령을 간절히 구하면 된다. 예수님의 제자들은 예루살렘을 떠나지 말고 성령으로 세례를 받으라는 말씀을 듣고, 마가의 다락방에 모여 간절히 기도했다. 예수님의 부활을 본 자가 500명이고, 성령으로 세례를 받으라는 말씀을 들은 자도 500명이었지만, 예수님의 말씀을 듣고 성령을 구하면서 간절히 기도한 사람은 120명에 불과했다.

예수님의 부활을 보았다고 다 기도한 것은 아니다. 성령으로 충만해야 한다는 말씀을 듣는다고 다 기도하는 것도 아니다. 교회에 다닌다고 다 성령으로 충만해지는 것은 더더욱 아니다. 그러나 성령으로 충만해지는 것은 어려운 일이 아니다. 예수님은 분명히 구하는 자에게 성령을 주겠다고 약속하셨다. "너희가 악할지라도 좋은 것을 자식에게 줄 줄 알거든 하물며 너희 하늘 아버지께서 구하는 자에게 성령을 주시지 않겠느냐 하시니라"(눅 11:13).

누가복음 11장 1절에 보면 제자들이 예수님에게 기도를 가르쳐달라고 부탁한다. 예수님은 제자들에게 누가복음 11장 2~4절의 기도를 가르쳐주시면서 주기도문을 말씀하신다. 그리고 밤중에 떡을 달라고 찾아 온 친구에게 내가 친구이기에 떡을 주는 것이 아니라 밤새도록 귀찮게 하기 때문에 떡을 준다며, 기도는 응답이 없어도 응답이 있을 때까지 계속 구하고 찾고 두드리는 것이라고 말씀하셨다. 그리고 기도에 대한 마지막 결론으로 위의 누가복음 11장 13절 말씀을 하신 것이다.

참 이상한 것은 수많은 사람들이 주기도문에 대한 강의는 하면서도 기도의 결론이 성령이라는 사실을 모르는 것 같다. 기도의 결론은 구하는 것을 받아내는 것이 아니라 하나님이 내 안에 들어오시는 것이다. 그것이 바로 성령 충만이다. 성령 충만은 성령을 구하면 누구에게나 주신다.

미국의 베스트셀러 작가이자 350개 텔레비전 방송과 250개 라디오 방송에 출연하고 있는 조이스 마이어 목사님에 대한 글이다.

"나는 여기저기 바쁘게 사역을 하고 살았습니다. 나는 그저 하나님을 섬기는 시늉만 하며 살았습니다. 삶에 무엇인가가 빠진 것 같았습니다. 나는 영적으로 너무 허기진 삶을 살고 있었습니다. 나는 하나님에 대한 갈증이 생겼습니다. 그래서 영적인 것은 무엇이든지 읽고 닥치는 대로 삼켰습니다. 영적인 배고픔이 극에 달했습니다. 하나님에게 이렇게 기도했습니다. '하나님, 뭔가 잃어버린 것 같습니다. 뭔지는 모르겠습니다. 그렇지만 분명히 무엇인가 잃어버렸습니다.' 오직 모든 것을 내려놓고 하나님만 구했습니다.

놀랍게도 차 안에서 성령 하나님의 부으심을 경험하였습니다. 과거에는 한 번도 경험하지 못한 일이었습니다. 마치 누군가 사랑의 물을 쏟아 붓는 것 같았습니다. 그렇게 3주 동안 성령 하나님과 사랑에 푹 빠졌습니다. 그리고 행동에 변화가 생겼습니다. 평화롭고 행복했으며 모든 것이 감격스러웠습니다. 누구든지 다 사랑할 수 있게 되었습니다. 모든 것이 다 달라져 보였습니다. 하나님을 섬기는 시늉만 하다 성령 하나님과 동행하였습니다. 그 후 지혜가 생겼습니다. 성경이 달리 보였습니다. 말이 달라졌습니다. 사람들이 몰려오기 시작하였습니다. TV에도 출연하여 매일 말씀을 전하는 자가 되었습니다."

예수님은 우리에게 종교생활을 하라고 십자가에 못 박혀 돌아가신 것이 아니다. 예수님은 십자가에 죽으시고 부활하셔서 제자들에게 가장 중요한 성령님을 기다리라고 말씀하셨다. 제자들은 예수님의 말씀대로 성령을 사모하고 기다렸다. 예수님의 십자가의 죽으심과 부활의 결론은 성령이셨다. 초대교회 120명의 성도는 모두 성령을 받은 자들이었다. 그들은 날마다 모두 성령을 사모한 자들이었고, 성령을 경험한 자들이었다. 당신도 날마다 성령을 환영하고 사모하는 자가 되길 바란다. 성령님은 구하고 환영하는 자에게 부어주신다.

"여자들과 예수의 어머니 마리아와 예수의 아우들과 더불어 마음을 같이하여 오로지 기도에 힘쓰더라"(행 1:14). 120명이 모여 기도하는 사람들 중에 특이한 사람이 있었다. 바로 예수의 육신적인 어머니 마리아다. 그녀는 자신의 아들 예수가 직접 십자가에서 못 박혀 죽는 모습을 보았다. 어미는 자식이 병으로 죽는 것도 보기 어려운데 못 박혀 죽는 것을 보았으니 과히 엄청난 충격을 받았을 것이다. 그녀는 예수가 죽은 뒤 사흘 만에 부활하셨다는 소식에 당황하였다. 그리고 40일 만에 그 아들이 하늘로 승천하고 말았다. 그녀의 마음은 충격과 당황, 그리고 허탈함… 무어라 설명할 수 없는 혼란과 상실감이 가득했을 것이다. 그러나 그녀는 그 모든 혼란을 기도로 이겨냈다.

그들은 모여서 무엇을 하였는가? 예수님의 마지막 유언, 아버지의 약속하신 것을 기다리라고 하였기에 그들은 마가의 다락방에 모여 아버지의 약속하신 성령을 기다리면서 간절히 기도하였다. "오로지 기도에 힘쓰더라"는 말에 '오로지'는 '계속'이라는 의미다. 즉 그들은 계속 성령이 부어지도록 기도하였다.

오늘날 그리스도인들의 가장 큰 문제는 자신이 텅 빈 껍데기라는 사실을 모르는 것이다. 성령이 없는 그리스도인은 잠자는 그리스도인이다. 예수님께서 분명 예수를 믿는 자는 예수님이 하신 일을 할뿐만 아니라 예수님보다 더 큰일도 하리라고 하셨는데, 예수님보다 큰일은 커녕 살아 존재하기도 힘들어하니, 이거 정말 문제가 있는 것 아닌가?

예수님이 거짓말하셨는가? 무엇이 문제인가? 그리스도인은 분명 그리스도인인데 성령 충만하지 않는 것이 문제이다. 당신은 부활하신 예수님을 믿는가? 그렇다면 이제 성령으로 충만해야 한다. 부활하신 예수님을 지적으로 믿는 것만으로는 안 된다. 성령은 마지막 때에 모든 믿는 자에게 주시겠다고 아버지께서 약속하신 것이다. 그 약속하신 성령을 받기 바란다.

D. L. 무디 목사는 초등학교밖에 나오지 않은 평범한 사람이었다. 그러나 그가 성령으로 충만하자 미국에서 가장 크게 쓰임받은 목회자가 되었다. 스텐리 존스 목사는 "성령님의 채우심이 없으면 인간은 반드시 실패한다"고 말하였다. 성령님을 사모하라. 성령은 구하는 자에게 주시겠다고 약속하셨다. "너희가 악할지라도 좋은 것을 자식에게 줄 줄 알거든 하물며 너희 하늘 아버지께서 구하는 자에게 성령을 주시지 않겠느냐 하시니라"(눅 11:13).

돈이 없는 게 문제가 아니다. 당신을 도와주는 사람이 없는 게 문제가 아니다. 지혜가 없는 것이 문제가 아니다. 성령으로 충만하지 않는 게 문제이다. 120명의 성도들은 성령이 부어지도록 계속 기도하면서 약속하신 성령을 기다리고 기다렸다. 지금 정도의 신앙생활에 만족하지 마라. 더 성령으로 충만해야 한다. 발목 수준에서 무릎 수준으로, 무릎 수준에서 허리 수준으로, 허리 수준에서 성령님께 이끌림을 받는 수준까지 영적으로 성숙해야 한다.

영국의 케임브리지대학을 졸업하고, 고국 팔레스타인으로 돌아온 무사 알라미라는 청년이 있었다. 옛날부터 유대 땅은 뜨거운 모래만이 깔려 있고 풀 한 포기 나지 않는 황량한 광야였다. 몇 군데 오아시스가 있을 뿐 어디서도 물이라는 것을 찾아볼 수가 없었다. 그는 기도하는 중에 광야 어딘가에 분명히 물이 있을 것이라는 생각을 갖게 되었다. 그는 주변 사람들에게 저 버려진 땅에 물이 나는 곳이 있을 것이라고 말하였다. 그러자 학식이 많은 사람들, 노인들, 관리들은 모두 무사의 생각에 반대하였다. 세계 여러 곳에서 온 지질학자들도 이 땅에서는 물을 얻을 수가 없다고 공식적으로 발표하였다. 그럼에도 무사는 기도할수록 이 모래땅 밑 어딘가에 반드시 물이 있다는 확신이 들었다.

무사는 하나님께서는 그 누구를 통해서라도 꼭 해야 할 일은 하실 것이고, 그 일을 위해 당신의 능력을 나타낼 것이라고 믿었다. 그래서 무사는 자신이 이 메마른 광야에 샘물을 흐르게 하고 장미꽃을 피워보겠다는 위대한 꿈을 가졌다. 그는 실직자들과 노동자 몇 명을 모아서 모래땅을 파기 시작했다. 하루 종일 물이 나올 만한 곳을 찾아다니기 시작한 것이다.

계속해서 날마다 똑같은 일을 하는 무사를 보고 사람들은 미쳤다고 비웃기까지 하였다. 일주일, 한 달, 두 달, 계속해서 파나갔지만 물줄기는 보이지 않았다. 만 6개월이 지난 어느 날, 한 곳을 파고 있노라니 조금 젖은 모래가 보이기 시작했다. 그래서 그곳을 계속해서 팠더니 마침내 물이 나오는 것이었다. 생명수와 같은 귀한 물이 펑펑 쏟아져 나왔다. 무사는 두 손에 물을 떠서 높이 들면서 외쳤다.

"하나님, 감사합니다. 저는 이제 죽어도 좋습니다."

모든 사람이 불가능하다고 한 일을 무사는 하나님을 믿고 모험하였기에 오늘의 놀라운 결과를 얻게 된 것이다. 몇 해 후에 무사는 이 광야에 열다섯 개의 우물을 파서 넓은 목장과 여러 가지 채소, 과일을 재배하게 되었다. 그래서 이스라엘에 '키부츠'(qibbutz. 히)라는 농장운동이 생기게 되었다.

하나님은 당신을 향해 위대한 삶을 계획해 놓으셨다. 하지만 당신이 여전히 내가 주인 되어 나의 노력으로 나의 힘으로만 살면 원래 하나님이 당신을 향해 계획하셨던 하나님의 계획이 드러나지 않는다. 베드로, 사도 바울, 마틴 루터, 요한 웨슬리, D. L. 무디, 조지 뮬러, 허드슨 테일러 등 이런 사람들만 위대한 삶을 살도록 하나님께서 계획하셨을까? 하나님은 당신에게도 그들과 동일하게 놀라운 삶을 계획하고 계신다. 지금 당신을 향한 하나님의 계획은 독특하고 특별하다. 당신의 삶을 결코 자질구레하거나 초라하게 살도록 계획되지 않았다. 당신도 베드로처럼 사도 바울처럼 비범하고 탁월한 삶을 살도록 지음 받았다.

그러니 당신의 힘과 노력으로만 인생을 살려고 하지 마라. 탁월하게, 비범하게 살아갈 방법이 있다. 그것은 성령의 부으심으로 예수님이 주인 되는 삶을 사는 것이다. 어떤 사람들은 예수님을 주인으로 모시고 살려고 하는데 잘 안 된다고 하는 사람들이 있다. "또 성령으로 아니하고는 누구든지 예수를 주시라 할 수 없느니라"(고전 12:3). 정말 예수님을 주인으로 모시고 살길 원하는가? 성령으로 충만하라. 성령님께서 당신을 매 순간 예수님을 주인으로 모시는 삶을 살도록 인도하실 것이다.

당신이 하나님을 정말 아버지로 부르고 싶은가? 그렇다면 반드시 성령으로 충만해야 한다. "너희가 아들이므로 하나님이 그 아들의 영을 우리 마음 가운데 보내사 아빠 아버지라 부르게 하셨느니라. 그러므로 네가 이 후로는 종이 아니요 아들이니 아들이면 하나님으로 말미암아 유업을 받을 자니라"(갈 4:6-7). 성령 충만을 가볍게 여기지 마라. 성령 충만하지 않으면 예수님을 주시라 할 수도 없고, 진정한 그리스도인이 될 수도 없다. "만일 너희 속에 하나님의 영이 거하시면 너희가 육신에 있지 아니하고 영에 있나니 누구든지 그리스도의 영이 없으면 그리스도의 사람이 아니라"(롬 8:9). 정말 그리스도인답게 살도록 만들어주시는 분은 성령이시다. 당신이 예수를 믿기 원한다면 반드시 성령으로 충만해야 한다.

성령 충만을 원하는데 성령이 부어지지 않는가? 그래서 120명의 성도들이 함께 기도한 것이다. 같이 기도하면 된다. 부부가 함께 기도하고, 가족이 함께 기도하고, 교우들이 함께 성령 충만을 구하면 된다. 성령은 구하는 자에게 부어주신다.

마가의 다락방에 120명의 성도들이 모여 계속 기도한다는 것은 어려운 일이었다. 마가의 집이 아무리 커도 120명이 한집에서 계속 먹고 자고 기도한다는 것은 여간 불편한 일이 아니었을 것이다. 예수님은 언제까지 기도하라고 시간을 정해주지 않으셨다. 그냥 성령을 받을 때까지 예루살렘을 떠나지 말고 계속 기도하라고 하셨다.

당신은 한두 번 성령을 구하다가 포기하였는가? 성령을 부어주실 때까지 끝까지 기도하기 바란다. 한두 번 기도하다가 포기하지 않기 바란다. 사탄은 우리를 세상의 일에 바쁘게 하여 기도하지 못하게 한다. 사탄은 여기저기 연락이 와서 기도하지 못하게 방해를 한다. 사탄은 시시한 잡무에 빠져 기도하지 못하게 막는다. 성령이 부어질 때까지 끝까지 기도하라.

초대교회 교인들이 성령이 부어질 때까지 끝까지 기도하자 성령이 임하셨다. 그들에게 성령이 임하자 두려움이 사라졌다. 성령이 임하자 염려, 근심, 걱정이 사라졌다. 성령이 임하자 담대한 사람들이 되었다. 성령이 임하자 능력의 사람들이 되었다. 성령이 임하자 정말 보잘것없고 초라했던 제자들이 40년 된 앉은뱅이를 일으키고, 병든 자를 치유하고, 귀신을 쫓아내며, 죽은 자를 살려내고, 심지어 베드로에게는 그의 그림자만 밟아도 병이 낫는 역사가 일어났다. 그들은 성령이 임하기 전에는 간신히 살아가는 자들이었는데, 지금은 기적을 일으키는 자로 담대한 자로 살기 시작했다.

예수를 믿는다고 하면서도 염려, 근심, 걱정, 두려움에 빠져 초라한 삶을 사는 성도들에게는 성령으로 충만하게 되는 일이 꼭 필요하다. 세상의 모든 것을 다 가졌다 하더라도 성령이 부어지지 않았다면 실패한 인생을 살고 있는 것이다. 비록 당신이 세상의 모든 것을 다 잃었다 하더라도 성령이 부어진다면 위대한 인생을 살 것이다.

하나님은 약속하신 말씀을 반드시 지키신다. "또 약속하신 이는 미쁘시니 우리가 믿는 도리의 소망을 움직이지 말며 굳게 잡고"(히 10:23). "하나님은 사람이 아니시니 거짓말을 하지 않으시고 인생이 아니시니 후회가 없으시도다. 어찌 그 말씀하신 바를 행하지 않으시며 하신 말씀을 실행하지 않으시랴"(민 23:19). 하나님은 사람이 아니시니 거짓 없이 약속하신 말씀을 꼭 지키신다. 하나님께서 약속하신 성령을 구하기 바란다.

나는 미국 뉴저지의 집회를 갔다가 뉴욕에 있는 브루클린교회에 가보았다. 그곳에는 짐 삼발라 목사님이 목회를 하고 있었다. 오전 9시가 1부 예배시간인데 일찍부터 교회 앞에 사람들이 가득했다. 예배는 찬양 1시간, 설교 1시간, 약 2시간 30분가량 드려졌는데 얼마나 행복해하는지 모른다. 예배를 마치고 나오는데 다음 예배에 참석하기 위해 마치 유명 음식점에 줄을 서서 기다리듯 온 도로에 교인들이 줄을 서서 기다리고 있었다.

짐 삼발라 목사를 소개한다면 그는 그냥 너무나 평범한 사람이었다. 목사인 장인어른이 뉴욕 빈민가에 있는 브루클린교회에 가서 예배를 도우라고 해서 4주 동안 갔는데, 그때 마침 그 교회를 담임하던 목사님이 사임하고 말았다. 교인 20명에 월세도 내지 못하는 목회를 하다 지쳐 떠나신 것이다.

장인어른께 의논했더니 교회는 문을 닫으면 안 된다며 자신에게 그 교회를 섬기라고 하였다. 정말 황당한 말씀이었다. 그때 당시 그는 목회자가 아니라 중학교 농구 코치였다. 신학교도 다닌 적이 없는 자신에게 목회를 하라니! 하지만 장인어른 말씀에 순종하여 그 교회를 섬기기 시작했다. 낮에는 일을 하고, 밤에는 신학교를 다녔다.

그러던 어느 주일날 저녁예배에 설교를 시작한 지 5분이 채 못 되어 목이 메기 시작하였다. 설교를 계속할 수가 없었다. 눈물이 솟아나고 큰 감동이 밀려왔다. 피아노를 치는 사모님에게 계속 피아노를 쳐 달라 말하고, 교인들에게는 "죄송합니다. 나는 계속 설교를 할 수가 없습니다. 그냥 설교를 계속할 수가 없습니다"라고 했다. 그래서 교 인들에게 강단으로 나와 기도해달라고 부탁했다.

교인들은 그의 부탁대로 강단으로 나와 기도하기 시작했다.

그는 강단에 얼굴을 파묻고 울었다.

"하나님께서 도우시지 않으면 나는 아무것도 할 수가 없습니다."

그때 성령님이 임하였다.

교인들도 더 큰소리로 "하나님, 우리를 도우소서" 하고 한목소리 로 기도하였다.

갑자기 한 젊은 집사가 강단으로 뛰어나와 엎드려 울며 기도했다. 목사님이 그 젊은이의 어깨에 손을 대자 그는 눈물이 범벅된 채 얼굴 을 들었다. "죄송합니다. 다시는 그러지 않겠습니다." 그는 자신이 헌 금에 손을 댄 것을 회개하였다. 이것이 브루클린 교회에서 일어난 최 초의 성령의 역사였다. 그 후 교회는 20명에서 40명으로 늘어났다.

짐 목사님은 지독한 감기에 걸려 6주나 계속 기침을 하였다. 밤에 도 계속 기침을 하니 사모님도 잠을 이룰 수가 없었다. 장인어른이 비 행기 표를 보내주시면서 휴양지에 와서 좀 쉬라고 하였다.

짐 목사님은 비행기를 타고 휴양지에 가서 배를 타며 쉬고 있었다. 주위에 다른 사람들은 낚시를 하고 있을 때 혼자 간절히 기도하였다.

"주여, 나는 어떻게 목회를 해야 할지 알지 못합니다. 저는 아는 것도 없습니다. 우리 교회 주위에는 마약으로 죽어가는 사람들이 가 득합니다."

목사님은 눈물에 목이 멨다. 그때 조용히 성령님이 임하였다.

그 후 짐 목사님은 화요기도회를 시작하였다. 교인이 150명일 때 기도회에는 100명씩 나왔다. 그가 성령님을 의지하며 목회를 하자 수많은 사람들이 교회에 와서 은혜를 받고 변하기 시작하였다. 그 무능하고 무력한 목회자였던 그를 통해 지금은 뉴욕빈민가에 만 명이 넘게 모여 예배를 드리고 있다.

성령 하나님을 의지하는 자는 평범한 사람이라도 위대한 일을 하게 된다. 짐 목사님은 평범한 사람이었지만 성령으로 충만하자 놀라운 일을 하였다. 짐 목사님을 쓰신 하나님은 당신을 쓰길 원하신다. 왜 그리스도인들이 무미건조한 신앙생활을 하는가? 성령님과 동행하면 모든 무미건조한 신앙생활에 마침표를 찍게 된다. 지금 당신의 삶이 어려운가? 낙심하지 마라. 절망하지 마라. 당신에게는 성령 충만한 삶이 기다리고 있다. 매 순간 성령님의 도우심을 구하는 성령 충만한 삶을 살아라. 사도행전에 나오는 초대교회 교인들처럼 진짜 능력 있는 그리스도인이 될 것이다.

초대교회는 아무런 돈도 건물도 시설도 조직도 없었다. 지도자인 열두 제자는 온통 세상과 맞서 싸울 만한 화이트칼라가 아니었다. 그들은 7명이 어부였고, 대부분 초라한 노동자들이었다. 그들이 모든 족속을 제자삼고, 땅끝까지 복음을 전하라는 예수님의 그 엄청난 비전을 이룰 수 있는 확률은 0%였다. 그래서 그들은 무조건 성령님의 도움을 구하였다. 그들이 매사에 철저히 성령님을 구하자 놀라운 일들이 일어나기 시작하였다. 지금도 똑같다. 우리는 나의 능력을 내려놓고 성령님을 의지해야 한다. 그럴 때 놀라운 일들이 일어날 것이다. 성령님의 도움을 구하는 자에겐 하나님의 그 무한대의 은혜가 부어질 것이다.

R. A. 토레이 목사님은 "나는 아침에 일어나자마자 성령 충만을 위해 기도한다. 왜냐하면 성령 충만하지 않고는 오늘 하루 나는 너무나 쉽게 흔들릴 수 있는 사람이기 때문이다"라고 하였다. 우리도 아침에 세수를 할 때 성령으로 세수를 해야 한다. 우리도 하루를 마치고 샤워를 할 때 성령으로 샤워를 해야 한다. 그러면 놀라운 삶이 될 것이다. 당신이 예수님을 믿는가? 예수님의 부활을 믿는가? 그렇다면 반드시 성령 충만을 받아야 한다.

왜 예수님은 제자들에게 그토록 성령 충만을 강조하셨는가? 제자들이 무기력한 채로 살면 하나님이 손해이시기 때문이다. 우리는 우리의 것이 아니다. 예수님을 믿는 순간, 우리는 하나님의 것이 되었다. 그러므로 우리는 무능하게 살 수가 없다.

하나님은 우리를 만나고 싶어 하신다. 문제는 우리가 하나님을 만날 마음이 있느냐는 것이다. 우리의 마음에는 세상의 것들이 가득 차 있다. 틈만 나면 돈을 원하고, 세상의 성공을 원하며, 내 욕심을 채우기 원한다. 우리에게는 하나님이 들어올 여지가 전혀 없다. 하나님은 우리에게 말씀하신다. "네가 정말 나를 간절히 만나려고 한 적이 있느냐? 너는 한 번이라도 나를 정말 만나려고 하였느냐?"

우리가 하나님을 만나려고 하면 하나님은 언제든지 우리를 만나 주신다. "하나님을 가까이하라. 그리하면 너희를 가까이하시리라"(약 4:8). "나를 사랑하는 자들이 나의 사랑을 입으며 나를 간절히 찾는 자가 나를 만날 것이니라"(잠 8:17). 오늘 모든 것을 내려놓고 하나님을 만나려고 하는 강한 갈증이 회복되길 바란다.

그리스도인의 삶의 원동력은 성령이시다. 성령의 능력 없이는 그리스도인으로서 능력 있는 삶이 불가능하다. 오늘 성령 충만하여 능력 있는 인생을 살길 바란다. 오늘 당신이 성령 충만하기 위해 기도하라. 예수님이 그토록 원하시는 성령 충만을 구하라. 그러면 당신의 삶이 은혜로 넘칠 것이다.

다 성령의 충만함을 받았다

> **"** 오순절 날이 이미 이르매 그들이 다같이 한 곳에 모였더니 홀연히 하늘로부터 급하고 강한 바람 같은 소리가 있어 그들이 앉은 온 집에 가득하며 마치 불의 혀처럼 갈라지는 것들이 그들에게 보여 각 사람 위에 하나씩 임하여 있더니 그들이 다 성령의 충만함을 받고 성령이 말하게 하심을 따라 다른 언어들로 말하기를 시작하니라. 사도행전 2:1-4

나는 얼마 전 캐나다 코스타 집회를 마치고 나이아가라 폭포에 갔었다. 10년 전에 갔을 때는 그냥 멀리서 보았고, 이번에는 배를 타고 폭포 밑에까지 가보았다. 정말 거대한 폭포였다. 폭이 900m, 높이가 53m로 웅장한 물줄기가 무서운 속도로 떨어져 내렸다. 강 전체가 폭포로 떨어지는 것이다. 이 장관을 보기 위해 세계 곳곳에서 수많은 사람들이 몰려들었다.

어느 날 한 에너지 연구원이 그 물줄기에 수력 발전소를 세운다면 엄청난 전력을 생산해낼 수 있겠다고 생각했다. 이것은 현실화되어 1961년 미국과 캐나다 양국은 이 폭포를 이용하여 거대한 수력 발전소를 세웠고, 거기서 나온 전력을 통해 큰 이익을 누리게 되었다.

이 나이아가라 폭포를 이용한 수력 발전보다도 더 위대한 힘으로 세계를 강타한 사건이 있었다. 그것은 곧 오늘 본문의 성령강림 사건이다. 나이아가라 수력 발전소가 에너지의 위기에 도움을 주었다면 사도행전 2장에 나오는 성령의 권능은 온 인류를 살리는 하나님의 능력이 되었다.

교인들 중에는 내 힘으로만 사는 무력한 그리스도인들이 많다. 내 힘으로만 사는 그리스도인들은 교회는 다니는데 아무런 능력도 아무런 열정도 없다. 그는 무엇이 잘되면 교만해지고, 무엇이 잘되지 않으면 우울해지는 초라한 그리스도인이다. 그는 아무리 교회를 오래 다녀도 스스로 말씀을 읽거나 스스로 기도하지 않는다. 그는 성경에 나오는 기적이나 성경에 나오는 능력과는 전혀 상관없는 자로 살아간다. 예수를 믿는다고 하지만 늘 염려, 근심, 걱정, 두려움이 가득하다. 교회에 다닌다는 것 외에는 불신자와 거의 차이가 없다.

이번 장의 본문에 나오는 제자들도 아주 비슷하다. 그들은 예수님을 3년 반이나 따라다니며 무수한 설교를 들었지만 무능한 그리스도인이었다. 베드로는 천한 계집종 앞에서도 예수를 모른다고 부인한 겁쟁이였다. 제자들 중 7명이 천한 신분인 어부였다. 제자들 중에는 제사장이나 랍비 가문의 출신은 아무도 없었다. 당대의 뛰어난 학문이나 높은 학위를 가진 자도 없었다. 세련된 사람은 아무도 없었다. 그들은 세상의 변화시킬 만한 인물이 아니었다.

부활하신 예수님은 40일 동안 제자들에게 나타나셔서 부활에 대한 확신을 주시고, 하늘로 승천하시면서 이 초라한 무리인 열한 제자에게 예루살렘을 떠나지 말고, 아버지께서 약속하신 성령을 기다리라고 하셨다. 아버지께서 약속하신 것은 성령이시다. 열한 제자를 포함한 120명의 성도들은 예수님의 말씀대로 마가의 다락방에 모여 아버지께서 약속하신 성령을 기다리면서 오직 기도에 힘썼다.

누가 성령을 기다리면서 기도하는가? 자신의 부족을 아는 자다. 자신의 무능을 아는 자다. 자신의 초라함을 아는 자다. 결국 성령을 기다리는 자는 마음이 낮아진 겸손한 자다. 어떤 이유이든지 하나님 앞에 마음이 낮아지는 것은 축복이다. 교만한 자는 기도하는 곳에 모이지 않고 성령을 찾지도 않으며 기도하지도 않는다. 당신은 당신의 부족을 알고 성령 하나님을 구하기 바란다.

사도행전 2장 1절을 보자. "오순절 날이 이미 이르매 그들이 다같이 한 곳에 모였더니." 오순절은 유월절이 지난 뒤 50일째 되는 날이다. 오순절은 처음 수확한 밀을 가지고 와서 제사를 드렸기에 맥추절이라고도 하고, 유월절 다음날부터 7일을 7번 지냈다고 해서 칠칠절이라고도 하며, 첫 열매를 드리는 날이라 초실절이라고도 한다.

120명의 성도들은 오순절까지 성령이 임하도록 간절히 기도하였다. 예수님이 부활하시고 40일 동안 나타나시다가 하늘로 승천하시고, 오순절까지 기도하였으니 10일 동안 간절히 기도한 것이다. 그들은 아버지께서 약속하신 성령을 기대하고 기도하고 기다렸다. 그들은 모여 세미나를 하거나 회의를 하지 않고, 성령을 기대하고 기도하고 기다렸다.

예수님은 제자들에게 아무것도 하지 말고, 오직 기도하면서 성령만 구하라고 하셨다. 왜 성령을 구하는 기도만 하라고 하셨는가? 성령이 오시지 않고는 그들이 무엇을 해봤자 복음전파에 전혀 도움이 되지 않기 때문이다. 성령 충만하여 한 번 행동하는 것이 평생 수만 번 노력한 것보다 더 큰일을 이룬다.

내가 부족한가? 내가 무능한가? 내게 지혜가 없는가? 내게 물질이 없는가? 내게 질병이 있는가? 남을 원망하고 불평하고 신세한탄만 하지 말고 성령을 기대하고 기도하고 기다려라.

기도보다 위대한 일은 없다. 기도하면 하나님을 만난다. 기도하면 하나님의 음성을 듣는다. 기도하면 성령이 임하신다.

왜 기도한 지 10일 만에 성령이 임하셨는가? 우리는 모른다. 하나님은 하나님의 때에 하나님께서 일하신다. 중요한 것은 절대로 기도하다가 포기하지 않는 것이다. 원래 기도라는 것은 응답될 때까지 기다리는 것이다. 믿음 없는 사람은 결코 기다릴 수 없다. 기다리면서 조급해하지 말아야 한다. 기다리면서 포기하지 말아야 한다. 하나님의 때는 언제나 정확하다. 하나님은 언제나 옳으시다.

120명의 성도들은 모일 때 성령을 기대하면서 기도하였다. 그들은 모여 기도할 때 성령이 임하셨다. 교우들이 모여 기도할 때 성령이 임하신다. 얼마나 좋은가? 우리 성도들이 모일 때 성령님이 임하신다면. 어떤 사람들은 이 사도행전 2장에 임한 성령의 역사는 사도행전 2장에만 딱 한 번 있는 사건이라고 말한다. 그래서 2천 년 전에 일어난 일이지 지금은 일어나지 않는다고 말한다. 정말 안타까운 일이다. 사도행전에 보면 성령께서 임한 사건이 여러 번 나온다.

사도행전 8장에 보면 빌립 집사가 사마리아에 가서 복음을 전하자 사람들이 예수를 믿고 세례를 받았다. 이런 보고를 들은 예루살렘 교회 지도자들은 사마리아에 급히 베드로와 요한을 파견하여 그들을 위해 안수하자 성령이 임하셨다. "그들이 내려가서 그들을 위하여 성령 받기를 기도하니 이는 아직 한 사람에게도 성령 내리신 일이 없고 오직 주 예수의 이름으로 세례만 받을 뿐이더라. 이에 두 사도가 그들에게 안수하매 성령을 받는지라"(행 8:15-17).

왜 베드로와 요한이 급히 사마리아성에 갔는가? 원래 유대인들은 사마리아성에는 절대로 가지 않는다. 사마리아 사람들이 혼혈족이기 때문에 선민이라고 생각하는 유대인들은 사마리아 땅을 밟지 않는다. 베드로와 요한은 유대인이다. 그런데 그들이 사마리아성에 급히 간 것은 사마리아 사람들이 빌립 집사를 통해 세례만 받았을 뿐 성령을 받은 일이 없기 때문이다. 베드로와 요한은 물세례만 받은 사마리아 사람들을 생각하니 너무나 안타까웠다. 자신들이 과거에 성령을 받지 못하였을 때 능력 있는 삶을 살 수 없었음을 너무나 잘 알기에 급히 사마리아성으로 간 것이다.

사도행전 10장에 보면 로마의 장군인 고넬료가 베드로를 초대하여 말씀을 듣는 장면이 나온다. 베드로가 그곳에서 설교를 할 때 성령이 부어진다. "베드로가 이 말을 할 때에 성령이 말씀 듣는 모든 사람에게 내려오시니 베드로와 함께 온 할례 받은 신자들이 이방인들에게도 성령 부어 주심으로 말미암아 놀라니 이는 방언을 말하며 하나님 높임을 들음이러라"(행 10:44-46).

나중에 이 일로 인하여 베드로는 예루살렘에 있는 초대교회 지도자들에게 엄청난 비난을 받게 된다. 어찌 유대인인 베드로가 이방인인 로마의 장군 고넬료 집에 가서 설교를 하였느냐고 공격을 받았다. 그때 베드로는 자신이 설교할 때 성령이 임하였다는 것으로 답한다. "내가 말을 시작할 때에 성령이 그들에게 임하시기를 처음 우리에게 하신 것과 같이 하는지라"(행 11:15).

처음 우리에게 하신 것과 같다는 말은 사도행전 2장에 처음 오순절 다락방에 내린 성령과 같았다는 뜻이다. 이 말로 초대교회 지도자들은 더 이상 베드로를 공격하지 않았다. 왜냐하면 성령 하나님께서 하신 일이라는 말에 모두가 잠잠해진 것이다.

사도행전 19장에는 바울이 에베소에 가서 그곳에 있는 12제자들에게 안수하자 성령이 임하셨다. "바울이 그들에게 안수하매 성령이 그들에게 임하시므로 방언도 하고 예언도 하니"(행 19:6). 바울은 에베소에서 만난 예수를 믿는다고 하는 12명의 제자들에게 성령을 아느냐고 물었을 때, 그들은 물세례만 받았을 뿐 성령은 듣지도 알지도 못한다는 말을 듣고 그들을 위해 안수하자 성령이 내렸다.

이렇게 성령이 임하는 사건은 사도행전에만 2장, 8장, 10장, 19장 계속해서 나타난다. 그래서 성령이 임한 사건은 사도행전 2장 한 번만 나타난다고 주장하는 것은 억지다. 성령 충만은 2천 년 전에 오순절 다락방에 부어진 사건이고, 오늘날에도 여전히 부어지는 사건이다.

베드로는 그의 인생에 여러 번 성령 충만한 사건이 일어났다. 사도행전 2장 4절에 보면 그는 분명히 오순절 날 성령의 충만함을 받았다. 그러나 사도행전 4장 8절에 보면 예루살렘의 제사장과 관원들이 베드로를 체포하여 심문할 때 그는 또다시 성령으로 충만하였다. "이에 베드로가 성령이 충만하여 이르되 백성의 관리들과 장로들아." 그는 4장 31절에서 또다시 성령으로 충만하였다. "빌기를 다하매 모인 곳이 진동하더니 무리가 다 성령이 충만하여 담대히 하나님의 말씀을 전하니라." 이 말씀은 사도들과 초대교회 교인들이 모여 기도할 때 그 모인 장소가 진동하고 성령께서 임하신 것이다.

베드로는 한 번 성령 충만한 것이 아니라 여러 번 되풀이해서 성령 충만한 경험을 하였다. 여기의 "충만하여"라는 동사는 과거에 충만하였다는 것이 아니라 바로 현재에 충만하였다는 것이다. 베드로가 계속 성령에 충만하였다는 것은 성령 충만은 한 번으로 끝나는 것이 아니라 계속 되풀이해서 충만해야 한다는 것이다.

이 성령은 마지막 날에 만민에게 부어주신다고 약속하신 것이다. "그 후에 내가 내 영을 만민에게 부어주리니 너희 자녀들이 장래 일을 말할 것이며 너희 늙은이는 꿈을 꾸며 너희 젊은이는 이상을 볼 것이며"(욜 2:28). 분명 요엘서에는 마지막 날에 하나님께서 만민에게 성령을 부어주신다고 약속하셨다. 이 '만민' 이라는 단어는 12명의 제자들만이 아니며, 120명의 초대교회 성도들에게만 성령이 내리는 것이 아니다. 여기에서 만민은 오늘날 성도들도 포함되는 말씀이다. 그래서 우리는 성령으로 세례를 받기 위해 기도해야 한다. 만민에게 성령이 내리는 것은 하나님이 요엘서에 약속하신 말씀이다.

오순절 다락방에 성령이 임할 때 두 가지 현상이 나타났다.

첫 번째로 바람처럼 임하였다. "홀연히 하늘로부터 급하고 강한 바람 같은 소리가 있어 그들이 앉은 온 집에 가득하며"(행 2:2). 이 성령님은 보이지는 않는데 바람처럼 임하여 온 집에 가득하였다. 어디서 오는지 알지 못하지만 강력한 성령이 임하였다. 에스겔서 37장에 보면 마른 뼈가 나온다. 마른 뼈는 죽은 지 오래 된 뼈를 말한다. 마른 뼈는 도무지 살 수 있는 희망이 없는 것을 말한다. 그러나 그 뼈에 사방에서 불어오는 생기가 임할 때 그 죽은 뼈가 살아나서 거대한 군대가 되었다.

오늘도 성령이 임하면 죽어가는 자들이 살아난다. 성령이 임하면 생기가 생겨서 희망 없는 자들이 희망을 가지게 되고, 아무런 쓸데없는 자들이 강력한 그리스도의 군사가 된다. 당신도 성령 충만하여 시시한 그리스도인으로 살지 말고, 그리스도의 강력한 군사가 되길 바란다.

두 번째는 불처럼 임하였다. "마치 불의 혀처럼 갈라지는 것들이 그들에게 보여 각 사람 위에 하나씩 임하여 있더니"(행 2:3). 이 불은 타지 않는 불이다. 이 불은 강력한 하나님의 임재를 드러낸다.

모세는 애굽의 왕자로 살다가 살인자가 되어 미디안 광야로 도망왔다. 그는 나이 40에 애굽에서 도망하여 광야에 온 지 40년이 지나, 지금 그의 나이 80이 되었다. 그는 시내산에서 타지 않는 불꽃을 보게 된다. 그는 불꽃 가까이로 갔다. "이에 모세가 이르되 내가 돌이켜 가서 이 큰 광경을 보리라. 떨기나무가 어찌하여 타지 아니하는고 하니 그때에"(출 3:3).

모세는 가던 길을 멈추고 돌아서서 불꽃이 있는 곳으로 가까이 나아갔다. 그날 그의 인생은 송두리째 달라졌다. 그는 그 불 속에서 하나님의 음성을 들었고, 이스라엘 백성들을 출애굽시키라는 소명을 받았다. 그날 그는 도망자에서 이스라엘 백성들을 출애굽시킬 지도자로 바뀌었다.

성령의 불꽃 가까이로 나아가라. 성령 충만한 장소로 나아가라. 성령을 구하라. 그리하여 현실을 도피하며 사는 자가 아니라 현실을 리드하는 자로 살라. 이 세상만을 위해 살지 말고, 더 이상 세상의 헛된 것만 추구하다가 인생을 마치지 마라.

모세가 불꽃을 보고 그냥 지나쳤다면 광야에서 장인의 양떼만 치다가 인생을 마칠 뻔하였다. 그가 그날 가던 길을 돌이켜 불꽃 가까이 가지 않았다면 그는 정말 안타까운 인생이 될 뻔하였다. 성령의 불꽃 가까이로 가라. 성령이 임하면 마른 뼈가 살아난다. 성령이 임하면 도망자가 비전의 사람으로 바뀐다. 오늘 바람 같은 성령, 불 같은 성령이 당신에게 임하시게 기도의 자리로 나아가라.

"그들이 다 성령의 충만함을 받고 성령이 말하게 하심을 따라 다른 언어들로 말하기를 시작하니라"(행 2:4). 120명의 초대교회 성도들이 예수님께서 "예루살렘을 떠나지 말고 내게서 들은 바 아버지께서 약속하신 것을 기다리라. 그리하면 성령으로 세례를 부어 주리라"는 말씀에 순종하여 마가의 다락방에 모여 10일 동안 간절히 기도할 때 성령이 부어졌다. 그들에게 성령이 부어졌을 때 그들은 모두 다 성령의 충만함을 받았다.

사람은 무엇으로 충만한가는 아주 중요하다. 나로 충만하게 되면 욕심으로 충만하게 되고, 이기심으로 충만하게 되고, 세상으로 충만하게 된다. 내가 충만하면 이래저래 일에 쫓기고, 사람에 상처받고, 우울해지고, 슬픔이 밀려오고, 절망에 빠지게 된다. 반면에 성령으로 충만하게 되면 기쁨이 넘치고, 사랑이 넘치며, 모든 세포가 살아난다.

초대교회 교인들에게 성령이 충만하게 되자 말이 달라졌다. 성령이 말하게 하심에 따라 말하기 시작했다. 성령 충만하면 성령이 그 사람을 지배하여 말이 달라진다. 내가 나를 지배하면 무력해진다. 인생은 내 힘으로만 살면 공허함과 허무가 드러나고, 성령이 지배하면 충만함과 능력이 나타난다.

성령 충만한 성도들은 방언으로 말하기 시작하였다. 그들은 14개 정도의 언어로 정확한 말을 하였고, 또 많은 이들이 방언을 하였다. 사도 바울은 모든 그리스도인이 다 방언하기를 원한다고 말하였다. "나는 너희가 다 방언 말하기를 원하나"(고전 14:5). 바울은 누구보다 더 방언을 많이 하였기에 감사한다고 하였다. "내가 너희 모든 사람보다 방언을 더 말하므로 하나님께 감사하노라"(고전 14:18).

성령 충만한 성도는 대부분 방언을 받는다. 그러나 방언을 받지 못하면 성령을 받지 못하였다고 말하는 것은 성경적이지 못하다. 나는 이 책을 읽는 모든 독자가 방언을 받기 원한다. 방언은 결코 나쁜 것이 아니다. 영적인 생활과 특히 기도생활에 분명히 도움을 준다.

제자들은 예수님께서 십자가에 죽으시던 날부터 혼돈과 공허와 어두움에 휩싸였다. 물론 예수님께서 부활하셔서 그들에게 나타나셨지만 그들은 여전히 자신의 한계에 갇혀 살았다. 그들은 현실을 이길 수 있는 아무런 능력이 없었다. 그들은 여전히 불안했고, 여전히 혼돈이었으며, 여전히 두려움이 가득했다. 그들이 모여 10일 동안 간절히 기도하자 성령이 바람처럼 불처럼 임하였다. 그들은 모두 성령으로 충만하게 되었다. 그날 그들의 인생은 송두리째 바뀌었다. 그들은 더 이상 두려움에 사로잡혀 숨어 살지 않았다.

사도 바울은 로마서 7장에서 예수를 믿는다고 하지만, 마음으로는 선하게 살고자 하지만 여전히 죄를 범하고 또 넘어지는 자신을 바라보고 탄식한다. "오호라. 나는 곤고한 사람이로다. 이 사망의 몸에서 누가 나를 건져내랴"(롬 7:24).

그것에 대한 답은 성령이었다. "이는 그리스도 예수 안에 있는 생명의 성령의 법이 죄와 사망의 법에서 너를 해방하였음이라"(롬 8:2). 성령이 우리를 죄와 사망에서 해방시킨다. 우리는 거룩하게 살고 싶지만 거룩하게 살 능력이 없다. 우리는 기쁘게 살고 싶지만 일시적인 기쁨은 있지만 계속 기쁘게 살 능력이 없다. 우리는 사랑하며 살고 싶지만 사랑할 능력이 없다. 우리는 용서하며 살고 싶지만 용서할 능력이 없다. 우리는 질병을 이기고 싶지만 질병을 이길 능력이 없다. 그래서 성령의 충만함이 필요하다.

성령 충만하면 말씀대로 살 수 있는 능력이 생긴다. 성령 충만하면 모든 사람을 사랑할 수 있게 된다. 성령 충만하면 모든 어둠이 떠나간다. 성령 충만하면 모든 무능이 사라진다. 성령 충만하면 모든 질병이 떠난다. 혹시 이 책을 읽는 독자 중에 삶의 어려움으로 절망 속에 있는 성도가 있는가? 절망하지 마라. 우리에겐 성령님이 계신다.

그러면 우리는 어떻게 하면 성령으로 충만하게 되는가?

먼저 죄를 회개하라

"베드로가 이르되 너희가 회개하여 각각 예수 그리스도의 이름으로 세례를 받고 죄 사함을 받으라. 그리하면 성령의 선물을 받으리니"(행 2:38). 오순절 날 다락방에 모인 120명의 초대교회 성도들이 방언을 말하자, 주위에 있는 유대인들이 자기들이 태어난 곳의 말을 유창하게 하는 것을 보고 이것이 어떻게 된 일이냐 하면 모여들었다.

베드로는 이 일은 예수님께서 아버지에 성령을 받아서 우리에게 보내신 것이라고 설명하였다. 그리고 너희들이 죽인 그 예수를 하나님께서 주와 그리스도가 되게 하셨다고 말하였다. "그런즉 이스라엘 온 집은 확실히 알지니 너희가 십자가에 못 박은 이 예수를 하나님이 주와 그리스도가 되게 하셨느니라 하니라"(행 2:36).

유대인들이 자신들이 예수를 죽였다는 말에 마음에 찔림이 있어 "우리가 어찌할꼬" 하고 물었다. "그들이 이 말을 듣고 마음에 찔려 베드로와 다른 사도들에게 물어 이르되 형제들아 우리가 어찌할꼬 하거늘"(행 2:37). 여기에 '찔려'라는 단어는 예리한 칼에 베임을 당했다는 뜻이다. 베드로가 몰려든 유대인들에게 너희들이 예수를 죽였노라고 하자 그들은 마음에 찔림이 있었다.

그때 베드로는 그들을 향해 "회개하고 죄사함을 받으라. 그리하면 성령을 받게 된다"고 하였다. "베드로가 이르되 너희가 회개하여 각각 예수 그리스도의 이름으로 세례를 받고 죄 사함을 받으라. 그리하면 성령의 선물을 받으리니"(행 2:38). 그들이 무엇을 회개하였는가? 바로 예수님을 죽인 죄를 회개하였다. 그러면 우리는 무엇을 회개해야 하는가? 우리의 회개도 역시 내가 예수님을 죽게 한 죄를 회개해야 한다.

예수님은 왜 죽으셨나? 나의 죄 때문에 죽으셨다. 나의 무슨 죄인가? 내가 하나님으로부터 독립하여 내가 주인 되어 내 마음대로 산 죄다. 죄의 뿌리는 내가 주인 된 나다. 우리는 자꾸 회개라고 하면 내가 누구를 속인 것, 거짓말한 것, 화를 낸 것, 음란한 것 등 이런 죄의 열매를 회개하려고 한다. 그것은 죄의 열매일 뿐이지 죄의 뿌리는 아니다. 중요한 것은 죄의 뿌리를 해결하는 것이다. 참 회개는 죄의 열매를 없애는 것이 아니라 내가 예수를 죽인 죄를 회개해야 한다. 그것은 바로 내 마음대로 산 죄를 회개하는 것이다. 그 사람에게 성령님이 임하신다.

왜 초대교회 같은 기적이 일어나지 않는가? 왜 오순절 다락방 같은 성령 충만한 사건이 일어나지 않는가? 내가 예수를 죽인 죄를 회개하지 않기 때문이다. 베드로의 설교를 들은 이들은 자기가 예수님을 죽인 죄를 회개하고 예수님을 주와 그리스도로 영접하였다. 교회에 아무리 오래 다녀도 내가 예수님을 죽인 것과 내가 주인 된 죄를 회개하지 않으면 성령 충만함이 없다. 오늘 당신이 주인 된 죄를 회개하고 예수님을 주인으로 모셔라. 그리고 기억나는 모든 죄를 회개하라. 그러면 반드시 성령이 부어질 것이다.

성령 충만을 간절히 구하라

성령 충만은 성령이 부어질 때까지 계속 구해야 한다. 120명의 초대교회 성도들은 성령 충만을 10일 동안 계속 간절히 구하였다. 성령을 구하면 주신다는 것은 하나님 아버지께서 약속하신 것이고, 예수님께서 약속하신 것이다.

누가 얻게 되는가? 간절히 구하는 자다. 누가 찾게 되는가? 간절히 찾는 자다. 누가 문을 열게 되는가? 계속 문을 두드리는 자다. 누가 성령 충만하게 되는가? 계속 성령 충만을 구하는 자다. 우리가 예수를 믿는다고 하지만 성령 충만하지 않고는 결코 능력 있는 그리스도인으로 살 수 없다. 야고보는 얻지 못함은 구하지 아니함이라고 말씀한다. "너희가 얻지 못함은 구하지 아니하기 때문이요"(약 4:2). 우리가 성령 충만을 얻지 못함은 구하지 않기 때문이다. 간절히 원하라. 계속 원하라. 원하는 만큼 얻게 된다.

예수님께서 예루살렘을 떠나지 말고 아버지께서 약속하신 성령을 기다려 성령으로 세례를 받아야 한다는 말씀하신 것은 예수님의 제안이나 부탁이나 권유가 아니었다. 명령이셨다. 왜 예수님은 십자가를 지시기 전에도 성령을 강조하셨고, 십자가에 죽으시고 부활하시고 승천하시기 전에도 성령을 받아야 함을 말씀하셨는가? 성령 없이는 능력 있는 그리스도인으로 살 수 없기 때문이다. 성령으로 세례를 받으라는 이 명령은 예수님을 믿는 자라면 반드시 순종해야 하는 명령이다.

예수님의 부활을 본 초대교회 교인들은 500명이 넘는다. 그러나 500명이 다 성령으로 부으심을 기다린 것은 아니다. 380명은 어디로 가고, 오직 120명만이 말씀에 순종하여 성령으로 충만하게 되기를 기다렸다. 예수님을 믿는가? 집사, 권사, 장로, 목사, 선교사, 이전에 먼저 성령으로 세례를 받으라. 예수님은 승천하시면서 제자들에게 사역을 맡기지 않으셨다. 제일 먼저 성령으로 세례를 받으라고 말씀하셨다.

F. B. 마이어 목사는 찰스 스펄전, 캠벨 몰간 목사와 함께 영국의 3대 설교가 중 한 사람이다. 그는 82세의 일기로 세상을 떠날 때까지 수많은 사람들에게 영향을 끼친 경건한 목회자이다. 다음은 마이어 목사의 간증 중 한 대목이다.

나는 오랫동안 큰 교회를 목회하면서 시민들 사이에 꽤 신망도 높았지만 마음은 불안하였다. 나는 그때까지 성령의 세례를 받지 못하였음을 절실히 느낀 나머지 케이직 기도회에 갔었다. 그곳에는 많은 성도들이 모여와서 성령을 사모하며 기도하고 있었다. 그들은 매일 9시부터 11시까지 기도를 하였다. 그들은 11시 기도회가 끝이 나면 나머지 시간에는 각자가 흩어져 기도를 하였다. 무수한 사람들이 애통에 잠겨서 부르짖으며, 혹은 무언으로 은혜를 기대하며 기도하였다.

그런데 나는 무척 피곤하여 장시간 애걸할 수가 없었고, 그냥 기도회를 빠져나와 근처의 한적한 들길을 거닐면서 기도하였다.

"오, 하나님 아버지여! 성령의 힘을 받아 능력을 얻어야 할 사람이 있다면 저야말로 바로 그런 사람입니다. 그런데 저는 어떻게 하여야 성령을 받을지를 모릅니다."

나는 너무 피곤하고 지쳐서 안정되지가 않았고, 애통하며 구할 수도 없었다.

그때 한 음성이 들려왔다.

"죽으신 그리스도로부터 죄 사함을 받듯이 살아계신 그리스도께로부터 성령을 받으라."

나는 그때 그리스도를 바라보며 말했다.

"주여, 이 밤의 따스한 공기를 이렇게 마시듯 저는 당신의 복된 성령을 제 온몸에 마셔 들이나이다."

이때 별로 내 머리 위에 얹히는 손도 없었고, 불이 비치지도 않았으며, 하늘에서 몰아치는 바람소리도 없었지만, 다만 믿음으로 어떠한 흥분도 느낌도 없이 나는 처음으로 성령을 받았다.

그 후 오늘에 이르기까지 계속해서 그 능력을 받고 있다.

당신이 당신의 힘으로만 인생을 산다면 초라한 삶이 될 것이고, 매일 성령의 능력을 구하고 성령의 힘으로 살면 승리의 삶을 살 것이다. 성령을 구하는 기도를 미루지 마라. 오늘 성령이 부어지는 기도를 구하기 바란다. 성령 충만은 전능하신 하나님이 초라한 나에게 들어오시는 것이다. 나의 무능을 바라보고 절망하지 말고, 하나님의 전능을 바라보고 하나님의 영이신 성령을 구하라.

오늘 당신의 인생에 성령의 바람이 불게 되길 바란다. 오늘 사방에서 생기가 불어와 모든 죽어가는 것이 살아나길 바란다. 질병이 떠나가고, 우울함이 떠나가고, 사망 권세가 떠나가길 바란다. 오늘 성령의 불이 임하길 바란다. 온갖 더러운 것이 불태워지고, 거룩한 불이 임하길 바란다. 세상 사람들은 듣지도 알지도 못하는 불이 임하길 바란다. "하나님, 오순절 날 마가의 다락방에 부어진 성령님, 모세에게 불을 붙이신 성령님, 오늘 이 책을 읽는 모든 분에게 성령이 임하게 하옵소서."

오순절은 수확한 밀을 하나님께 드리는 절기다. 오순절은 열매를 드리는 풍요와 기쁨이 넘치는 축제의 절기다. 우리 인생이 열매가 넘치는 축제가 되려면 반드시 성령이 부어지는 오순절이 필요하다. 나를 정말 바꿀 수 있는 것은 위로부터 부어지는 성령 하나님이시다.

설교의 황제로 알려진 스펄전 목사는 이런 말을 하였다. "하나님의 영, 성령 없이는 우리는 아무것도 할 수 없다. 마치 수액이 마른 나뭇가지처럼, 바람 없는 바다의 돛배처럼, 말을 잃어버린 마차처럼, 불씨 없는 숯불처럼 우리는 아무데도 쓸데없다."

인생이라는 것은 내일 무슨 일이 일어날지 어차피 알 수 없는 혼돈의 연속이다. 또 내가 무엇을 열심히 하고 성취를 해도 공허하다. 내일이 시작되어도 환한 미래가 열리는 것이 아니라 어둠만 가득하다. 인생이란 원래 혼돈과 공허와 흑암이 가득한 것이다. "땅이 혼돈하고 공허하며 흑암이 깊음 위에 있고 하나님의 영은 수면 위에 운행하시니라"(창 1:2). 이 혼돈과 공허와 흑암이 가득한 곳에 하나님의 영, 성령이 임하시면 혼돈이 질서로 바뀌고, 공허가 충만함으로 바뀌고, 흑암이 빛으로 바뀌게 된다.

약 100년 전에 영국의 감리교 지도자요 대학교수였던 사무엘 채드윅은 이렇게 외쳤다. "성령 없이는 기독교에 소망이 없습니다!" 이 성령의 부으심은 우리에게 절대로 필요한 것이다. 우리는 지금 성령의 시대에 살고 있다. 하나님은 우리에게 하나님의 영, 예수님의 영이신 성령을 부어주길 원하신다.

요한 웨슬리는 영국의 옥스퍼드대학을 나온 수재였지만 그가 목회를 하였을 때 아무런 열매도 없는 실패한 목회자였다. 그러다 그가 기도회에서 성령을 받은 이후 감리교를 창설하는 위대한 목회자가 되었다. 찰스 피니는 법학을 공부하여 변호사가 되었다. 그는 기독교 집안에서 자랐지만 기독교에 대해 회의적이었고 신앙에 대해서는 반항적이었다. 그러다가 성경을 읽다가 꼬꾸라지고 성령으로 세례를 받게 되었다. 그는 성령 체험 이후 목회자가 되었고, 전도자가 되었다. 그런 그가 가는 곳마다 엄청난 회개의 역사가 일어났다. 그가 직접 전도한 사람이 50만 명이나 되었다.

우리를 본질적으로 바꾸시는 분은 성령 하나님이시다. 우리의 한계를 넘어 놀랍게 역사하시는 분은 성령 하나님이시다. 정말 우리를 바꿀 수 있는 분은 성령님이시다. 성령님은 우리의 모든 부족함과 실패와 연약함을 송두리째 바꾸어주시는 하나님이시다. 성령님은 우리의 지식, 재능, 지혜의 부족에서 오는 모든 열등감과 연약함으로부터 자유하게 하시기 위해 오신 분이시다.

성령님은 우리의 삶에 소망을 주신다. "소망의 하나님이 모든 기쁨과 평강을 믿음 안에서 너희에게 충만하게 하사 성령의 능력으로 소망이 넘치게 하시기를 원하노라"(롬 15:13). 허무한 삶에 소망이 넘치게 하려면 성령이 부어져야 한다. 고난과 두려움이 가득한 삶에서 빠져 나오려면 성령이 부어져야 한다. 오늘 당신에게 성령이 부어지길 원한다. 이런 말씀을 읽는 것만으로 부족하다. 오늘 성령 충만을 간절히 구하라. 더 이상 성령 충만을 미루지 마라.

성령 없는 예배는 지루하다. 성령 없는 성경 공부는 작동되지 않는다. 성령 없는 기도는 5분이 한계다. 성령 없는 성경 지식은 요란한 소리일 뿐이다. 아무런 능력이 없다. 오늘 절박한 심령으로 성령을 구하라. 얻지 못함은 구하지 아니함 때문이다. 지금 성령님의 임재를 구하라. 모는 것을 내려놓고 무엇보다도 성령의 부으심을 구하라. 나로 꽉 차 있으면 절대로 성령 충만할 수 없다. 나를 비우고 성령 충만함을 구하라. 우리의 힘으로만 하는 신앙생활을 청산하고, 성령과 함께 하는 능력 있는 그리스도인 되라. 죽은 신앙으로 더 이상 세월을 낭비하지 마라.

한 젊은이가 우울증을 앓고 있었다. 그는 이 우울증으로 말미암아 심각한 고통을 당하고 있었다. 어느 날 이 젊은이는 자살을 하려고 결심했다. 그는 면도날을 꺼내어 동맥을 끊어버리려고 세면대 앞에 섰다. 그러나 면도날을 손에 쥔 순간 가슴이 답답해지는 것을 느끼기 시작했다. 이때 그는 갑자기 하나님이 생각났다.

그는 마음속으로 "하나님, 한 번만 삶의 기회를 주시면 제가 복음을 위해 살겠습니다"라고 소리쳤다. 회개의 눈물이 터졌다. 그 순간 그의 마음에 세상이 알 수 없는 하나님이 주시는 잔잔한 평화가 임했다. 성령이 부어진 것이다.

그 후 그는 우울증에서 빠져 나오게 되었고, 삶을 정리하고 목회자가 되었다. 이 사람이 바로 무디의 제자이자 전 세계에 선한 영향력을 끼친 R. A 토레이 목사이다.

성령님은 간절히 원하는 자에게는 누구에게나 부어진다. 성령님은 상한 마음, 깨어진 마음, 회개하는 마음에는 강력하게 임재하신다. 어떤 사람에게는 불처럼, 어떤 사람에게는 바람처럼, 어떤 사람에게는 비둘기처럼…. 오늘은 성령이 임하도록 계속 기도하라. 성령 충만을 더는 미루지 마라. 당신의 인생에 가장 중요한 것은 성령 충만을 받는 것이다. 이것보다 더 시급한 일은 없다. 오늘이 바로 그날이다.

성령 충만 이후,
무슨 일이?

> 제 구 시 기도 시간에 베드로와 요한이 성전에 올라갈새 나면서 못 걷게 된 이를 사람들이 메고 오니 이는 성전에 들어가는 사람들에게 구걸하기 위하여 날마다 미문이라는 성전 문에 두는 자라. 그가 베드로와 요한이 성전에 들어가려 함을 보고 구걸하거늘 베드로가 요한과 더불어 주목하여 이르되 우리를 보라 하니 그가 그들에게서 무엇을 얻을까 하여 바라보거늘 베드로가 이르되 은과 금은 내게 없거니와 내게 있는 이것을 네게 주노니 나사렛 예수 그리스도의 이름으로 일어나 걸으라 하고 오른손을 잡아 일으키니 발과 발목이 곧 힘을 얻고 뛰어 서서 걸으며 그들과 함께 성전으로 들어가면서 걷기도 하고 뛰기도 하며 하나님을 찬송하니 모든 백성이 그 걷는 것과 하나님을 찬송함을 보고 그가 본래 성전 미문에 앉아 구걸하던 사람인 줄 알고 그에게 일

어난 일로 인하여 심히 놀랍게 여기며 놀라니라. 사도행전 3:1-10

오순절 다락방에서 제자들에게 성령이 부어져 성령 충만해진 이후 무슨 일이 일어났는가? 성령 충만함을 받은 이후에 제자들에게 어떤 변화가 생겼는가?

성령 충만한 자는 하나님과 친밀해진다

"제 구 시 기도 시간에 베드로와 요한이 성전에 올라갈 새"(행 3:1). 여기에 '구 시'는 지금 오후 3시를 말한다. 보통 유대인들은 하루에 세 번 기도하는 습관이 있었다. 유대 시간으로 세 시, 육 시, 구 시다. 이것은 오늘날 시간으로는 오전 9시, 12시, 오후 3시다.

원래 제자들은 자기 스스로 기도하는 자들이 아니었다. 그들은 예수님에게 기도가 무엇인지 물어보았다. 그래서 나온 것이 주기도문이다. 그들은 예수님께서 겟세마네 동산에서 기도하실 때 너희들도 나를 위해 기도를 좀 해달라고 하였지만 잠만 자던 자들이었다.

기도는 기도에 대한 이론을 배운다고 되는 것이 아니다. 기도는 누가 부탁한다고 되는 것도 아니다. 그런데 지금 제자들은 자기 스스로 오후 3시에 기도하려고 성전에 가고 있다. 유대 땅에 오후 3시는 사막 기후이기에 정말 뜨거운 햇살로 꼼짝하기 어려운 시간이다. 그런데 그들은 지금 기도하려고 성전에 가고 있다.

어떻게 베드로와 요한이 갑자기 그 뜨거운 오후 3시에 자기 스스로 기도하러 가는 자가 되었는가? 성령 충만하였기 때문이다. 우리가 기뻐하라는 설교를 듣는다고 기뻐하지 않는다. 우리가 죄를 버리라는 설교를 듣는다고 죄를 짓지 않는 것이 아니다. 우리는 우리 힘으로 죄를 이길 수 없다. 우리는 우리 힘으로 온전한 구원을 이룰 수 없다.

사도 바울은 로마서 7장에서 믿음으로 구원받은 우리가 죄를 짓는 것에 대해 탄식을 하였다. "내가 원하는 바 선은 행하지 아니하고 도리어 원하지 아니하는 바 악을 행하는도다"(롬 7:19). "오호라. 나는 곤고한 사람이로다. 이 사망의 몸에서 누가 나를 건져내랴"(롬 7:24). 이런 바울의 고민을 해결해주는 것은 바로 성령이었다. "이는 그리스도 예수 안에 있는 생명의 성령의 법이 죄와 사망의 법에서 너를 해방하였음이라"(롬 8:2). 성령의 도움이 없다면 그 누구도 연약한 육체를 이길 수 없다. 하나님의 말씀이 작동되려면 성령 충만해야 한다.

어린 시절, 친구 중에 한 친구의 집이 방앗간이었다. 그 친구 집에 놀러 가면 반드시 방앗간을 통과해야 했다. 방앗간에는 온갖 기계들이 가득했다. 고추를 찧는 것, 국수를 빼는 것, 떡을 빼내는 것, 곡식을 가루로 만드는 것….

방앗간에 있는 그 많은 기계들이 움직이기 전에 제일 먼저 원동기를 돌린다. 원동기가 돌아가면 그 원동기에 벨트를 연결한다. 그 벨트가 연결이 되면 모든 기계가 돌아가기 시작한다. 아무리 원동기가 돌아가도 원동기와 다른 기계 사이에 벨트가 연결되지 않으면 아무 소용이 없었다.

마치 원동기에 벨트가 연결되어야 모든 기계가 작동되듯 하나님의 말씀과 나 사이에 성령의 벨트가 연결되어야 하나님의 말씀이 내 안에서 작동된다. 성령 충만하면 모든 성경 말씀이 내 안에서 작동하기 시작한다. 그리스도인에게 성령이 없다면 진짜 그리스도인다운 삶이 불가능하다.

무엇보다 성령 충만하게 되면 하나님과 친밀감을 가지게 된다. 성령 충만하게 되면 하나님 자체가 좋아진다. 베드로와 요한은 지금 문제해결을 위해 기도하려고 가는 것이 아니다. 그들은 하나님과 대화하는 것이 행복해졌다. 성령 충만은 하나님 충만이다. 내 안에 하나님이 충만하면 저절로 하나님을 찾게 되어 있다.

삶의 중심에 무엇을 놓느냐는 아주 중요한 문제이다. 하나님은 아브라함에게 어디로 가야 할지 말씀도 하지 않고, 그냥 본토 친척 아비 집을 떠나라고 하셨다(히 11:8). 왜 하나님은 갈 곳도 정해주지 않고 그냥 가라고만 하셨을까? 그것은 절대적으로 중심에 하나님만 두고, 하나님만 믿고 의지하며 나아가라는 뜻이다.

하나님은 출애굽한 이스라엘 백성들에게 성막을 가운데 두고 움직이라고 하셨다. 성막이 움직이면 움직이고 성막이 서면 서라는 뜻이었다. 에스겔서에 보며 하나님께서 바벨론에서 포로생활을 하고 있는 에스겔에게 나타나셔서 이스라엘 나라가 다시 회복될 것을 말씀하시면서 그 나라의 중심에 성전을 두라고 하셨다. 이것은 삶의 중심에 하나님을 모시라는 뜻이다.

당신 삶의 중심에 직장이나 돈이나 자녀를 두지 마라. 인생에는 수많은 대소사가 생긴다. 자칫 잘못하면 문제를 삶의 중심에 두어 평생 문제, 문제, 문제만 해결하려다가 인생을 마칠 수가 있다. 문제를 삶의 중심에 두지 마라. 하나님을 내 삶의 중심에 두면 모든 문제가 저절로 해결되고, 모든 문제가 잠잠해진다. "또 여호와를 기뻐하라. 그가 네 마음의 소원을 네게 이루어 주시리로다"(시 37:4).

베드로와 요한은 성령 충만 이후 모든 것을 내려놓고 하나님을 찾는 데 시간을 투자하였다. 그들은 하나님과의 친밀감을 인생에서 가장 중요한 일로 여겼다. 당신은 가족 없이 궁전에 살겠는가? 가족과 함께 초가집에 살겠는가? 당신은 하나님 없이 궁전에 살겠는가? 하나님과 함께 초가집에 살겠는가? 하나님과 함께 최악의 날을 사는 것이 하나님 없이 최고의 날을 사는 것보다 낫다.

우리의 삶에 성공과 실패는 하나님과의 친밀감에 달려 있다. 하나님과의 친밀감은 기도시간과 깊은 관계가 있다. 하나님을 찾을 여유가 없다는 사람은 하나님을 중요하게 여기지 않는다는 뜻이다. 많은 사람들이 "너무 바빠서 기도할 시간이 없다"라고 말한다. 그것은 변명일 뿐이다. 열매를 원한다면 씨를 뿌려야 한다. 무엇인가를 원한다면 반드시 투자를 해야 한다. 무엇보다 하나님과 교제하는 시간을 가져라. 최고의 투자이다. "너희는 내 얼굴을 찾으라 하실 때에 내가 마음으로 주께 말하되 여호와여 내가 주의 얼굴을 찾으리이다 하였나이다"(시 27:8). "너희가 온 마음으로 나를 구하면 나를 찾을 것이요 나를 만나리라"(렘 29:13).

우리에게는 여러 가지 습관이 있다. 그 어떤 습관보다 기도하는 습관을 가져야 한다. 예수님은 새벽 미명에 기도하는 습관이 있으셨다. 마틴 루터는 "나는 일이 너무 많기 때문에 하루에 세 시간씩 기도하지 않고는 견딜 수 없다"라고 말했다. 기도하는 시간이 하나님의 능력이 들어오는 시간이다. 기도하는 시간이 하나님과 동역자가 되는 시간이다.

사도 바울은 우리를 하나님의 동역자라고 선언했다. "우리는 하나님의 동역자들이요 너희는 하나님의 밭이요 하나님의 집이니라"(고전 3:9). 기도 없는 하루는 축복 없는 하루이며, 기도 없는 그리스도인은 능력 없는 그리스도인이다. 당신에게는 기도하는 습관이 있는가? 베드로와 요한은 하루 중에 기도가 가장 중요한 부분을 차지했다. 그들이 하루에 세 번씩이나 기도했다는 사실은 기도를 삶의 중심에 두었다는 것이다.

신앙의 상태는 기도로 진단할 수 있다. 찰스 스펄전 목사는 "교회의 상태는 기도회로 진단된다"고 말했다. 기도가 살아 있으면 신앙이 살아 있고, 기도가 죽어 있으면 신앙이 죽은 것이다. 기도가 쌓이면 기적이 일어난다. 기도의 축적은 이미 기적의 축적이다. 기도는 우리의 미래를 결정한다.

하나님의 사람들은 다 기도의 사람들이었다. 기도를 한다는 것은 나의 지식과 경험과 힘을 의지하기보다 하나님을 의지하겠다는 뜻이다. 모세가 광야에서 이스라엘 백성들을 탁월하게 이끌었던 비결은 하나님과 친구처럼 이야기하는 기도였다. 엘리야는 850명의 이방 선지자와 싸울 때 돈으로, 칼로 싸운 것이 아니라 확신 있는 기도로 싸워 이겼다. 기도하는 것이 우리의 삶에 가장 중요한 습관이 되어야 한다. 기도는 하나님을 가까이하는 것이다. "하나님을 가까이하라. 그리하면 너희를 가까이하시리라"(약 4:8).

사람이 이 세상에 존재하는 이유가 무엇인가? 하나님은 왜 에덴동산에 아담과 하와를 지으셨는가? 하나님과 친밀한 교제를 하기 위함이다. 그런데 하와는 먹음직스럽고 보암직스럽고 탐스러운 것에 빠지고 말았다. 우리는 먹는 것을 위해 태어나지 않았다. 우리는 탐스러운 것을 갖기 위해 태어나지 않았다. 더욱이 우리는 돈을 벌기 위해 태어나지 않았다. 하나님은 우리를 세상에 빠지라고 이 땅에 태어나게 하지 않으셨다. 우리는 하나님과 교제하기 위해 이 땅에 태어났다.

우리에게 참 만족을 주는 것은 돈이나 사람이나 쾌락이 아니다. 우리에게 참 만족은 주는 것은 하나님과의 친밀감을 가지는 데 있다. 주일에만 교회에 겨우 나오는 종교생활을 하지 말고, 정말 하나님을 만나기 바란다. "그러므로 너희가 그리스도와 함께 다시 살리심을 받았으면 위의 것을 찾으라. 거기는 그리스도께서 하나님 우편에 앉아 계시느니라"(골 3:1). 당신이 예수를 믿는가? 그렇다면 이 땅의 것만을 바라보는 근시안적 사고를 버리고 영원을 향해 살고 위에 것을 찾으며 살아라.

예수님은 우리에게 기독교라는 종교를 전해주시기 위해 십자가에 죽으신 것이 아니다. 예수님은 우리에게 성령을 보내셔서 하나님과 친밀한 관계를 맺게 하시기 위하여 십자가에서 죽으셨다. 종교적인 기독교인의 자리에서 나와 성령 충만한 기독교인이 되라.

예수님이 십자가에 달려 돌아가셨을 때 성전에 있던 성소와 지성소를 나누는 휘장이 위에서 아래로 갈라졌다. 사람이 찢은 것이 아니다. 하나님께서 찢으신 것이다. 그 휘장이 갈라진 이유는 예수님의 몸으로 말미암아 지성소에 누구나 들어갈 수 있게 되었다는 뜻이다. 과거에는 지성소에서만 하나님의 임재를 느낄 수 있었다. 이제 예수님을 믿는 사람은 누구나 하나님과 친밀한 임재에 들어갈 수 있다. 하나님은 태초부터 인간들과 친밀한 교제를 원하셨다. 하나님이 사람을 창조하신 이유도 이 친밀함 때문이다.

인생의 승리는 하나님과의 친밀감, 즉 기도에 달려 있다. 기도에 이긴 자는 이미 이긴 인생을 사는 것이다. 기도하는 것에 패배한 자는 이미 패배한 인생을 사는 것이다. 새벽기도에 불을 붙여라. 삶에 문제가 있는가? 그것은 하나님께서 당신을 기도의 자리에 초청하는 것이다. 기도의 자리로 나아가라. 삶의 문제가 없는가? 문제가 있기 전에 자발적으로 기도의 자리로 나아가 하나님과 친밀감을 가져라. 어제보다 오늘 더 하나님을 사랑하라. 최고의 날들이 펼쳐질 것이다.

성령 충만한 자는 능력이 나타난다

"나면서 못 걷게 된 이를 사람들이 메고 오니 이는 성전에 들어가는 사람들에게 구걸하기 위하여 날마다 미문이라는 성전 문에 두는 자라. 그가 베드로와 요한이 성전에 들어가려 함을 보고 구걸하거늘 베드로가 요한과 더불어 주목하여 이르되 우리를 보라 하니 그가 그들에게서 무엇을 얻을까 하여 바라보거늘"(행 3:2-5).

베드로와 요한은 성령 충만 이후 확연히 달라졌다. 그들이 스스로 기도하기 위해 성전으로 가다가 앉은뱅이를 만났다. 그 앉은뱅이는 태어나면서부터 앉은뱅이였다. 지금 그의 나이는 마흔 살이나 되었다. "이 표적으로 병 나은 사람은 사십여 세나 되었더라"(행 4:22). 그는 태어나서 나이 마흔이 되기까지 성전 미문에 앉아 구걸하며 겨우 살아가고 있었다. 성전 미문이라는 것은 예루살렘 성전 동쪽에 있는 문으로 금은으로 치장되어 있었다. 그래서 아름다운 문이라는 이름을 갖게 되었다. 베드로는 이 문을 늘 지나다녔다.

유대인들은 열두 살 때부터 일 년에 한 번은 반드시 성전에 와서 제사를 지냈다. 베드로는 매년 이 앉은뱅이를 보았다. 그런데 그가 성령 충만한 이후에 앉은뱅이를 보았을 때 그는 달랐다. 이전에는 내 문제에 빠져 아무것도 보이지 않았다. 그런데 오늘은 그를 살려야겠다는 생각이 들었다.

성령 충만하면 나를 너머 이웃이 보인다. 성령 충만하면 평범한 사건을 비범한 사건으로 바꾸게 된다. 성령 충만하면 우연한 만남을 특별한 만남으로 바꾸게 된다. 성령 충만하면 나에게 없는 것을 보지 않고 내 안에 계신 예수님의 능력이 보인다.

나면서 앉은뱅이 된 사람이 베드로에게 돈을 달라고 구걸할 때 베드로와 요한은 "금과 은은 내게 없거니와 내게 있는 것으로 너에게 준다"며 그를 일으켰다. 당신에게 돈이 없는가? 당신을 도와주는 사람이 없는가? 당신에게 없는 것은 바라보고 열등감을 갖거나 낙심하거나 절망하지 마라. 당신에게는 온 우주를 창조하신 예수님이 계신다. 그 예수님과 함께하는 자는 모든 것을 할 수 있다. 예수님은 우리의 소망이다. 예수님은 우리의 기적이다. 예수님은 우리의 기쁨이다.

잠깐, 이 앉은뱅이를 한 번 생각해보자. 그는 나면서부터 선천성 앉은뱅이였으니 삶에 아무런 꿈도 희망도 비전도 없었다. 그에게는 미래가 없었다. 그에게는 깊은 절망만 있었다. 내일이 온다고 해도 아무런 기대도 없었다. 그는 그저 성전 앞에서 사람들이 던져주는 동전에만 관심이 있을 뿐이었다. 그는 늙고 병들어 죽어가고 있었다. 그에게 팔레스타인의 한낮에 따가운 뙤약볕이 고통스러웠고, 차가운 밤이 외롭게 하였다. 그의 마음에는 늘 공허하고 외롭고 갈증만 가득하였다. 그는 살아 있는 한 이 고통을 어찌 해결할 방법이 없었다. 그는 이 지옥 같은 삶을 죽지 못해 억지로 살아가고 있었다. 누가 이 사람을 살려낼 수 있겠는가? 이 세상 철학이나 교육이나 사상이나 종교가 그에겐 아무런 소용이 없다.

혹시 당신은 이 사람과 같지 않는가? 사방이 갇힌 감옥 같은 삶을 살고 있지는 않는가? 이래저래 내 힘으로 할 수 있는 것이 아무것도 없지는 않는가? 그 사람에겐 예수가 필요하다. 그 사람에겐 성령 충만이 필요하다. 이 40년 된 앉은뱅이의 삶이 바로 현대인을 상징한다. 인생이란 사람들이 던져주는 돈으로 만족이 안 된다. 내일이 와도 희망이 없다. 무엇을 해도 공허하다. 뛰고 싶지만 뛸 수가 없다. 똑같은 자리에 다람쥐 쳇바퀴 돌듯 직장만 왔다 갔다 되풀이한다. 왜 이리 허무한지, 왜 이리 방황하는지, 왜 이리 절망이 몰려오는지 모른다. 그 사람에게 필요한 것은 바로 예수님이다.

"베드로가 이르되 은과 금은 내게 없거니와 내게 있는 이것을 네게 주노니 나사렛 예수 그리스도의 이름으로 일어나 걸으라 하고"(행 3:6). 베드로와 요한은 돈이 없었다. 베드로와 요한은 학력도 실력도 없었다. 그러나 그들에게는 예수님이 계셨고, 성령님이 계셨다. 베드로와 요한은 자신들에게 있는 예수님의 이름으로 그에게 일어나 걸으라고 외쳤다. 베드로는 예수 이름으로 불가능을 향해 가능하다고 외쳤다. 40년 동안 걷지 못하는 자를 향해 일어나라고 외친다는 것은 상식적으로 불가능한 일이었다. 그러나 베드로와 요한은 그 불가능을 향해 담대히 외쳤다.

당신에게 "나는 이것은 정말 안 된다"라고 하는 부분이 있는가? 부부 관계인가? 부자 관계인가? 건강인가? 공부인가? 되풀이되는 죄인가? 예수 이름으로 외쳐라. 예수 이름은 능치 못함이 없다. 예수 이름으로 못 고칠 질병은 없다. 아무리 오래된 질병이라도 예수님은 고치신다. 당신은 불가능을 향해 가능하다고 외쳐본 일이 있는가? 우리가 예수님의 이름으로 "산아, 무너져라!"고 하면 산이 무너져 평지가 될 것이다. 거대한 여리고성이 무너지듯, 홍해가 갈라지듯, 골리앗이 넘어지듯 기적이 일어날 것이다.

나는 대학 다닐 때 어느 교회 고등부 교사를 했었는데, 그 고등부 중에 신모 학생이 있었다. 그 학생은 신앙심이 좋아 고등부의 이런저런 행사에 다 참석하였는데, 그런 날에는 집에 조금 늦게 들어가게 된다. 그의 아버지는 교회 안수집사인데, 아들이 집에 늦게 들어오는 날이면 왜 아이를 늦게 보내느냐고, 공부에 방해된다고 교회로 전화를 걸어 항의하곤 하였다.

그런데 어느 날 그 집사님의 왼쪽 눈이 아프기 시작하더니 거의 실명위기가 찾아왔다. 그 집사님은 대학교수에 안수집사지만 신앙심은 별로 없었다. 그러다 병원에서 방법이 없다고 하자 금식을 하며 부인과 함께 새벽기도를 시작했다. 자신의 믿음 없음을 회개하고, 간절히 하나님께 매달렸다. 대학교수로 교회에서 교만하게 신앙생활한 것을 회개하였다. 그런데 극적으로 3일 후 그분의 눈이 치유되었다. 그 뒤 그 집사님은 사람이 완전히 바뀌었다. 아들이 교회에서 늦게 와도 화내는 게 아니라 도리어 좋아하고, 복돋아주는 그런 신앙인으로 바뀌었다.

하나님은 누구에게 은혜를 베푸시는가? 겸손한 자에게 은혜를 베푸신다. "젊은 자들아 이와 같이 장로들에게 순종하고 다 서로 겸손으로 허리를 동이라. 하나님은 교만한 자를 대적하시되 겸손한 자들에게는 은혜를 주시느니라"(벧전 5:5). "그러나 더욱 큰 은혜를 주시나니 그러므로 일렀으되 하나님이 교만한 자를 물리치시고 겸손한 자에게 은혜를 주신다 하였느니라"(약 4:6). 그러기에 내 힘으로만 사는 삶을 내려놓고, 겸손히 하나님 앞에 엎드리는 신앙인이 되어야 한다.

세상 사람들은 불가능을 만나면 절망하지만 믿음의 사람들은 불가능을 만나면 예수의 이름으로, 성령의 능력으로 불가능을 이기는 자 되어야 한다. 예수의 이름은 사탄의 힘을 패배시키는 능력이 있다. "내 이름으로 무엇이든지 내게 구하면 내가 행하리라"(요 14:14). 우리에게는 능력이 없지만 예수님에게는 모든 방해물을 제거하는 능력이 있다. 우리에게는 권세가 없지만 예수님에게는 모든 어둠을 몰아내는 권세가 있다.

"오른손을 잡아 일으키니 발과 발목이 곧 힘을 얻고 뛰어 서서 걸으며 그들과 함께 성전으로 들어가면서 걷기도 하고 뛰기도 하며 하나님을 찬송하니"(행 3:7-8). 베드로가 예수의 이름으로 일어나라 하였지만 일어나지 않았다. 그러자 베드로가 그의 손을 잡아 일으켰다. 우리는 6절처럼 "일어나 걸으라"까지는 할 수 있다. 그런데 일어나지 않자 일으켜 세우는 것은 정말 자신이 없다. 그런데 베드로는 그렇게 했다. 이것이 믿음이다.

베드로는 나중에 이 기적으로 몰려 온 자들에게 이것은 예수로 난 믿음이라고 말하였다. "그 이름을 믿으므로 그 이름이 너희가 보고 아는 이 사람을 성하게 하였나니 예수로 말미암아 난 믿음이 너희 모든 사람 앞에서 이같이 완전히 낫게 하였느니라"(행 3:16). 성령 충만하면 믿음이 생긴다. 나를 믿지 말고 예수를 믿으라. 사는 것이 다 기적이 될 것이다.

이 앉은뱅이는 40년 동안 성전 근처에는 왔지만 한 번도 성전에 들어가 보지 못했다. 평생 교회에는 오지만 성령을 경험하지도 못하고, 기적을 체험하지도 못하고, 늘 구경꾼으로만 살지 마라. 오늘 성령 충만하여 성전에서 춤추는 자가 되라. 예수의 영, 성령이 계시는 곳에는 자유함이 있다. "주는 영이시니 주의 영이 계신 곳에는 자유가 있느니라"(고후 3:17).

성령 충만한 자는 기쁨이 넘친다

베드로와 요한은 예수를 전한다는 이유로 체포되었다. 그들은 더 이상 예수를 전하지 말라는 경고를 받고 풀려났다. "그들을 불러 경고하여 도무지 예수의 이름으로 말하지도 말고 가르치지도 말라 하니"(행 4:18). 그러나 그들은 또다시 예수를 전한다는 이유로 체포되었다. 베드로와 요한을 체포하여 "예수 이름으로 사람들을 가르치지 말라고 엄금하였는데 어찌 또 전파하느냐"고 책망을 하자, 베드로와 요한은 "너희들의 말보다 하나님의 말씀에 순종하는 것이 마땅하다"며 도리어 반박하였다(행 5:29).

대제사장들과 산헤드린 공회원들은 크게 분노하며 사도들을 죽이고자 하였다. 그때 가말리엘이 나서서 이들이 만약 이단이라면 저절로 없어질 것이라며 풀어주자고 하였다. 그 대신 베드로와 사도들을 채찍질을 하고 풀어주었다(행 5:40).

그 당시 유대인들에게 이방종교를 전하거나 이단적인 종교를 전하면 40에 하나 감하는 39대의 매를 맞았다. 그러니까 베드로와 요한은 그냥 한두 대 매를 맞고 풀려난 것이 아니라 손을 기둥에 묶여 놓고 등판이 갈기갈기 찢어질 정도로 매를 맞은 것이다. 만약 당신이 이렇게 되었다면 어떻게 하겠는가? 복음을 전한다는 이유로 회사에서 쫓겨난다면, 복음을 전한다는 이유로 장사가 되지 않는다면, 복음을 전한다는 이유로 학교에서 왕따가 된다면….

제자들은 고난 받는 것을 합당히 여기고 오히려 기뻐하였다. "사도들은 그 이름을 위하여 능욕 받는 일에 합당한 자로 여기심을 기뻐하면서 공회 앞을 떠나니라"(행 5:41). 그들은 예수님 때문에 손해를 본다면 오히려 그것을 합당히 여겼다. 예수 믿는 자들의 고난은 절망이 아니라 하나님을 경험하는 기회이다. 제자들에게 채찍질과 경고와 위협은 오히려 그들의 사명에 불을 지폈고, 그들의 열정에 불이 타오르게 하였다. 제자들의 열정은 공부로 된 것이 아니다. 제자들의 열정은 강의로 된 것도 아니다. 그들 안에 성령님이 임하셨기에 저절로 열정의 불이 붙은 것이다.

오늘날 무기력한 교인, 힘없이 죽어가는 교인, 아니 이미 죽은 교인을 살리는 것은 다름 아닌 성령의 충만이다. 당신에게 그 배 속 밑에서부터 솟아나는 기쁨이 없어졌는가? 당신의 입술에 노래가 사라진 지 오래되었는가? 성령이 필요하다. 성령 충만을 사모하라. 베드로는 훗날 베드로전서를 쓰면서 이렇게 말한다. "사랑하는 자들아 너희를 연단하려고 오는 불 시험을 이상한 일 당하는 것같이 이상히 여기지 말고 오히려 너희가 그리스도의 고난에 참여하는 것으로 즐거워하라. 이는 그의 영광을 나타내실 때에 너희로 즐거워하고 기뻐하게 하려 함이라"(벧전 4:12-13).

당신이 예수님 때문에 고난을 받는가? 즐거워하라. 축복을 쌓는 것이다. 은혜가 부어지는 기회이다. 그런데 당신에게는 예수님 때문에 당한 고난이 있기는 하는가? 다 자신의 죄 때문에 당하는 고난은 아닌가? 주님 때문에 당하는 고난이 있다면 그 사람은 정말 축복된 자다. 살아계신 하나님께서 반드시 복으로 갚아주실 뿐만 아니라 천국의 상급이 될 것이다.

베드로가 이런 말을 하는 것은 아마 자신이 요한과 함께 공회에 끌려가서 부당하게 매를 맞았던 것을 회상했을 것으로 생각된다. 베드로는 주님 때문에 고난을 당하면서 '왜 주님이 우리를 버리셨는가?'라든지, 아니면 '우리가 억울하게 매를 맞을 때 주님께서는 어디에 계셨는가?'라는 원망을 하지 않았다. 오히려 그는 기쁨이 넘치는 찬양을 불렀다.

베드로는 분명 예수님의 부활을 직접 눈으로 보고도 "나는 더 이상 제자의 길을 따를 수 없다. 나는 그냥 고기나 잡으며 살겠다"고 했던 자이다. 그런데 지금은 주를 위해 심한 채찍질을 당하고 조롱과 욕설을 당하고도 오히려 기뻐하고 있다. 무엇이 그를 이렇게 변하게 만들었는가? 그에게 임한 성령 때문이다.

우리 주위에는 주의 일을 하다가 탈진했다는 사람들이 많다. 탈진이 문제가 아니라 성령 충만하지 않는 것이 문제이다. 초대교회 성도들은 하나님과 친밀감을 누리고 성령의 능력이 나타났고 기쁨이 넘쳤다. 이제 1세기 초대 교인들을 넘어 21세기를 사는 나를 바라보라.

우리도 성령으로 충만해야 할 이유가 분명해졌다. 성령 충만으로 무능한 그리스도인에서 탈출해야 한다. 예수를 믿기 전이나 믿은 후나 아무런 변화가 없다면 분명 문제가 있다. 둘 중에 하나다. 예수님이 무능하시거나 내 안에 예수님이 계시지 않는 것이다. 예수님이 무능하실 리는 없다. 결국 내 안에 예수님이 계시지 않는 것이다. 당신에게 성령님이 없다면 그리스도의 사람이 아니다.

"만일 너희 속에 하나님의 영이 거하시면 너희가 육신에 있지 아니하고 영에 있나니 누구든지 그리스도의 영이 없으면 그리스도의 사람이 아니라"(롬 8:9).

당신이 날마다 자신의 문제로 우울과 외로움과 죄책감에 빠져 산다면 지금 그 자리에서 나오라. 더 이상 상처받은 자로 머물러 있지 말고, 상처를 치유하는 치유자로 살아라. 그리고 초대교회 교인들처럼 성령 충만으로 기쁨이 넘치는 삶을 살아라. 당신에게 삶에 기쁨도 없고 열정도 없다면 분명 문제가 있다. 예수님은 우리의 배 밑에서부터 기쁨이 샘솟는 삶을 살기를 원하신다. 그것은 성령 충만할 때 가능해진다. "나를 믿는 자는 성경에 이름과 같이 그 배에서 생수의 강이 흘러나오리라 하시니"(요 7:38). "이는 그를 믿는 자들이 받을 성령을 가리켜 말씀하신 것이라(예수께서 아직 영광을 받지 않으셨으므로 성령이 아직 그들에게 계시지 아니하시더라)"(요 7:39).

우리가 성령 충만해야 하는 이유는 분명해졌다. 교회는 다니는데 하나님과의 친밀감을 모른다. 교회는 다니는데 기도를 하지 않는다. 교회는 다니는데 능력이 없다. 교회는 다니는데 샘솟는 기쁨이 없다. 기도만 하려고 하면 잠이 오고, 육체는 온갖 질병을 다 가지고 있고, 마음은 늘 우울하고, 샘솟는 기쁨이 사라진 지 오래 되지 않았는가?

그저 주일날 겨우 교회에 나와서 하나님에 대해 말씀을 듣는 수준에서 멈추지 마라. 하나님에 대해 아는 것과 성령 하나님을 만나는 것은 차원이 다른 문제이다. 오늘날 교회에는 하나님에 대해 아는 자들이 대다수이다. 그러나 하나님을 만난 자는 극소수이다.

초대교회에 오늘날 교회의 가장 큰 차이점이 무엇인가? 초대교회 교인들은 성령 하나님을 만난 자들이고 오늘날 교인들은 하나님에 대해 아는 자들이다. 초대교회는 성령 하나님과 매일 동행하기에 능력이 있고 기쁨이 넘치고 역동적인 힘이 있었다. 오늘날 그리스도인들은 하나님을 만난 적이 없기에 불안하고 우울하고 무능하고 불만이 많고 냉소적이다.

오늘날 교인들이 무력한 이유는 하나님에 대한 정보는 많이 알고 있지만 하나님을 만난 적이 없기 때문이다. 현대 그리스도인의 가장 큰 문제는 진정 하나님을 향한 갈망이 한 번도 없다는 것이다. 현대 그리스도인들은 세상일들로 만족을 얻고 사람들의 칭찬으로 갈증을 채웠다. 현대 그리스도인들은 마음 안에 세상 것들이 가득 차 있어서 성령 하나님을 찾을 만한 빈틈이 없다.

당신은 스스로에게 한 가지 질문을 해보기 바란다. "나는 진정으로 성령 하나님만 원합니다"라고 식음을 전폐하며 매달려본 적이 있는가? 하나님에 대해 아는 것을 중단하고, 성령 하나님을 직접 만나고 직접 경험하기 위해 기도해본 적이 있는가? 내 힘으로 사는 삶을 청산하고 성령 하나님이 주시는 힘으로 살기 바란다. 사실 우리는 내 힘으로만 사는 것에 너무 익숙해졌다. 그것은 모두 실패이며 허무이다.

애벌레와 나비의 삶은 완전히 다르다. 애벌레는 흙 속을 뒹굴며 기어 다닌다. 그러나 그 애벌레가 변하여 나비가 되면 흙을 떠나 하늘을 훨훨 날아다닌다. 우리는 성령 충만하여 성령의 능력으로 마치 애벌레가 흙을 떠나 하늘을 나는 삶을 사는 것처럼 훨훨 나는 삶을 살아야 한다. 하나님은 우리에게 성령의 능력을 부어주길 원하신다.

오늘 내 힘으로 사는 삶을 청산하고 성령의 능력으로 사는 삶을 시작하라. 오늘 성령으로 새롭게 시작하라. 오늘 당신이 머물고 있는 장소가 오순절 날 성령이 임한 마가의 다락방이 되게 하라. 오늘 물질을 의지하고 살던 무력한 그리스도인을 청산하고, 성령을 의지하고 사는 생명 넘치는 그리스도인이 되라. 이제 사복음서에서 말하는 축복만 바라지 말고 사복음서를 뛰어넘어 사도행전적인 삶을 사는 성령의 사람이 되라. 예수님에게 복을 받기만 하려 하지 말고, 예수님을 위해 죽는 자가 되라. 잊지 마라. 당신은 혼자가 아니다. 당신의 연약함을 도우시는 성령님이 지금 함께하신다. 성령님과 함께 당신은 무엇이든 할 수 있다.

P·a·r·t·4

오늘도 주인이신
주님과 함께 산다

예수가 주인인 자는 주인을 예배해야 한다

주인의 마음을 알아야 한다 | 주인과 대화를 나누어야 한다

주인의 음성을 들어야 한다 | 주인의 음성에 순종해야 한다

주인과 매 순간 동행해야 한다 | 주인을 기쁘게 해드려야 한다

예수가 주인인 자는
주인을 예배해야 한다

사도 바울은 로마서 1장에서 11장까지 믿음으로 의인이 된다는 교리
를 말하고, 로마서 12장에서 16장까지 믿음으로 의인된 자의 삶의 실
천을 소개한다. 믿음으로 의인된 삶을 어떻게 살아야 하는지 로마서
12장에서 소개하는 첫 번째가 바로 예배드리는 삶이다. "그러므로 형
제들아 내가 하나님의 모든 자비하심으로 너희를 권하노니 너희 몸을
하나님이 기뻐하시는 거룩한 산 제물로 드리라. 이는 너희가 드릴 영
적 예배니라"(롬 12:1).

바울은 단지 일주일에 한 시간 주일날 예배드리는 예배를 말하지
않고 삶 전체가 예배가 되어야 함을 말한다. 말 한마디도 예배가 되어
야 하고, 걸음걸이 하나도 예배가 되어야 한다. 예수님을 주인으로 모
시고 사는 자의 삶은 삶 전체가 다 예배가 되어야 한다. 삶이 다 예배

가 되어야 한다는 것은 매사에 모든 일에 하나님께 초점이 맞추어지는 삶을 살아야 함을 뜻한다.

삶이 예배가 되려면 제일 먼저 공적인 예배를 소중히 여겨야 한다. 일주일 내내, 하루 24시간 내내 예배드리는 삶이 중요하다고 말하면서 공적인 예배에 참석하지 않는 자가 있다면 그의 신앙은 점점 약해져서 결국 삶의 예배도 드리지 못하게 된다. 이것이 인간의 연약함이다. 그러므로 삶의 예배를 드리려고 하는 자는 반드시 공적인 예배를 드리면서 그 힘으로 삶의 예배를 드려야 한다.

바울이 믿음으로 의인된 자의 삶을 소개할 때 제일 먼저 소개한 것이 삶의 예배라 해서 공적인 예배를 소홀히 해서는 안 된다. 항간에 삶의 예배를 강조하여 교회에서 드리는 예배는 대충 드리고, 사회운동을 앞장서거나 사회봉사를 우선시하는 것은 또 다른 문제를 낳는다. 그것은 예수를 믿지 않는 사람들도 얼마든지 할 수 있는 일이다. 예수를 믿는 자는 그 안에 예수님이 계신다. 우리의 최고 우선순위는 하나님이시다. 그분을 높이고 그분을 예배하는 일이 가장 우선되는 일이고 제일 먼저 해야 하는 일이다.

예수님은 예배의 대상을 분명히 하셨다. 예수님은 광야에서 40일 금식하신 후에 사탄이 나타나 천하만국을 보여주면서 자신에게 절하면 모든 것을 주겠다고 하였을 때 "주 너의 하나님께 경배하고 다만 그를 섬기라"(마 4:10)고 하시면서 사탄의 유혹을 물리치셨다. 우리에게 가장 중요한 것은 하나님께 예배를 드리는 일이다. 예배는 하나님을 높이는 것이다. 예배는 하나님께 집중하는 것이다. 예배의 주인공은 하나님이시다. 예배는 우리의 유익을 위해 드리는 것이 아니다. 예배는 하나님의 유익을 위해 우리의 모든 것을 드리는 것이다.

요한복음 21장에 보면 예수님을 버리고 옛 직업으로 돌아가 버린 베드로가 나온다. 예수님은 베드로에게 나타나셔서 "네가 날 사랑한다면 네 어린양을 먹이라" "네가 날 사랑한다면 네 어린양을 치라" "네가 날 사랑한다면 네 어린양을 먹이라"는 말씀을 하셨다. 예수님은 거듭 베드로에게 3번이나 "네가 날 사랑한다면"이라는 말씀을 전제로 하셨다. 예수님을 사랑하지 않으면 어린양을 먹일 수 없다. 예수님을 먼저 사랑하면 어린양을 먹일 수 있는 힘이 생긴다. 어린양을 먹이는 사역이 우선이 아니라 예수님을 사랑함이 우선이다.

최근 한국교회는 세월호 침몰사건 이후에 예수를 믿는다고 하면서 삶의 열매가 없는 것에 대한 강한 반성이 생겼다. 하지만 그 반성이 자칫 잘못되어 예배를 등한시 하고 삶의 열매만 강조한다면 이것은 더 큰 문제를 낳는다. 이것은 세상 종교를 믿는 자들과 비슷해지거나 같아지는 것이다. 사회봉사나 사회운동은 불신자들도 하고 이방종교를 믿는 자들도 한다. 삶의 열매가 중요하지만 행위로 구원받을 수 있는 자는 아무도 없다. 예수님을 구세주로 모시고 예수님을 주인으로 모신 자는 저절로 삶의 열매가 나타나는 것이지, 그 삶의 열매가 우리를 구원할 수는 없다.

한 율법학자가 예수님을 찾아와서 세상 최고의 계명이 무엇이냐고 물었을 때 예수님은 하나님을 사랑하는 것이라고 말씀하셨다. "예수께서 이르시되 네 마음을 다하고 목숨을 다하고 뜻을 다하여 주 너의 하나님을 사랑하라 하셨으니 이것이 크고 첫째 되는 계명이요"(마 22:37-38). 하나님을 사랑하는 것, 즉 하나님을 예배하는 것이 우리 인간을 만드신 하나님의 첫 번째 목적이다. 우리는 하나님을 예배하기 위해 태어났다.

하나님께서 애굽에서 430년 동안 종살이하고 있는 이스라엘 백성들을 출애굽시킨 가장 큰 이유는 그들을 예배드리게 하기 위함이었다. "그들이(모세와 아론) 이르되 히브리인의 하나님이 우리에게 나타나셨은즉 우리가 광야로 사흘길쯤 가서 우리 하나님 여호와께 제사를 드리려 하오니 가도록 허락하소서"(출 5:3). 하나님은 우리에게 예배를 받기를 원하신다. 예수님을 주인으로 삼은 우리는 제일 먼저 그분을 예배해야 한다.

예배의 가장 큰 오해는 우리 자신의 유익을 위해 예배를 드리려고 하는 것이다. 그래서 어떤 이는 설교시간에만 참석하는 사람도 있다. 그는 하나님께 찬양을 드리는 것이나 하나님께 자신의 시간을 드리는 일에는 전혀 관심 없는 사람이다. 하나님은 참으로 영과 진리로 예배드리는 자를 찾고 계신다. "아버지께 참되게 예배하는 자들은 영과 진리로 예배할 때가 오나니 곧 이때라. 아버지께서는 자기에게 이렇게 예배하는 자들을 찾으시느니라"(요 4:23). 만약 하나님을 향한 예배가 살아 있지 않다면 그 모든 행위는 다 걸레조각에 지나지 않는다.

"그런즉 우리는 몸으로 있든지 떠나든지 주를 기쁘시게 하는 자가 되기를 힘쓰노라"(고후 5:9). 예수님을 주인으로 모신 종은 자신을 기쁘게 하기 위해 살면 안 된다. 종은 자신의 의를 쌓기 위해 살면 안 된다. 종은 자신의 행위로 인해 사람들에게 칭찬을 받기 위해 살면 안 된다. 종의 관심은 주인을 높이고 주인을 기쁘시게 하는 것이다. 그래서 영성신학자 A. W. 토저 박사는 이렇게 말했다. "우리는 하나님을 예배하고 영원히 즐거워하기 위해 창조되었다." 당신이 예수님을 주인으로 모신 자라면 제일 먼저 그분을 예배해야 한다. 그리고 그분을 기쁘시게 하기 위해 삶의 모든 것을 다 드려야 한다. 그것이 삶의 예배이다.

주인의 마음을
알아야 한다

사도 바울은 로마서 12장 1절에서 믿음으로 의인된 우리는 삶의 예배를 드리는 것이 가장 중요한 우선순위고, 그다음이 하나님의 뜻을 알아야 한다고 로마서 12장 2절에서 강조한다. "너희는 이 세대를 본받지 말고 오직 마음을 새롭게 함으로 변화를 받아 하나님의 선하시고 기뻐하시고 온전하신 뜻이 무엇인지 분별하도록 하라"(롬 12:2). 믿음으로 의인이 되었다면 반드시 하나님의 뜻이 무엇인지 알아야 한다. 그 하나님의 뜻을 가장 잘 알 수 있는 것이 바로 성경이다. 성경은 우리의 주인이신 하나님의 마음을 잘 표현해주고 있다.

모세오경은 하나님을 주인으로 모시고, 그분을 예배하고 경배하며 살라는 것이다. 모세오경의 핵심은 십계명이다. 모세오경은 십계명을 풀어놓은 것이다. 십계명은 1계명에서 4계명까지는 하나님을 사랑하는 것이고, 5계명에서 10계명까지는 사람을 사랑하는 것이다. 모세오경 중에서 가장 중요한 책은 레위기다. 레위기는 하나님을 예배하는 것이 주제이다. 우리의 주인이신 하나님을 예배하지 않는 것은 죄이다.

사사기는 우리의 주인이신 하나님 없이 자기가 주인 되어 사는 자들의 삶이다. 열왕기는 사람이 왕이 되어 사는 삶의 혼돈을 나타낸다. 선지서는 사람이 왕이 되어 사는 삶에서 돌아와 다시 하나님을 예배하라고 말한다. 신약에서는 예수님을 왕으로 모시고 하나님과의 관계를 회복하는 것이다.

성경 전체를 아는 것이 중요하다. 성경 전체를 보지 않고는 우리의 주인 되신 예수님의 마음을 알 수 없다. 그래서 예수님을 주인으로 모시고 사는 자는 신구약 성경 전체를 읽고 성경 전체를 알아야 한다. 성경을 읽는 방법은 두 가지다.

첫 번째로 성경 전체를 통독하는 것이다.

신구약 66권을 통째로 읽어야 한다. 전체 숲을 보지 않고 부분만 파고드는 것은 아주 위험하다. 성경 66권은 가능하면 한 권씩 한 장소에서 한 번만에 읽는 것이 좋다. 예를 들면 마태복음을 읽는다면 매일 세 장씩 읽는 것보다 총 28장을 한 번만에 쭈욱 다 읽는 것이다. 처음에는 많은 시간이 들겠지만 두 번째는 좀 더 빠르게 읽게 된다. 세 번째는 훨씬 더 빠르게 읽는다. 이렇게 마태복음 전체를 세 번 정도 읽으면 마태복음 전체 내용이 쉽게 눈에 들어온다.

로마서를 읽는다면 로마서 16장을 한 번에 읽어야 한다. 그리고 다시 로마서를 한 번만에 두 번을 더 읽으면 로마서의 전체 구조와 내용이 머리에 쏙 들어온다. 그렇게 세 번을 읽게 되면 로마서가 두 부분으로 나누어져 있음을 알게 된다. 1~11장은 믿음이라는 교리를 다루고, 12~16장은 그리스도인의 삶에 대해 이야기한다.

이렇게 한 장소에서 한 번만에 읽을 때 성경 각 권을 기록한 이유를 알게 된다. 특히 바울이 쓴 서신서는 편지이므로 더더욱 한 번에 읽어야 한다. 갈라디아서는 총 여섯 장이므로 30분이면 한 번만에 다 읽게 된다. 만약 한자리에서 갈라디아서를 세 번 읽으면 갈라디아서의 주제(믿음으로 구원을 얻는다)가 머리에 그려질 것이며, 핵심단어인 '자유'가 떠오를 것이다. 편지를 며칠씩 읽는 사람은 아무도 없다. 한 번에 다 읽어야 전체 내용을 파악하게 된다. 그렇게 하면 성경이 어렵지 않다.

성경은 한 구절을 보고 이해하려면 많은 설명이 필요하다. 하지만 성경 전체 속에서 한 구절을 보면 그 구절은 쉽게 이해가 된다. 이것이 성경을 통독할 때 찾아오는 유익이다. 많은 이단들이 성경 전체를 보지 않고 한두 구절을 자기 나름대로 해석해서 큰 오류에 빠진다. 숲을 못보고 나무만 관찰하는 것은 어리석은 짓이다. 우리는 성경 전체를 통해 우리 인생의 주인이신 하나님께서 우리에게 무엇을 원하시는지 알아야 한다. 성경을 한 장씩 읽거나 부분적으로 읽기 전에 꼭 성경 전체를 몇 번 읽기 바란다.

한 번은 요나서를 30분 만에 한 번 읽고, 계속해서 세 번을 보았다. 요나서는 총 네 장으로 되어 있으므로 마음만 먹으면 금방 읽을 수 있다. 요나서를 다 읽은 후 내 마음에 큰 함성이 들리는 듯했다. 그것은 요나서 제일 마지막 장 마지막 절이었다. "하물며 이 큰 성읍 니느웨에는 좌우를 분변하지 못하는 자가 십이만여 명이요 가축도 많이 있나니 내가 어찌 아끼지 아니하겠느냐 하시니라"(욘 4:11).

이 말씀은 하나님이 니느웨 사람들을 심판하시지 않고 용서하신 것에 분을 내는 요나에게 하신 말씀이다. 요나서는 이 말씀으로 막을 내린다. 저자의 설명도 요나의 말도 덧붙이지 않는다. "내가 어찌 아끼지 아니하겠느냐." 이 하나님의 음성은 큰 북소리보다 크게 요나서 마지막에 울렸다. "내가 어찌 아끼지 아니하겠느냐" 하는 하나님의 말씀이 내 마음을 강타했다. 그 말씀은 계속 내 귀를 떠나지 않았다. 나는 이 말씀으로 선교에 대한 부담이 더 크게 생겼다. 이렇게 한 권을 선택해서 끝까지 읽으면 이전에 자신이 느끼지 못했던 새로운 우리를 향한 하나님의 마음을 알게 될 것이다.

성경 통독은 일 년에 한 번 정도하면 좋다. 나이에 맞게 통독을 하면 좋다. 지금 나이가 삼십이면 적어도 성경 삼십 번은 통독해야 한다. 그래야 나이가 들수록 하나님의 뜻을 더 많이, 더 깊이 알아갈 수 있다.

두 번째로 매일 성경의 일부분을 읽고 큐티(QT)를 하는 것이다.

큐티는 먼저 성경의 각권 중 한 권을 선택하여 처음부터 차례로 조금씩 읽어가는 것이다. 예를 들면 요한복음을 선택했으면 오늘은 요한복음 1장 1~10절, 그다음 날은 요한복음 1장 11~20절 이런 씩으로 하루에 한 문장이나 한 단원을 읽고 그 부분을 묵상하는 것이다. 이런 큐티는 한 부분을 깊이 묵상할 수 있다는 장점이 있다.

묵상의 방법은 한 부분을 세 번 정도 정독하고, 그다음 교훈을 찾고, 그다음 내가 찾은 교훈을 내 삶에 적용하는 것이다. 큐티의 유익은 내가 찾은 하나님의 교훈을 내 삶에 직접 적용하여 내 삶을 하나님이 원하시는 대로 바꾸는 것이다. 즉 큐티는 내 삶의 주인이신 하나님의 뜻대로 살게 한다. 큐티는 매일 아침 말씀을 읽고 묵상하는 것이 좋다. 이런 말이 있다. "No reading, No breakfast." 하나님의 말씀을 먹지 않으면 아침을 먹지 않겠다는 결심이다.

성경 읽는 것은 버릇이 되어야 한다. 무엇보다도 우리의 주인이신 그분이 말씀하신 성경 읽는 일을 즐겨야 한다. 링컨의 어머니는 죽을 때 링컨에게 성경 한 권을 주며 이런 유언을 남겼다. "부자나 위인이 되기보다 성경 읽는 것을 즐기는 사람이 되어라." 링컨은 초등학교도 나오지 않았지만 성경을 가까이하여 미국의 제16대 대통령이 되었다.

이 세상에 가장 힘 있는 사람은 온 우주의 주인이신 하나님의 마음을 가장 잘 아는 사람이다. 우리는 성경을 읽을 때 내 생각을 하기보다는 주인의 생각을 받아들이는 것이 더 중요함을 잊지 말아야 한다.

주인과 대화를
해야 한다

주인과 대화를 하지 않는 종은 없다. 예수님은 새벽 미명에 습관을 따라 하나님과 대화를 하는 기도시간을 가지셨다. 우리도 예수님처럼 기도하는 시간을 가져야 한다. 기도는 예수님을 주인으로 모신 자의 의무인 동시에 특권이다. 온 우주의 주인이신 그분과 대화를 할 수 있는 것은 아무나 할 수 있는 일이 아니라 예수님을 주인으로 모신 자만이 할 수 있는 특권이다. 예수님은 하늘과 땅의 모든 권세를 다 가지고 계신다. 당신의 인생에 어려움이 생겼는가? 염려하지 말고 당신의 주인 되신 그분께 기도하라. 염려할 시간이 있는가? 그 시간에 기도하라. 걱정 목록을 기도 목록으로 바꾸어라.

누가복음 11장에 보면 예수님의 제자들이 공식적으로 예수님에게 기도에 대해 가르쳐달라고 요청하였다. 그 질문에 예수님은 주기도문을 가르쳐주셨다. 그러나 제자들은 기도에 대한 세상 최고의 명강의를 듣고도 기도하지 않았다. 그래서 예수님은 다시 누가복음 18장에서 항상 기도하고 낙망하지 말 것을 가르치셨다. 그러나 그들은 기도하는 삶을 살지 않았다.

누가복음 22장에서는 예수님께서 십자가에 달리시기 전 마지막으로 감람산에서 간절히 기도하고 계셨다. 예수님은 곧 닥칠 위기를 아시고 제자들에게 유혹에 빠지지 않도록 기도하라고 부탁하셨으나 그들은 곤히 잠이 들었다. 예수님은 제자들에게 "어찌하여 자느냐. 시험에 들지 않게 일어나 기도하라"고 책망하셨다. 결국 대부분의 제자들은 예수님이 체포되자 도망을 갔고, 베드로는 예수님을 세 번이나 부인하는 자가 되었다.

그 후 사도행전 1장에서 제자들의 태도가 완전히 바뀌었다. 그들은 예수님의 말씀대로 10일 동안 성령이 부어질 때까지 간절히 기도하였다. "여자들과 예수의 어머니 마리아와 예수의 아우들과 더불어 마음을 같이하여 오로지 기도에 힘쓰더라"(행 1:14). 제자들은 성령이 부어질 때까지 마가의 다락방에 모여 계속 기도하였다. 우리는 지금 그들이 10일 동안 기도하다가 성령의 부음을 받았다는 사실을 알고 있지만, 제자들은 10일 후에 성령이 부어질지 100일 후에 성령이 부어질지 알지 못했다. 그들은 단지 성령이 부어질 때까지 끊임없이 기도한 것이다.

어떻게 이들이 갑자기 이렇게 간절히 기도하는 사람이 되었는가? 그전에는 그렇게 예수님께서 직접 기도에 대한 강의를 하여도 기도하지 않았고, 감람산에서 예수님께서 직접 기도하라고 부탁하였어도 기도하지 않았는데, 갑자기 오직 기도에 전념하는 자들이 되었는가?

요한복음 21장에 보면 예수님께서 십자가에 죽으시고 삼 일 만에 부활하셔서 제자들에게 나타나셨다. 그러나 베드로는 물고기를 잡으러 간다며 갈릴리 바다로 가버렸다. 그때 다른 제자들도 같이 갈릴리 바다로 돌아갔다. 그들은 부활하신 예수님을 만났지만 비전도 버리고 사명도 버리고 자신들의 옛 직업인 어부로 돌아갔다.

그들이 예수님을 따라다닌 일은 해프닝이었고, 한낱 허황된 꿈이었다. 그러나 그들이 밤이 새도록 그물을 바다에 던졌지만 아무것도 잡지 못했다. 새벽 미명에 예수님께서 그들에게 나타나셔서 그물을 오른편에 던지라고 하여 순종하였을 때 그물이 찢어질 정도로 물고기를 많이 잡았다. 그때까지만 해도 그들은 그물을 오른편에 던지라고 하신 분이 예수님인지 몰랐다. 요한은 곧바로 "주님"이시라고 외쳤다. 베드로는 "주님"이시라는 말에 겉옷을 두른 후 바다에 뛰어 들었다. 이것은 부활하신 예수님이 제자들에게 세 번째 나타나신 것이다.

베드로는 처음 예수님의 부활을 보고, 두 번째 예수님의 부활을 보았어도 지금 살아계셔서 자신의 삶을 도와주시는 예수님에 대한 확신이 없었다. 그런데 세 번째 나타나신 예수님을 만난 후 완전히 달라졌다. 그는 지금 살아계신 예수님에 대한 신뢰가 생겼다. 그는 밤새 물고기를 잡지 못했는데, 주님께서 "그물을 오른편에 던지라"고 하여 순종하였더니 엄청나게 많은 고기를 잡게 되었다. 그는 지금 살아계셔서 나를 도우시는 예수님에 대한 분명한 확신과 신뢰가 생겼다. 그 예수님께서 하늘로 승천하시면서 성령이 부어질 때까지 계속 기도하라고 말씀하셨기에 오직 기도에 전념하는 기도의 사람이 된 것이다.

누가 간절히 기도할 수 있는가? 기도하면 응답해주신다는 확신과 기대가 있을 때 할 수 있다. 당신이 기도하지 않는다는 것은 주님의 능력을 믿지 않는다는 것이다. 당신이 예수님을 주인으로 모시고 산다면 모든 것을 주인과 대화해야 한다. 수시로 그분과 대화할 때 그분의 능력을 믿고 의지하여 기도하게 된다.

미국에 27세의 어린 나이에 백만장자가 된 폴 마이어라는 사람이 있다. 그는 교육, 컴퓨터, 부동산, 인쇄, 제조, 항공 등 무려 40개가 넘는 회사를 갖고 있다. 그런데 놀라운 것은 그가 수익의 50%를 십일조와 기부에 드리는 위대한 삶을 살고 있다는 것이다.

하루는 어떤 사람이 마이어에게 물었다.

"크리스천으로서 당신이 가장 중요하게 생각하는 것은 무엇입니까?"

그러자 마이어는 주저하지 않고 대답했다.

"기도를 통해 하나님과 대화하는 것입니다. 기도가 내 삶의 가장 중요한 부분이 되기 시작하면서 모든 것이 달라지기 시작했습니다. 이전까지는 기도가 지루하고 따분한 일이었으나 기도를 하면 할수록 내 삶과 하나님에 대해, 그리고 내 자신에 대해 상상을 초월하는 많은 일이 일어났습니다."

당신의 주인이 예수님이신가? 그렇다면 주인과 대화하라. 당신의 주인이 예수님이신가? 그렇다면 혼자 결정하지 말고 주인과 대화하라. 주님은 당신이 생각지도 못한 일을 행하실 것이다. 주님은 당신이 생각지도 못한 지혜를 주실 것이다. 우리의 생각과 주인이신 예수님의 생각과는 다르다. 그분의 생각이 옳다. 그분의 생각이 맞다. 매 순간 주인 되신 그분에게 물어라.

우리 그리스도인들의 가장 큰 문제점이 무엇인가? 바로 교만하여 주님을 찾지도, 의지하지도 않는 것이다. 출애굽한 이스라엘 백성들이 가나안 땅에 들어갈 때 모세가 가장 크게 걱정한 일이 무엇인가? 모세는 40년 동안의 광야생활을 마치고, 가나안 땅을 향해 가는 그들에게 목소리 높여 외쳤다. "또 네 소와 양이 번성하며 네 은금이 증식되며 네 소유가 다 풍부하게 될 때에 네 마음이 교만하여 네 하나님 여호와를 잊어버릴까 염려하노라. 여호와는 너를 애굽 땅 종 되었던 집에서 이끌어 내시고"(신 8:13-14).

요즘 모든 것이 다 풍성한가? 소와 양이 많은가? 하는 일이 다 잘 되는가? 은금이 많아져서 은행창고에 돈이 쌓이는가? 소유가 풍성해졌는가? 사람은 모든 게 잘 풀리면 저절로 생기는 것이 교만이다. 교만은 교만하려고 공부하거나 노력하지 않아도 된다. 그냥 저절로 되는 것이 교만이다. 당신이 기도하고 있지 않는가? 기도의 자리에 가지 않는가? 교만해서 그렇다. 잘될 때 겸손해야 한다. 잘될 때 기도해야 한다. 잘될 때 주님을 찾아야 한다. 주님을 찾지 않는 때가 가장 위험한 때다.

주인의 음성을
들어야 한다

당신이 예수님을 주인으로 모셨다면 주인의 음성을 들어야 한다. "내
양은 내 음성을 들으며 나는 그들을 알며 그들은 나를 따르느니라"(요
10:27). 예수님의 음성은 여러 가지가 있다.

첫 번째로 기록된 성경 말씀이 예수님의 음성이다.

"주의 말씀은 내 발에 등이요 내 길에 빛이니이다"(시 119:105).
내가 무엇을 해야 할지 알지 못할 때 성경 66권 중 한 권을 택하여 끝
까지 쭈욱 읽어보라. 말씀 중에 내가 어떻게 해야 할지 말씀하실 것이
다. 하나님의 말씀이 우리 각자에게 말씀하신다.

두 번째로 성령의 감동이 예수님의 음성이다.

"보혜사 곧 아버지께서 내 이름으로 보내실 성령 그가 너희에게 모든 것을 가르치고 내가 너희에게 말한 모든 것을 생각나게 하리라" (요 14:26). 구약에는 하나님께서 직접 말씀하셨다. 신약에는 성자 하나님께서 직접 제자들과 무리들에게 말씀하셨다. 지금은 성령께서 우리 각자에게 성령의 감동으로 말씀하신다.

사도행전 5장에 아나니아와 삽비라가 땅을 팔아 땅값을 속이고 베드로 앞에 나타난 사건이 기록되어 있다. 베드로가 이들을 보았을 때 즉시 이들이 거짓말을 하고 있다는 사실을 알았다. 이것은 성령께서 가르쳐주신 것이다.

사도행전 9장에 사울이 다메섹에서 예수님을 만나고 눈이 멀게 된 사건이 나온다. 사울이 눈이 멀어 3일간 금식을 하고 있을 때 주님께서 아나니아에게 "일어나 직가라 하는 거리로 가서 유다의 집에서 다소 사람 사울이라 하는 사람을 찾으라"고 말씀하셨다.

사도행전 10장에 베드로가 기도 중에 하늘에 보자기가 내려오는 환상을 보게 된다. 그 보자기 안에는 속되고 부정한 음식이 가득하였다. 주님께서 그 음식을 먹으라고 하였다. 그는 이 환상이 무엇인지 생각할 때 성령께서 이방인에게 가라는 뜻이라고 가르쳐주셨다. 사도행전 13장에 바울과 바나바는 성령께서 선교를 하라는 음성을 듣고 제1차 전도여행을 떠났다. 지금도 이런 성령의 감동이 우리 주변 곳곳에서 일어나고 있다.

세 번째로 우리가 가장 쉽게 예수님의 음성을 알 수 있는 것은 우리 안에 있는 선한 양심이다.

사람은 누구나 태어나면서 그 사람 주변에 있는 상황에 의해 양심이 형성이 된다. 그 양심과 선한 양심은 조금 다르다. 거짓말을 많이 하는 가정에서 태어난 자녀는 거짓말을 하여도 양심에 가책이 없다. 거짓말을 전혀 하지 않는 가정에서 태어난 자녀는 조그마한 거짓말에도 양심에 굉장한 가책을 느낀다. 그래서 양심이란 성장 환경에 따라 다르다.

그러기에 바울은 그냥 양심을 따라 산다고 말하지 않고, 선한 양심을 따라 산다고 말하였다. "바울이 공회를 주목하여 이르되 여러분 형제들아 오늘까지 나는 범사에 (선한) 양심을 따라 하나님을 섬겼노라 하거늘"(행 23:1). 여기서 '양심'이라는 말에 원어에는 '아가데'라는 '선한'이라는 단어가 함께 쓰였다. 영어에서는 바울의 양심은 선한 양심으로 번역하였다(good conscience, RSV, NIV, KJV).

바울은 디모데전서에서는 '착한 양심'을 가지라고 권면했다. "믿음과 착한 양심을 가지라. 어떤 이들은 이 양심을 버렸고 그 믿음에 관하여는 파선하였느니라"(딤전 1:19). 베드로 또한 '선한 양심'을 가지라고 권면하였다. "선한 양심을 가지라. 이는 그리스도 안에 있는 너희의 선행을 욕하는 자들로 그 비방하는 일에 부끄러움을 당하게 하려 함이라"(벧전 3:16). 또한 히브리서 기자는 '악한 양심'에서 벗어나야 함을 말하였다. "우리가 마음에 뿌림을 받아 악한 양심으로부터 벗어나고 몸은 맑은 물로 씻음을 받았으니 참 마음과 온전한 믿음으로 하나님께 나아가자"(히 10:22).

선한 양심은 하나님의 말씀으로 인해 형성된다. 이 선한 양심을 날마다 말씀으로 성숙시켜야 한다. 그 선한 양심이 바로 예수님의 음성이다. 그래서 매일 예수님을 주인으로 삼는 게 어려운 일이 아니다. 내 안에 계신 그분께서 우리의 선한 양심을 통해 늘 말씀하신다.

주님의 음성은 예수님을 주인으로 모신 자에게는 들린다.

"내 양은 내 음성을 들으며 나는 그들을 알며 그들은 나를 따르느니라"(요 10:27).

매 순간 그분을 주인으로 모시고 그분의 음성을 듣고 살라. 그분은 오늘도 말씀하신다. 내 선한 양심에 거리낌이 있다면 그 일을 하지마라. 내 선한 양심에 기쁨이 있다면 그 일을 하라.

우리는 자주 "주님, 말씀하옵소서. 종이 듣겠나이다"라고 하며 주인의 음성에 귀를 기울려야 한다.

주인의 음성에
순종해야 한다

예수님 당시에는 로마제국이 세계를 지배하고 있었다. 그때는 수많은
노예와 종들이 있었다. 로마 인구의 절반이 노예였다고 기록될 정도
였다. 바울은 자신을 소개할 때는 언제나 '예수님의 노예'라고 표현
하였다. 성경에는 종으로 되어 있지만 더 정확한 번역은 노예다. 노예
는 아무런 자기 의사표현이 없다. 그저 주인의 말에 순종할 뿐이다.

사도 바울은 예수님의 노예가 되는 것을 즐겨하였다. 그는 자발적
으로 노예를 자청한 것이다. 우리 또한 바울처럼 예수를 믿는다고 말
만하지 말고, 예수님을 주인으로 모시고, 그분의 음성에 100% 순종
하는 예수님의 노예가 되어야 한다. 매 순간 그분의 음성에 순종해야
한다. 내 능력을 믿지 말고, 철저히 주님을 의지하는 주님의 노예가
되어야 한다.

예수님의 노예는 염려하거나 두려워하지 않는다. 예수님의 노예는 불안해하지 않는다. 예수님의 노예는 자랑하거나 교만하지 않는다. 예수님의 노예는 화내지 않는다. 예수님의 노예는 혈기를 부리지 않는다. 예수님의 노예는 남을 비판하지 않는다. 예수님의 노예는 불평하지 않는다. 예수님의 노예는 늘 감사할 뿐이다. 예수님의 노예는 단순한 삶을 산다. 예수님은 폭군이 아니시다. 우리의 주인이신 예수님은 노예인 나를 위해 죽어주신 정말 최고의 주인이시다. 천하고 천한 우리가 예수님의 노예가 된다는 것은 엄청난 특권이다.

미국에 대학생선교회(C.C.C)라는 단체가 있다. 나도 대학시절에 이곳 멤버로 활동했었다. 이 선교회를 창립한 빌 브라이트는 「사영리」라는 전도용 소책자를 만들어 전 세계에 25억 부를 배포하였다. 또 〈예수〉라는 영화를 찍어 660개 언어로 번역하여 40억 명이 보게 하였다. 그는 정말 위대한 인생을 살았다. 그의 무덤에 가보면 그의 묘에는 딱 두 글자만 새겨져 있다.

"예수님의 노예."

그는 정말 예수님의 노예로 살았기에 위대한 인생을 살았다.

우리가 예수님을 주인으로 모시고 그분의 말씀에 순종하는 만큼 위대한 인생을 살게 되어 있다. 예수님은 자신의 말씀에 순종하는 자에게 자신을 드러내신다. 예수님이 가지신 모든 능력과 풍성함을 맛볼 수 있는 것은 오직 순종할 때만 가능하다.

순종은 학력이 높지 않아도 된다. 순종은 돈이 없어도 된다. 순종은 능력이 없어도 된다. 순종은 믿음이다. 한 가지에 순종하면 10가지를 순종할 수 있다. 처음 순종이 중요하다. 매일 순종의 범위를 넓혀가라. 주님은 순종하는 자에게 계속 말씀하신다.

출애굽한 이스라엘 백성들과 모세의 차이점이 무엇인가? 모세는 하나님의 음성에 100% 순종하였고, 이스라엘 백성들은 늘 불평하였다. 하나님은 많은 사람들을 원하지 않으신다. 하나님의 말씀에 100% 순종하는 한 사람을 원하신다.

D. L. 무디는 초등학교도 나오지 않았다. 그러나 그가 하나님의 말씀에 순종하기 시작하였을 때 상상도 할 수 없는 세계가 열렸다. 우리에게는 지식이 부족한 것이 아니라 순종이 부족하다. 어제보다 오늘 더 순종하는 자로 살아라. 예수님이 주인이 된 자는 성공하기 위해 사는 자가 아니라 그분의 음성에 순종하기 위해 사는 자이다. 예수님이 주인 된 자는 순종으로 주인을 향한 사랑을 밖으로 표현한다.

주인과 매 순간 동행해야 한다

하나님은 왜 사람을 하나님의 형상대로 창조하셨는가? "너희를 불러 그의 아들 예수 그리스도 우리 주와 더불어 교제하게 하시는 하나님은 미쁘시도다"(고전 1:9). 하나님께서 하나님과 닮은 사람을 창조하신 목적은 하나님과 교제를 나누기 위함이다. 하나님은 우리를 지으시고 우리와 친해지기 원하셨다. 하나님과 친밀함은 성경 전체에 흐르는 주제이다. 에덴동산에서 아담과 하와는 하나님과 친밀한 교제를 누리며 살았다. 하나님과 친밀감을 누릴 때 아담은 그 무엇도 부족한 것이 없었다. 아무런 외로움도, 열등감도, 애정 결핍도, 질병도 없었다.

아담이 죄를 지음으로써 하나님과 친밀감이 깨어졌다. 아담이 죄를 범하여 하나님의 얼굴을 피해 숨었다. 그때 하나님은 아담을 찾아오셨다. "여호와 하나님이 아담을 부르시며 그에게 이르시되 네가 어디 있느냐"(창 3:9). 하나님은 아담이 어디에 숨어 있는지 다 아셨다. 그러나 하나님은 아담이 스스로 하나님에게 나아오길 원하셔서 아담 네가 어디 있느냐고 물으신 것이다. 오늘도 하나님은 하나님과 친밀함을 잃어버린 자들을 향해 부르신다.

"네가 어디에 있느냐?"

하나님은 우리와의 교제를 포기하지 않으신다. 하나님은 아담 이후에 계속 하나님과 교제를 나눌 자를 찾으셨다. 마침내 아담의 7대 손인 에녹이 하나님과 동행하는 자가 되었다. 에녹은 365세를 살았는데, 65세에 중대한 결정을 하였다. 그는 65세에 므두셀라라는 아들을 낳고 하나님과 동행하기 시작하였다.

"에녹은 육십오 세에 므두셀라를 낳았고 므두셀라를 낳은 후 삼백 년을 하나님과 동행하며 자녀들을 낳았으며"(창 5:21-22).

에녹은 65세 이후 300년을 더 살면서 하나님과 동행하는 삶을 살았다. 이것은 정말 위대한 기록이다. 하나님과의 동행, 이것이 하나님께서 정말 원하시는 인간의 삶이다.

'에녹'이라는 이름의 뜻은 '시작하는 자'다. 에녹은 하나님과 동행을 '다시 시작한 자'다. 하나님과 친밀하게 동행하는 것이 얼마나 위대한지 에녹은 사람이면 모두 다 죽는 죽음을 뚫고 통과하여 천국으로 가버렸다.

에녹의 손자인 노아도 할아버지 에녹처럼 하나님과 동행하는 삶을 살았다. "이것이 노아의 족보니라. 노아는 의인이요 당대에 완전한 자라. 그는 하나님과 동행하였으며"(창 6:9). 성경에 등장하는 하나님과 동행하는 두 번째 사람은 노아이다. 에녹이 하나님과 동행하는 삶을 300년 살다가 천국에 간 이후, 그의 아들 그의 손자에게도 그대로 전수되어 그의 증손자인 노아에게서 또다시 하나님과 동행하는 삶이 꽃을 피웠다.

어느 날 하나님께서 노아에게 방주를 지으라는 말씀을 하셨다. 노아는 그 음성에 그대로 순종하였다. 노아는 아무런 불평이나 불만이나 불가능한 명령이라고 여기지 않고, 또 미루지도 않았다. 노아는 자녀들을 좀 더 양육한 후에 하겠다고 말하지도 않았다. 노아는 자신만 산속에 들어가서 방주를 지으면 안 되겠느냐고 타협하지도 않았다. 노아는 하나님께서 방주를 지으라고 명령하실 때 즉시 모든 말씀에 그대로 순종하였다. "노아가 그와 같이 하여 하나님이 자기에게 명하신 대로 다 준행하였더라"(창 6:22).

노아는 120년 동안 방주를 지었다. 노아는 120년 동안 수많은 사람들의 조롱과 비방을 받았다. 하늘에서는 비가 올 징조가 조금도 없었다. 노아는 세상적인 성공은커녕 비웃음거리로 120년의 세월을 보냈다. 하지만 노아는 매일 매 순간 하나님과 동행하였다.

노아는 과거에 배를 만들던 목수나 어부가 아니었다. 그런데 어떻게 그렇게 큰 배를 만들 수 있었을까? 그것은 노아가 하나님과 동행하였기에 하늘로부터 오는 지혜를 힘입은 것이다. 노아는 어떻게 100년에서 120년 정도 되는 그렇게 긴 세월 동안 오직 방주만을 만들 수 있었을까? 그것은 하나님과 동행하였기 때문이다.

하나님과 동행하는 자는 세상 사람들의 조롱과 비방을 이길 수 있다. 하나님과 동행하는 자는 세상 사람들이 알지 못하는 지혜를 가진다. 하나님과 동행하는 자는 이 세상을 능히 이길 힘이 있다. 하나님과 동행하는 자는 세상 모든 사람이 대홍수로 다 죽어도 살아날 길이 있다. 하나님과 동행하는 자는 120년 동안 아무런 비가 올 징조가 없어도 하던 일을 계획대로 진행할 수 있다.

노아 당시 누가 가장 지혜로운 사람인가? 바로 하나님과 동행한 노아가 가장 현명한 자이며 가장 지혜로운 사람이었다. 노아는 모든 사람이 다 홍수로 죽어도 살아남은 자가 되었다. 노아는 새로운 인류의 문을 여는 자가 되었다. 그러기에 성공하려 하지 말고 하나님과 동행하려 해야 한다. 하나님과의 동행이 진정한 참 성공이다. 하나님과 동행하라. 하나님과 동행하는 순간이 인생 최고의 전성기다.

'노아'라는 이름의 뜻은 '위로'이다. 노아는 사람을 향한 하나님의 위로이다. 하나님과 친밀함을 가지는 자는 모든 사람에게 위로를 줄 수 있다. 하나님은 끊임없이 사람과 교제하길 원하시고 하나님과 동행하는 자를 찾으신다. 하나님은 우리와 다시 친밀감을 갖기 위해 예수님을 보내주셨다. 예수님을 주인으로 모신 자는 누구든지 다시 하나님과 친밀감이 시작된다. 당신이 매일 매 순간 예수님을 주인으로 모시고 하나님과 동행하라. 당신이 현대판 에녹이 되라. 무슨 일을 하든지 예수님과 동행하라. 그러면 분명 어제와 다른 오늘을 살 수 있다.

오늘 그분과 동행하길 결심하면 된다. 지금 그분과 동행하라. 전혀 새로운 길이 열릴 것이다. 나 혼자 힘으로 세상 욕심만 채우며 사는 허무한 삶을 살지 마라. 당신이 주인 되신 주님과 동행한다면 허무함을 넘어 탁월한 인생을 살게 될 것이다. 당신은 허무하게 살도록 창조되지 않았다. 당신은 지루하게 살도록 창조되지 않았다. 예수님을 믿는다고 하지만 늘 초라하게 살아가는 삶을 청산하고, 주님과 동행하며 탁월한 삶을 살아라. 오늘 나 혼자 애쓰는 인생을 정리하라. 에녹이 65세에 삶의 분기점을 삼았던 것처럼 오늘이 당신의 삶에 분깃점이 되게 하라.

그리스도인의 삶의 비극은 예수를 믿어도 계속하여 자신의 힘으로만 사는 것이다. 예수를 믿는다고 하면서 불신자처럼 살지 말고, 날마다 그분과 동행하라. 그리스도인은 불신자들과는 완전히 달라야 한다. 예수를 믿는 사람이 삶의 목표가 성공이나 명예라면 잘못된 것이다. 물론 성공하여 하나님께 영광을 돌리면 된다. 하지만 그 속에 내 욕심이 더 가득함이 문제다. 우리는 이 세상에서 성공만을 위해 살면 안 된다. 우리의 목표는 일시적인 이 세상이 아니라 영원한 천국이다. 즉 곧 사라져버릴 이 세상을 향해 사는 자들이 아니라 영원한 천국을 향해 살아야 한다. 또한 삶의 목표가 큰일이나 큰 사역이 되면 안 된다. 큰 사역을 하지 않아도 된다. 하나님은 우리에게 큰 사역이냐 작은 사역이냐를 묻지 않으시고 맡겨진 달란트를 잘 감당하였는가를 물으실 것이다. 그러므로 우리의 목표는 주인 되신 주님을 닮는 것이 되어야 한다.

당신의 주인은 당신이 아니라 주님이시다. 예수님이 주인인 자는 시간이 갈수록 예수님처럼 살게 된다. 예수님은 언제나 나와 아버지는 하나라고 하셨다. "나와 아버지는 하나이니라 하신대"(요 10:30). 우리 인생의 최고 목표는 예수님과 하나 되는 것이다.

우리도 이런 말을 할 수 있어야 한다. "나와 예수님은 하나다." 당신의 비전은 더 큰 성공, 더 많은 돈을 버는 것이 아니라 예수님과 더 가까워지는 것이 되어야 한다. 큰 사역, 큰 비전을 이루려고 하지 마라. 그것은 사람들의 눈을 의식하는 것이다. 그냥 오늘도 예수님을 주인으로 삼고 예수님에게 순종하며 살아라. 그것이 진짜 성공이며 진짜 삶이다.

당신이 10년 정도 예수를 믿었다면 주위에 있는 자들로부터 "당신은 꼭 예수님 같다"라는 말을 들어야 한다. 만약 그렇지 않다면 오늘부터 예수님이 당신의 주인이 되게 하라. 그렇게 산다면 10년 안에 "당신은 예수님 같다"는 말을 듣게 될 것이다. 제발 혼자 다니지 마라. 그분과 동행하라. 혼자 생각하지 마라. 그분에게 물어보라. 늘 그분을 주인으로 모시고 그분이 원하는 그분의 길을 가라.

나는 대학시절 찰스 M. 쉘돈이 쓴 「예수님이라면 어떻게 하실까」라는 책을 읽고 큰 도전을 받았다. 만약 매 순간 '예수님이라면 어떻게 할 것인가'라고 생각하며 산다면, 정말 우리의 삶은 예수님과 동행하는 삶이 될 것이다. 그러므로 'My way' 삶을 청산하고 'Lord way'의 삶을 살라. 그것이 진정한 성공이다.

주인을 기쁘게
해드려야 한다

많은 사람들이 이 세상의 성공을 위해 산다. 성공을 위해 사는 자는 성공에 휘감겨 개인의 삶도 상처를 입게 하고, 가족도 상처를 입히며, 주변 사람들을 다치게 한다. 우리는 이 세상에서만 성공하기 위해 사는 사람이 아니다. 우리의 목표는 주인이신 예수님을 기쁘시게 하기 위해 사는 존재들이다.

바울은 삶의 목표를 분명히 하였다. "그런즉 우리는 몸으로 있든지 떠나든지 주를 기쁘시게 하는 자가 되기를 힘쓰노라"(고후 5:9). "이제 내가 사람들에게 좋게 하랴 하나님께 좋게 하랴. 사람들에게 기쁨을 구하랴. 내가 지금까지 사람들의 기쁨을 구하였다면 그리스도의 종이 아니니라"(갈 1:10).

성경에는 자기를 기쁘게 하기 위해 산 자와 주를 기쁘시게 하기 위해 산 자로 나누어져 있다. 아담과 하와는 이 세상에서 가장 좋은 최고의 동산에서 살았지만 하나님의 말씀에 순종하기보다 자기 자신의 만족은 위해 먹음직스럽고 보암직스럽고 탐스러운 것을 먹고 말았다. 그 결과 에덴동산에서 쫓겨났다. 가인은 자신의 동생을 시기하여 살인을 저질렀다. 가인은 하나님을 기쁘시게 하기보다 자기의 기분대로 행동했다. 에서는 자신의 배고픔을 해결하기 위해 장자의 명분을 가볍게 여기는 망령된 행위를 하였다. 아간은 금과 은과 시날산 외투를 훔친 결과로 아이성 전투에서 큰 패배를 가져다주는 자가 되어 돌에 맞아 죽었다.

사울 왕은 아말렉과 전쟁을 하기 전에 사무엘 선지자로부터 전리품은 아무것도 가지고 오지 말라고 하였지만 그 명령을 어기고 살진소와 양을 데리고 왔다. 사울 왕은 잠시 하나님께 쓰임 받았지만 버림받는 자가 되었다. 사탄이 외치는 슬로건은 쓰임받고 버림받는 자다. 솔로몬은 자신을 기쁘게 하려고 천 명의 부인을 두었지만 죽기 직전에 그가 마지막으로 쓴 책인 전도서에서는 "인생은 헛되고 헛되며 헛되고 헛되니 모든 것이 헛되도다"라고 말하는 자가 되었다.

반면에 하나님을 기쁘시게 한 사람들도 있다. 노아는 하나님의 말씀에 순종하여 120년 동안 방주를 지었다. 그는 주변 사람들로부터 온갖 비난과 욕설을 들었다. 하지만 노아의 관심은 세상의 성공이 아니라 하나님을 기쁘시게 하는 것이었기에 세상 사람들의 비난 때문에 방주를 짓는 일을 멈추지 않았다.

아브라함은 75세에 본토 친척 아비 집을 떠나 하나님이 말씀하시는 곳으로 갔다. 아브라함의 최고의 관심은 하나님의 말씀에 순종하는 것이었다. 심지어 자신의 독자인 이삭도 바치라고 하자 주저하지 않고 그 말씀에 순종하여 아들 이삭을 번제물로 바치려 했다. 그의 관심은 오직 하나님을 기쁘시게 하는 것이었다.

다윗은 하나님을 기쁘시게 하는 자로 살아서 하나님의 마음에 합한 자가 되었다. 그래서 하나님은 메시아를 다윗의 가문에서 태어나게 하셨다. 다윗은 쓰임받고 버림받은 사울 왕과는 아주 대조적인 사람이었다. 그는 사울 왕과는 대조적으로 쓰임받고 칭찬받는 자였다.

예수님의 제자들은 단 한 명도 세상 성공을 위해 살지 않았다. 갸롯 유다를 제외한 11명의 제자들은 복음을 전하다가 모두 다 순교하였다. 그들은 세상적인 눈으로 볼 때는 실패한 자들이다. 그러나 하나님의 눈으로 볼 때는 위대한 인생을 산 사람들이다. 그들은 자신들의 성공을 위해 살지 않았다. 오직 주인이신 예수님을 기쁘시게 하기 위해 살았다.

사도 바울도 세상적인 눈으로 볼 때는 실패한 자다. 로마 감옥에 갇혀 쓸쓸히 말년을 보냈으며, 마지막은 돌기둥에 목을 올려놓고 칼로 잘리는 비참한 최후를 맞이하였다. 그러나 그는 죽기 직전에 이런 말을 하였다. "나는 선한 싸움을 싸우고 나의 달려갈 길을 마치고 믿음을 지켰으니 이제 후로는 나를 위하여 의의 면류관이 예비되었으므로 주 곧 의로우신 재판장이 그날에 내게 주실 것이며 내게만 아니라 주의 나타나심을 사모하는 모든 자에게도니라"(딤후 4:7-8).

그는 선한 싸움을 싸우고 자신이 달려갈 길을 다 달리고 마쳤다고 하였다. 그는 그에게 의의 면류관이 기다리고 있다고 확신하였다. 그는 이 세상의 성공을 위해 살지 않았다. 오직 주를 기쁘시게 하는 자로 살았다. 바울의 인생은 주님 앞에서 성공한 인생이다. 그는 마지막 순간까지 믿음을 지키고 주를 기쁘시게 하는 자로 살았다.

우리도 이 세상의 성공이 아닌 주님 앞에 성공하는 자로 살아야 한다. 주를 기쁘시게 하는 사람은 단지 이 세상만을 위해 사는 사람들이 아니다. 그들은 영원한 땅을 향해 사는 사람들이다. 주를 기쁘시게 하는 자의 삶은 낙심도 절망도 후회도 없다. 날마다 기대가 넘칠 뿐이다. 우리도 주를 기쁘시게 하는 자로 살아야 한다.

엘리자베스 2세의 할머니 Mary of Teck(테크의 메리)가 엘리자베스 2세에게 쓴 편지를 소개하고자 한다.

나는 네가 나의 아들인 너의 아빠를 얼마나 사랑했는지 잘 알고 있단다. 너의 아빠를 잃어서 너의 마음이 참담한 만큼 내 마음도 참담하단다. 하지만 이제 너는 그런 사소한 감정을 반드시 한쪽으로 치워야만 한다. 왜냐하면 너의 새로운 의무가 너를 부르기 때문이란다.

너의 아버지의 죽음은 이제 온 나라에 넓게 퍼져나갈 것이다. 이 나라의 백성들은 새롭게 여왕이 된 너에게 강인함과 리더십을 필요로 할 것이다. 나는 앞선 세 명의 위대한 왕들이 파멸하는 것을 보았다. 그것은 개인적인 탐욕과 왕의 의무를 구별하지 못하였기 때문이었다.

너는 그들과 같은 실수를 용인해서는 안 된다. 너는 오늘 너의 아빠를 애도하며, 동시에 또 한 명을 애도해야 한다. 그녀의 이름은 엘리자베스, 바로 너란다. 엘리자베스는 죽었고, 이제 너는 다른 사람인 엘리자베스 여왕으로 바뀌었다. 너에게는 두 엘리자베스가 항상 서로 싸울 것이다. 분명한 사실은 너 개인은 죽고, 여왕이 살아야만 한다. 여왕이 이겨야만 한다. 항상 여왕이 이기게 해야 한다.

이제 책을 마치려고 한다.

매일 당신은 죽고 당신 안에 계신 왕께서 살게 하라. 정말 최고의 인생이 펼쳐질 것이다. 내가 죽고 그분을 기쁘시게 하는 삶을 사는 자는, 결코 후회하지 않는 인생이 될 것이다.

"나는 이제 주님의 것이다"(I am now the Lord's).

"나의 주인은 예수님이시다"(My lord is Jesus).

당신의 삶에 예수가 전부가 되게 하라.

나는 사라지고 예수가 커져야 한다.

예수가 나의 주인 되시는 것은 인생 최고의 은혜이다.

오늘도 아침에 일어나자마자 기대 가득 찬 얼굴로 나는 물어본다.

"주인님, 나는 오늘 어떻게 살까요?"

"주인님, 나는 무엇을 할까요?"

나는 어린 시절 엄마 등에 업혀 교회를 다니기 시작하여 평생을 교회에 다니며 믿음생활을 했다. 예수를 믿기만 하면 구원을 얻는다는 말씀을 들었지, 예수님이 내 삶의 주인이 되어야 진정한 구원이 이루어진다는 말은 들어보지 못했다. 목사가 되어 뒤늦게 진정한 구원은 예수를 믿을 뿐만 아니라 예수님을 주인으로 모시고 사는 것에 있다는 사실을 알았다. 예수를 믿는다는 것은 예수님을 내 죄에서 건져주신 구세주로 믿는 것이다. 예수를 믿는 것은 죄의 뿌리인 나를 빼내고 내 안에 예수님이 들어오시는 것이다.

예수를 믿음으로 구원을 얻는 것을 법정적 칭의라고 말한다. 이 법정적 칭의는 자칫 잘못하면 한 번 구원을 받았으니 내 마음대로 살아도 된다는 이상한 믿음을 낳게 한다. 이런 자는 삶과 믿음을 이분적으로 생각하는 모순을 낳는다. 이것은 성경이 말하는 구원이 아니다. 정말 올바른 구원은 하나님으로부터 "너는 내 아들이라"는 법정적 칭의와 함께 하나님과 깨어진 관계를 회복하고, 아버지와 올바른 관계를 유지할 때 이루어진다.

관계의 회복이란 예수를 믿어 구원을 얻은 자는 탕자로 살다가 아버지 집에 돌아온 아들처럼 다시 아버지와 아들의 관계가 회복된 것이다. 탕자는 자기 스스로 아버지의 아들이라 칭함을 받을 자격이 없다고 하지만, 아버지는 탕자를 아들로 받아주었다. 이것은 아버지가 탕자에게 베푸는 은혜이다. 동시에 아버지와 아들의 관계가 시작된 것이다.

탕자는 아버지의 집에 돌아온 순간 법적으로 아들의 자격이 회복됨과 동시에 아버지와의 관계가 회복되는 두 가지 은혜를 누리게 되었다. 이제 탕자는 아버지와 좋은 관계를 계속 유지하기만 하면 된다. 탕자가 아들이 되었다고 자기 마음대로 다시 허랑방탕하게 산다면 아버지의 은혜를 헛되이 하는 것이다. 아들이 되었다면 당연히 아들답게 살아야 한다.

구원은 하나님의 집에 돌아온 탕자가 아들의 관계를 유지하면서 계속 아버지의 집에 살 때 이루어지는 것이다. 그 탕자가 다시 아버지 집을 떠난다면 구원이 없겠지만 아버지의 집에 거하면서 아들로 산다면 그 자체가 구원이다. 아버지 집에 거하는 탕자의 선한 행위가 구원을 결정하지 않는다. 구원은 전적인 아버지의 은혜로 되는 것이다. 아버지 집에 돌아온 아들이 아버지를 주인으로 모시고 살면 된다.

예수님을 구세주로 믿는 순간 구원을 얻는 것은 법정적 칭의에 해당하고, 예수님을 주인으로 모시고 사는 것은 관계의 유지에 해당한다. 예수님을 구세주로 믿고, 예수님을 주인으로 모시고 사는 자에겐 구원이 있다. 예수님을 믿어도 실수할 수 있다. 죄도 지을 수 있다. 육체를 가진 우리는 얼마든지 죄를 지을 수가 있다. 그래서 연약한 우리를 도울 수 있는 성령님을 보내주신 것이다.

내 힘으로, 내 선한 행위로 구원을 받을 수 있는 사람은 아무도 없다. 그리고 또 구원은 오직 예수님의 보혈로 씻음을 받은 자만 받는다. 구원은 아버지를 떠나 내 힘으로 산 것이 모두 죄인 줄 알고 아버지의 품으로 돌아와 아버지 집에 거하는 자에게 주어지는 은혜이다.

유대인들에게 하나님을 아버지라 부르는 것은 신성모독이며 돌로쳐 죽여야 할 큰 죄다. 유대인들 중에 아무도 하나님을 아버지라 부른 사람이 없다. 오직 예수님만이 하나님을 "아빠 아버지"라고 불렀다. 이것은 혁명이었다. 예수님을 믿는 자는 예수님 때문에 하나님을 아버지라 부를 수 있게 되었다. 예수님께서 하나님과 우리의 관계를 아버지와 아들의 관계로 회복시켜주셨다. 예수님이 아니고서는 아무도 하나님을 아버지라 부를 수 없다.

예수님만이 죄인인 우리를 하나님과 연결시켜주시는 우리의 구세주시다. 우리에게는 의로움이 없다. 그러나 예수님을 영접하고, 그 예수님을 주인으로 모시면 의로움이 생긴다. "의로 여기심을 받을 우리도 위함이니 곧 예수 우리 주(인)를 죽은 자 가운데서 살리신 이를 믿는 자니라"(롬 4:24). 예수님을 주인으로 모시고 살라. 그러면 하나님께서 당신을 의인으로 여기실 것이다.

우리가 아담의 피를 물려받아 하나님과의 관계가 깨어졌다. 그 깨어진 관계가 예수님을 주인으로 모실 때 회복된다. "그러므로 우리가 믿음으로 의롭다 하심을 받았으니 우리 주(인) 예수 그리스도로 말미암아 하나님과 화평을 누리자"(롬 5:1). 이 예수를 주인으로 모시고 살면 삶의 열매는 저절로 나타난다. 내가 열매를 맺으려고 노력하지 않아도 된다. 열매에 신경을 쓰지 말고 예수님을 주인으로 모시고 사는 것에 집중하면 된다. 혹자는 행위를 강조하면 구원의 커트라인이 얼마냐고 묻는 자가 있는데, 구원의 커트라인은 필요하지 않다. 예수님을 구세주로 믿고 그 예수님을 주인으로 모시고 살면 된다.

우리에게는 구세주 예수님, 주인 되신 예수님, 도우시는 성령님, 모두 필요하다. 예수 없이는 구원이 없다. 오직 예수님만이 우리에게 구원을 주실 수 있다. 예수님의 피만이 우리의 죄를 깨끗하게 해주신다. 나의 죄를 위해 십자가에서 죽으신 그 구세주 예수님을 주인으로 모셔야 한다.

예수를 믿음으로 구원을 받느냐, 예수를 믿고 선한 행위가 따라야 구원받느냐 하는 것은 신학적 논쟁거리다. 나는 이것을 말하고 싶지 않다. 단지 예수를 주인으로 모시고 살면 행위는 저절로 따라온다고 생각된다.

성경에는 분명 예수를 믿음으로 구원받는다는 말씀이 나오고, 하나님의 뜻대로 행하는 자라야 구원을 받는다는 말씀도 나온다. 예수를 입으로 믿기만 하면 구원을 얻는다고 말하는 것은 삶의 행위가 없을 수 있기 때문에 예수님으로부터 천국 문 앞에서 책망을 받을 수 있다. 그렇다고 행위가 있어야 구원을 얻는다고 말하는 것은 하나님의 은혜나 십자가 보혈의 능력을 약화시킬 수 있다. 그러므로 한 가지만을 주장하는 것은 다 약점이 있다.

우리는 삼위일체를 완벽하게 증명할 수도, 설명할 수도 없다. 그냥 믿어야 한다. 마찬가지로 구원 문제도 믿음으로만 구원받는다든지, 믿고 행위가 따라야 구원을 받는다든지 하는 논쟁을 그치고 예수님을 구세주일 뿐만 아니라 주인으로 모시고 살면 된다.

우리는 예수님을 믿어도 여전히 실수를 하고, 여전히 죄를 범한다. 그러므로 연약함을 도우시는 성령님이 필요하다. 매 순간 예수님을 주인으로 모시고 성령님의 도움을 구한다면 성령님의 도우심으로 승리하는 그리스도인으로 살게 될 것이다. 성령의 도움 없이 내 힘이나 내 노력으로 구원을 유지할 수 있는 자는 없다. 예수를 믿음으로 구원을 얻었다. 그 얻은 구원을 유지할 수 있는 것은 예수님을 주인으로 모시고, 성령님의 도움을 구하며 살면 된다.

예수를 믿음으로 구원을 얻는 것은 하나님께서 우리에게 베푸신 은혜이다. 또 예수님이 우리의 주인 되시는 것도 은혜이다. 천하고 천한 우리 몸에 만왕의 왕이신 예수님께서 들어오셔서 사시는 것 자체가 엄청난 기적이며 크나 큰 은혜이다. 우리의 구원은 전적인 하나님의 은혜이다.

나는 이 책을 읽는 모든 독자가 예수님을 믿어 구원을 얻고, 동시에 예수님을 주인으로 모시고 살아 그 구원을 온전히 유지하여 다 천국에 들어가는 축복이 있길 기도한다. "이는 죄가 사망 안에서 왕 노릇한 것같이 은혜도 또한 의로 말미암아 왕 노릇하여 우리 주(인) 예수 그리스도로 말미암아 영생에 이르게 하려 함이라"(롬 5:21).